소설 룻기

Ruth

최인철 지음

쿰란출판사

소설 룻기

Ruth

〈룻기〉를 육하원칙 아래 자세히 구현하려면 풀 수 없는 난점들을 수다히 직면하게 된다. 엘리멜렉 가족이 어느 길을 택하여 모압으로 갔는지, 여행에 며칠이 소요되었는지, 모압의 어느 성, 어느 촌에 자리를 잡고 무엇을 하면서 10여 년을 살았는지 알 수가 없다. 엘리멜렉 3부자의 죽음이 나오미와 자부들에게 말할 수 없는 타격이 되었을 것인데도, 성경에는 그들이 세상을 떠났다는 사실 선언 외에 한마디 말이 없다. 보아스를 제외한 엘리멜렉과 나오미, 말론과 룻, 기룐과 오르바에 대해서도 그들의 작중(作中) 언행 외에는 어떤 정보도 제공하지 않는다. 보아스의 룻과의 결혼이 초혼인지 재혼인지 알 수가 없고, 그가 정복시대 사람 살몬의 직접 아들인지에 관해서도 의문을 품게 한다(덧말33 참고). 또 룻기 사건들의 발생 시기가 "사사들이 치리하던 때"(1:1)라고 하는데, 그 세월이 사사들의 시무 기간과 부재 기간을 합하여 총 400년 이상이다(덧말5 참고). 이처럼 알 수 없거나 막연한 진술을 토대로 이야기를 매끄럽게 풀어 가기는 미상불 불가능하다. 저자는 성경 독자 제위께 만족감을 주지 못할 줄을 알면서도 가능한 한 이야기의 사실성(史實性)을 높이려고 고대 지리와 역사 탐구에 많은 시간을 할애하며, 사건들을 보다 시각화하려고 했다.

룻기 저자는 룻의 여호와 신에 대한 믿음을 남달리 언급하지 않는다. 그녀가 결혼을 계기로 시가(媤家)의 신 여호와 하나님을 배우고 믿었을 것이 틀림없지만(1:6, 8, 13, 17, 2:12), 그렇다고 그녀를 신앙의 위인으로 그려 내지는 않는다. 그녀는 그저 시어머니께 효성을 다하는 헌신과 순종의 여인이다. 그녀가 시어머니의 나라로 간 까닭은, 며느리로서 시어머니를 부양하며 보살펴 드리려는 인간적인 의리를 지키기 위해서였다. 1장 16-17절에 그러한 룻의 진의가 잘 드러나 있다. 그런데도 어떤 이는 16절 후반부 언사를 들어 그녀야말로 탁월한 여호와 신앙의 소유자라고 한다. 그리고 그녀의 신앙심이 그처럼 특출했기에 하나님의 인정하심을 받을 수 있었고, 마침내 베들레헴의 유력자 보아스와 결혼을 하게 됨으로써 다윗과 그리스도의 조상이 되는 영광스러운 복을 받게 된 것이라고 한다. 하지만 그런 칭송은 룻기와 룻에 대한 바른 이해라 보기 어렵다.

"어머니의 백성이 나의 백성이 되고 어머니의 하나님이 나의 하나님이 되시리니"(1:16후). 룻의 이 말은 하나님 앞에 드리는 신앙고백이 아니라, 그녀가 며느리로서의 신의를 지키고 책임을 다할 것을 시어머니 앞에 굳게 다짐하는 맹약이다. 동(動)하든지 정(靜)하든지 시어머니를 따르리라는 결심 선언과, 여호와 하나님께 대한 신앙고백은 결코 혼동될 수 없을 만큼 성격이 다른 것이다. 룻은 죽음이 그녀를 떼어 놓기 전에는 시어머니를 떠나지 않을 것이라는 극단의 맹세로써 시어머니의 계속되는 강권을 막는다. "만일 내가 죽는 일 외에 어머니와 떠나면 여호와께서 내게 벌을 내리시고 더 내리시기를 원하나이다"(1:17). 룻의 시어머니에 대한 지고지순한 공경과 사랑과 신의의 서원은 사람의 심금을 울린다. 그러나 그것은 룻의 소원이며 결단이며 맹세일 뿐 하나님께 드리는 그녀의 신앙고백이 아니다. '목숨 걸고 어머니를 따르며 섬기겠다'는 그녀의 진솔한 말을 보다 성스러운 색조로 포장할 하등의 이유가 없다. 요컨대 룻기 저자는 룻의 신앙심의 탁월함을 말하는 것이 아니라, 이미 하나님에 대해 배웠고, 하나님을 자신의 주로 영접했으며, 범사에 여호와 하나님을 믿고 있는 그녀의 인간적인 품격을 그리고 있는 것이다.

그렇다고 룻기에 룻을 포함한 모든 등장인물들의 하나님에 대한 일상의 신앙 표현이 완전히 배제되어 있는 것은 아니다. 오히려 그들의 신앙 언행은 사사시대의 영적 어두움을 밝히는 등불처럼 삶의 다양한 국면에서 빛나고 있다.

보아스가 룻을 처음 만났을 때 그녀에게 이스라엘의 하나님에 대한 신앙심이 있음을 알았다. "이스라엘의 하나님 여호와께서 그 날개 아래 보호를 받으러 온 네게 온전한 상 주시기를 원하노라"(2:12). 그녀가 타국 생활을 시작하면서 하나님의 지켜 주심을 바라고 있음을 보아스가 알아본 것이다. 룻도 자신의 그러함을 시인한다. "당신이 이 하녀를 위로하시고 마음을 기쁘게 하는 말씀을 하셨나이다"

(2:13후). 룻은 이삭 줍는 밭에서 보아스가 베푸는 배려를 '여호와께서 그의 날개 아래 자기를 보호해 주심인 줄'로 여겨 기뻐했다.

또 베들레헴 사람들은 범사에 하나님의 주권과 권능과 섭리를 믿었으며, 기근을 물리치고 이스라엘에게 양식을 주신 이가 누구도 아닌 여호와이심을 믿었다. "'여호와께서 자기 백성을 돌보시사 그들에게 양식을 주셨다' 함을 듣고"(1:6). 4장 13절은 한 사건에 대한 룻기 저자의 해설인데 그 역시 1장 6절과 신앙적으로 완전히 동일하다. "여호와께서 그에게 임신하게 하시므로 그가 아들을 낳은지라"(4:13). 양자 모두 하나님께서 행하셨다는 신앙사상이다.

주권자 하나님을 믿고 하나님의 독단적인 행하심을 고통 중에 받아들이고 있는 나오미의 태도도 베들레헴 주민들의 신앙 안에 거부감 없이 받아들여진다. "여호와의 손이 나를 치셨으므로…전능자가 나를 심히 괴롭게 하셨음이니라 내가 풍족하게 나갔더니 여호와께서 내게 비어 돌아오게 하셨느니라 여호와께서 나를 징벌하셨고 전능자가 나를 괴롭게 하셨거늘…"(1:13, 20-21). 나오미의 자조 섞인 비탄에 성읍 사람들은 그녀를 동정할망정 그토록 그녀를 몰락하게 하신 하나님께 항변하거나 원망하는 사람은 아무도 없었다.

그리고 베들레헴 사람들은 보아스의 수혼 수락연설 끝에 이렇게 호응한다. "여호와께서 네 집에 들어가는 여인으로 이스라엘의 집을 세운 라헬과 레아 두 사람과 같게 하시고 네가 에브랏에서 유력하고 베들레헴에서 유명하게 하시기를 원하며 여호와께서 이 젊은 여자로 말미암아 네게 상속자를 주사 네 집이 다말이 유다에게 낳아 준 베레스의 집과 같게 하시기를 원하노라"(4:11-12). 그 위에 여인들은 오벳이 태어났을 때 "찬송할지로다 여호와께서 오늘 네게 기업 무를 자가 없게 하지 아니하셨도다"(4:14)라며 기뻐했다.

그처럼 룻기의 등장인물들은 삶의 모든 국면이 하나님의 주권적인 섭리 아래 간단없이 전개되고 있다는 사실을 믿었다. 룻기 저자가 말하려는 것은, 룻이 군계일학(群鷄一鶴)으로 얼마나 하나님을 잘 믿었느냐가 아니라, 하나님께서 무슨 계획을 가지시고 그 이방여인을 선민의 나라로 불러들이셨느냐는 것이다.

룻기는 이스라엘 역사상 가장 어둡던 시기에 한 경건한 가문이 그들의 믿음의 전통을 지키며 살았던 사실을 기술한 책이다. 룻기의 메시지를 오해하지 않으려면, 룻의 신앙이 하나님의 인정하심을 받아 영광스럽고 복된 은총을 누리게 된 것이라는 교훈적 사후채색(事後彩色)을 넘어서야 한다. 룻기의 중심 배역은 룻이 아니고 나오미도 보아스도 아니다. 그들 모두를 움직여 자신의 뜻을 이루어 가시는 여호와 하나님께서 룻기의 주역이시다.

그 점을 주목하면, 룻기에 면면히 흐르는 하나님의 사역에 대해 하나의 선명한 신학 주제를 생각하게 된다. 하나님의 주권과 섭리다. 아무도 기근을 피해 타국 이주를 시도하지 않는데, 어째서 저명하고 유여(裕餘)한 엘리멜렉 가족만 타국 이주를 결행한 것일까? 그것을 엘리멜렉이 자신의 죽음으로써 보응받아야 할 경거망동으로 보아야 하는 것일까? 말론과 기룐이 무자한 몸으로 일찍 부르심을 받은 까닭이 무엇일까? 보아스의 배필이 될 만한 요조숙녀들이 이스라엘 열두 지파에 많이도 있었을 것인데, 왜 하나님께서는 다윗의 증조모가 될 여인을 하필 '이등족속' 모압 여인 가운데서 택하신 것일까? 모압인이라면 조상의 근친상간이라는 혐오할 내력에 더하여, 오래전부터 여호와를 떠나 이방신을 섬겨 온 족속이 아닌가? 누구나 가져 봄직한 이런 의구심들은 구속사에 있어 하나님의 독단적이신 주권과 오묘하신 섭리를 궁구(窮究)하게 하는 광범하고도 심오한 신학의 출발점이 된다. 저자는 지문과 덧말에서 이 점에 대하여 조금이나마 독자 제위의 주의를 집중시키려고 했다.

구태여 책의 성격을 규정할 필요는 없겠지만, 룻기는 역사서나 경건문학서(聖文書)로 분류된다. 룻기의 저자가 누구인지, 저술 시기가 언제인지는 밝혀지지 않았다. 연구자들은 사무엘이 아니면 나단 선지자가 룻기의 저자일 것이라 한다. 저술 시기는 다윗이 왕위에 오르던 때이거나 솔로몬의 치세 중일 것이라고 한다. 그리고 책을 쓴 목적은 다윗이 야곱의 예언에 합당한 이스라엘의 정통 왕임을 그 가계보(家系譜)로써 증명하기 위한 것이라 한다.

두려움 없이 교회 앞에 세 번째 졸작을 내놓는 것이 부끄럽기도 하다. 이번에도 〈덧말〉을 붙이게 되었다. 〈룻기〉를 보다 입체적으로 조명해보려는 의욕의 결과이지만 사족(蛇足)이 아닐까 염려된다. 목사님들과 성경교사님들께서 오류가 드러나는 대로 부디 바로잡아 주시고, 미흡한 부분들을 보완해 주시기를 기도드린다. 이번에도 힘써 교열(校閱)해 주신 실리콘밸리 수학과학 교육사이트 〈Brilliant.org〉의 편집장 김지민 박사님께 심심한 감사를 드린다. 책을 만들어 주신 이형규 사장님과 직원 제위께 심심한 사의를 표하며, 오락매체들을 물리치는 문서전도의 저력으로 쿰란출판사의 번창이 지속되기를 기원한다.

2023년 2월

최인철

차례

소설룻기
Ruth

소설 룻기

Ruth

덧말

1. 배경

사사시대(1:1)는 영웅들의 시대였다. 나라와 민족들이 사활을 걸고 싸운 유혈과 혼란의 암흑기였다.

애굽에서 나온 이스라엘은 오랜 광야생활을 끝내고 약속의 땅을 찾아와 처음으로 농경과 목축생활을 시작했다. 그것은 노예생활, 방랑생활과는 사뭇 다른 삶이었으며, 농업생산을 주관하는 풍요의 신 바알 숭배는 그들에게 뿌리칠 수 없는 유혹이었다. 농산물을 제대로 얻고 양의 마리 수를 늘리자면 가나안 선주민들의 신을 같이 섬기는 것이 한층 유리할 것이기 때문이었다. 젖과 꿀이 흐르는 땅으로 그들을 이끌어 주신 여호와 하나님을 잊어 버리고, 그들은 이처럼 자신들만의 방식으로 꿈에 그리던 정착에 돌입했다. 사사시대는 그렇게 막을 연 것이었다.

하나님께 대한 배반은 신앙의 혼잡을 낳았고, 이방여인들과의 음행이라는 도덕생활의 문란을 초래했다. 스스로 방종하고 범죄를 거듭하는 순환 수렁으로 빠져든 것이다. 범죄는 어김없이 하나님의 응징을 불렀다. 출애굽 직후에 하나님께로부터 받은 율법은 출애굽세대, 광야세대, 정착세대로 전승된 이스라엘의 신앙과 삶을 총괄하는 절대규범이었다. **〈1〉 율법의 의의** 하지만 그들은 그 법도를 무시하고 각기 자신의 생각에 옳은 대로 행동했다(삿 17:6, 21:25).

이스라엘에 죄악이 만연할 때면 언제나 주변 족속들의 침공이 있었다. 정복전쟁 중에 남겨 두신 이방인 잔존자들을 들어, 하나님께서는 늘 그런 식으로 자기 백성들을 치셨다. 우상숭배와 이방결혼은 파국을 향하여 달리는 한 쌍의 수레바퀴와도 같은 것이었다. 백성들의 그 무모한 질주를 멈추실 뿐 아니라 제 소견대로 행하는 어리석음을 깨우쳐 하나님 의존의 삶을 살게 하시려는 고육책이 이방나라들의 침략이었다(수 23:12-13). **〈2〉 여호수아의 정복전쟁** 옆구리를 때리는 채찍과 눈을 찌르는 가시로 곤고할 때마다 이스라엘은 하나님의 구원하심을 간구했다. 백성들이 우상숭배와 이방결혼으로 타락할 때 하나님께서는 어김없이 진노하셔서 형벌을 내리시면서도, 조상들과의 오랜 언약 때문에 번번이 그의 백성들에게 구원자를 보내 주셨다.

그렇게 하나님의 부르심을 받은 구원자들을 사사(Judges, 판관, 전쟁주도자, 통치자)라고 했다. 사사들은 백성들의 힘을 규합하여 전쟁을 지휘하며, 여호와께 대한 신앙회복을 부르짖고 시내산의 법도를 환기시켰다. 그리고 사사들은 그들의 출신지역이나 영향력이 미치는 지파 범위 내에서 권위 있는 판관 또는 행정관으로 활동했다.

사사들의 통치는 불연속적이었다. 그들이 다스리는 기간 동안에는 그 땅에 평화가 지속되었지만, 당대 사사의 죽음으로 지도자 공백기를 맞이하게 되면 백성들은 어김없이 가나안의 우상숭배와 음란생활에 빠져 영적, 도덕적으로 타락하고 범죄하기를 거듭했다. 하나님의 징벌을 자초하여 나라의 존망이 위급해지면 백성들이 돌이켜 회개하고, 하나님께서는 사사를 구원자로 보내시는 악순환이 공식처럼 되풀이되었다.

사사라 하여 이스라엘을 전체적으로 장악한 경우는 거의 없었다. 대개의 사사들은 주로 문제가 발생한 그 지파와 일정한 관할지역에서 활동했다. 옷니엘은 이스라엘 남부 드빌과 헤브론에서, 입산은 유대 베들레헴에서, 삼갈은 북부 벧아낫에서, 에훗과 드보라는 중부 라마와 벧엘에서, 압돈은 중부 세겜에서, 돌라는 중부 사밀에서, 기드온은 북부 오브라에서, 야일은 북부 가몬에서, 엘론은 북부 다볼산 중심 지역에서, 바락은 납달리 게데스와 벧세메스에서, 입다는 요단강 동편 길르앗 지역에서, 삼손은 남부 소라에서 중심적으로 활동했다.

또한 복수의 사사들이 같은 시기의 다른 지역에서 이중으로 활동한 경우도 없지 않았다. 그러므로 몇몇 사건들은 연대순으로 발생한 것이 아니라 각기 다른 지역에서 동시적으로 일어나기도 했다. 암몬과 블레셋의 동시 침공이 그러했다(삿 10:6-9). 지파들의 사정도 제각기 달랐다. 이방민족의 압제로 하나님의 징계를 받는 지파들이 있는가 하면, 어떤 지파들은 동거 중인 이방인들과 어울려 그들 나름의 평안을 누리며 행악의 즐거움에 빠져 있기도 했다.

각 지파들이 베냐민 지파를 응징하기 위해 한 번 연합전선을 결성했던 경우(삿 20:1-11) 외에는 두 번 다시 지파연합체로 행동한 일이 없었다. 국가공동체보다는 각각의 지파우선주의를 추구했기 때문이다. 그러한 분파주의 경향은 자신의 유익을 좇아 행하는 개인주의를 발전시켰다. **〈3〉 지파들의 불화와 분열** 사사시대는 한마디로 하나님의 법보다 내 판단에 옳아 보이는 것을 취하고 행하던 인간의 욕망 추구 시대였으며, 이스라엘의 무법적인 탈선과 하나님의 은혜로우신 구원이 끊임없이 되풀이된 극적인 시대였다.

그렇다고 사사시대 전체 기간이 이스라엘의 타락과 신앙적 도덕적 암흑기로만 이어진 것은 아니었다. 초대 사사 옷니엘이 다스리던 40년 동안은 그 땅이 태평했으며(삿 3:11), 에훗 시대 80년도 평안하였고(삿 3:30), 전쟁을 끝낸 드보라의 치세 40년 동안도 별다른 외우내환이 없었다(삿 5:31).

비록 불연속적이기는 하지만 그처럼 40년, 80년, 40년 세월 동안에 특기할 사건 하나 없이 나라가 태평했다는 사실이야말로 감탄할 일이 아닐 수 없었다. 초기 사사시대뿐만 아니라 어느 때든지 사사들이 그들의 직무를 수행하는 기간에는, 하나님께 대한 범죄나 외적의 침입과 같은 혼란이 일어나지 않았다. 평안 가운데 백성들이 율법을 따라 여호와를 섬기는 아름다운 신앙풍속이 민간에 일어나 전통의 기초를 다졌다. 그러한 평안의 사사 재위기간이, 전체 시시시대에 있었던 배반과 그에 따른 하나님 징벌에 의한 고통의 시간보다 압도적으로 길었다.

사사들의 재임 기간은, 옷니엘 40년, 에훗 80년, 삼갈 1년(?), 드보라 40년, 기드온 40년, 돌라 23년, 야일 22년, 입다 6년, 입산 7년, 엘론 10년, 압돈 8년, 삼손 20년이었다. 옷니엘로부터 삼손까지 열두 사사들의 재임 기간은 도합 296년이고, 사사 취임 그 해에 죽은 것으로 추측되는 삼갈(삿 3:31)의 시무 기간을 1년으로 본다면 사사들의 시무 기간 총합은 297년이었다. 그 297년 사이에 사사 자신의 방종으로 신앙풍속을 해친 경우들이 혹간 있기는 했지만, 일부 사사들의 개인적인 부도덕성을 이유로 백성들이 하나님의 징벌을 받은 일은 사실상 한 번도 없었다. **〈4〉 사사 개인의 방종**

사사시대 전체 기간 중에 사사 부재의 비교적 짧은 연대들이 있었다. 그 사사 공백기가, 백성들이 하나님을 배반하고 우상을 숭배하여 외적들의 침략과 압제를 받은 세월과 대체로 일치했다. 그 타락과 형벌의 사사 부재 기간이 총 110년인데, 거기에 사사들의 누적 재임 기간 297년을 더하면, 사사시대는 모두 407년이 되었다. **〈5〉 사사시대의 연수**

징벌을 받은 시간보다 백성들이 여호와의 법도를 따르며 태평을 구가하던 때가 훨씬 길었음에도, 사사시대를 일러 유혈과 혼란과 암흑의 시대라 했다. 하나님의 징벌이 간헐적이며 비록 짧았을지라도 그 후유증만은 극심했기 때문이다. 이스라엘의 타락과 범죄가 예외 없으신 하나님의 응징을 받게 된 것은, 그것이 반복적이며 지속적이기 때문이었다. 여차하면 백성들 가운데 전날에 범한 그 죄악이 거듭 되살아났다. 그들이 범하는 죄악이 인간의 욕망에 뿌리를 둔 것이기 때문이었다.

이스라엘은 여느 이방족속과 다름없이 언제나 죄와 더불어 살고 싶어했다. 하지만 백성들의 그러한 성향은 하나님께서 보여주신 하나님 나라의 이상에 부합되지 않는 것이었다(창 15:18, 17:7). 그런 까닭으로 하나님의 채찍이 날아들고 백성들이 피를 흘리는 고통의 악순환이 늘 되풀이된 것이었다. 바로 그 사사시대에 후일 유대 왕가의 조상이 될 뻔한 한 사람이 살고 있었다. 엘리멜렉이라 하는 유대 베들레헴의 지체 있는 지주가 그 사람이었다.

드보라 사사가 죽자 이스라엘은 기다렸다는 듯이 여호와의 목전에서 우상숭배의 죄를 범하기 시작했다. 그에 대한 응징으로 이번에는 하나님께서 이스라엘을 7년 동안 미디안의 손에 붙이셨다(삿 6:1-2). 백성들이 파종을 끝내면 미디안 사람, 아말렉 사람, 동방 사람 연합군이 쳐들어와서 사람을 해치고 뿌린 씨앗을 짓뭉개며, 수확기에는 얼마 되지 않는 농산물을 그나마 있는 대로 빼앗아 갔다. 그처럼 미디안 연합군이 나라 전역에 먹을 것이 없도록 기근의 재앙을 일으키던 때에 엘리멜렉과 그의 가족 역시 혹심한 해를 당하지 않을 수 없었다.

예전에는 베들레헴을 에브랏(에브라다)이라 했다. 땅이 비옥하고 곡식과 과실이 잘된다 하여 부르게 된 이름이었다. 베들레헴이란 이름도 '떡집'이라는 뜻을 가진 만큼, 에브랏이나 베들레헴이나 그 말이 그 말이고, 그곳이 그곳이었다.

베들레헴은 이스라엘이 받은 기업 중에서 밀과 올리브와 포도와 무화과 등의 산물이 가장 많이 생산되는 이스라엘의 곡창들 중 하나였다. 일찍이 선지자 미가는 두 지명을 시적 감성으로 읊기를 "그런데 너, 베들레헴 에브라다여…(But thou, Bethlehem Ephratah…)"라고 연호(連呼)하기도 했다(미 5:2).

베들레헴은 예루살렘에서 남쪽으로 20리 거리에 있었다. 야곱의 부인 라헬이 베냐민을 낳자마자 산후통으로 객사한 곳이 베들레헴 에브랏이며(창 35:16-20), 가나안 정착 이후 다윗이 몇 대의 조상들을 이어 그 성에서 태어났고, 영원한 생명의 떡으로 오신 예수님께서도 오묘한 상징과 더불어 그 '떡집'에서 탄생하셨다(미 5:2; 마 2:4-6; 요 6:32-58).

엘리멜렉은 떡집 베들레헴 성읍의 몇몇 지주들 중 한 사람이었다. 아내 나오미와 두 아들 말론과 기룐을 두고 있었다. 그는 유다의 직계자손 베레스의 혈통을 이은 유다의 후예이므로, 선대(先代)에 관하여 듣고 아는 사람이라면 이스라엘 중에서 누구도 그를 가벼이 대하지 않았다. 조상 야곱이 그의 열두 아들에게 내린 복과 저주의 예언이 자손들에게 전해지고 있었기 때문이었다.

"유다야 너는 네 형제의 찬송이 될지라…규가 유다를 떠나지 아니하며 통치자의 지팡이가 그 발 사이에서 떠나지 아니하시기를 실로가 오시기까지 이르리니 그에게 모든 백성이 복종하리로다"(창 49:8-10).

그 야곱의 예언에 따르면 유다의 후손들 가운데서 대대로 이스라엘의 왕이 나올 것이며, 왕의 후손으로 왕 중의 왕이신 "실로"께서 오실 것이었다. 유다 지파의 어느 계열, 어느 문중에서 왕이 나올지는 예언되지 않았다. 그렇지만 엘리멜렉은 이스라엘을 다스리는 왕들의 선조로서, 실로께서 오실 가능성이 있는 다수의 지류 가문 중 한 집안에 속한 사람인 것은 틀림이 없었다. **〈6〉 엘리멜렉**

유다 지파는 여호수아의 생전에 팔레스틴 남부에 있는 가장 넓은 지역을 기업으로 받았다. 유다 기업의 중요 성읍 중 하나인 베들레헴에 터를 잡은 엘리멜렉 집안은 그곳 떡집에서 2백 년 가까이 농사와 목축으로 가세를 키워 왔다.

그런데 어느 날 느닷없이 미디안과 아말렉과 동방 사람 연합군이 떼를 지어 이스라엘로 쳐들어온 것이다. 드보라가 죽어 사사가 없던 때의 이스라엘은 우왕좌왕 제대로 싸워 보지도 못하고 양식이란 양식은 모조리 빼앗기는 참변을 당했다. 베들레헴이라는 성읍은 그 이름부터 땅이 비옥한 곡창임을 드러내기에 적들의 집중적인 약탈 대상이 되었고, 다른 도성들에 비해 더욱 가혹한 피해를 당하지 않을 수가 없었다.

흉년과 기근은 사람의 목숨을 앗아가며 전염병까지 일으키는 고통스러운 재난이었다. 가뭄, 장마, 폭풍 같은 자연재해로 농사를 망치는 것이 대체로 그 원인이 되었다. 그러나 기근이란 것이 반드시 자연재난으로만 오는 것은 아니었다. 전쟁 중에 추수한 곡물을 적군이 송두리째 빼앗아가거나, 저장해 둔 양곡을 방화로써 태워 버릴 수도 있었다. 또한 농경에 필요한 가축을 탈취당하기도 하였고, 농부들이 잡혀가거나 아군 병사로 전쟁터에 묶여 있어 농사를 짓지 못하게 되는 일도 다반사로 있었다.

하나님의 심판의 방편으로 이스라엘이 침략자의 손에 붙여져 재물과 식량을 탈취당한 사례가 없지 않았다(삿 2:11-14). 그런데 초대 사사 옷니엘의 시무로부터 4대 사사 드보라가 세상을 뜨기까지 자연재해로 인한 거국적인 흉년 기근은 일어난 적이 없었다. 만일 드보라의 사후에 이스라엘을 타격한 그 기근이 자연재해였다면, 이스라엘 남부 국경 안에 있는 블레셋의 다섯 도성들이나, 인접한 모압과 에돔 같은 나라에도 기근 재난의 여파가 미치지 않을 수 없었을 것이다. 하지만 그때 그 나라 그 도성들에는 가뭄이나 폭풍, 폭우 같은 자연재해가 없었고 양식도 궁핍하지 않았다.

그러므로 엘리멜렉 당대에 이스라엘이 겪은 그 기근은 미디안 연합군에 의한 인재였으며, 하나님의 형벌로 주어진 것임이 틀림없었다. 사사들이 세상을 떠나기만 하면 기다렸다는 듯이 이스라엘은 하나님 앞에 범죄하기를 되풀이하지 않았던가? 그들은 아모리인의 농경신을 두려워한 나머지 여호와 하나님을 두려워하지 않았다. 그런 까닭으로 하나님께서 미디안 연합군을 일으키셔서 자기 백성을 치셨으니, 그 결과로 이스라엘에게 닥친 것이 드보라의 죽음 후 기도온의 사사 취임 이전까지 있었던 7년간의 기근이었다(삿 2:11-17). 〈7〉

룻기 등장인물들은 어느 때 사람들일까?

아브라함과 그두라에게서 난 미디안은 아라바(Arabah. 팔레스틴을 남북으로 잇는 저지대를 총칭하는 지리 용어. 성경은 '평지', '들', '사막'이라 함)에서 요단 동편까지를 횡행하는 유목민의 시조가 되었다. 그 미디안 유목민들이 아말렉과 동방사람들과 연합하여 낙타를 타고 이스라엘을 공격해 오는 광경은 마치 메뚜기 떼가 해를 가리고 날아드는 것 같았다.

약탈자들은 이스라엘이 거주하는 모든 도성과 촌락을 에워싸 진을 치고, 양식을 빼앗으며 소와 나귀와 양 떼 등의 가축들을 남김없이 끌어갔다. 그들의 공격은 한 번으로 그치지 않았다. 해마다 파종기와 수확기를 노리고 쳐들어와 진을 치고 파괴와 탈취를 자행했다. 그들의 침략 목적은 단지 자기들의 배를 채우려고 양식을 빼앗아가는 것만이 아니었다. 이스라엘에게 아예 거둘 곡식이 없도록 하려는 것이었다.

그들은 토지 소산을 멸하여 이스라엘 가운데 식물을 남겨두지 아니하기 위해(삿 6:4) 뿌린 씨앗을 낙타 발굽으로 짓뭉개고 파헤치는 만행을 저질렀다. 약탈자들의 감시가 미치지 않는 뒅에서 어쩌다 얼마간의 추수를 하더라도 그 알곡을 빼앗기지 않고 사람이 상하지 않으려면 타작마당 같은 데서 펴놓고 타작을 할 수가 없는 형편이었다(삿 6:11).

잔인한 유목민 침략자들의 악랄한 폐농(廢農)전략에 겁을 먹은 이스라엘은 마침내 토지와 가산을 버리고 산으로 올라가 땅굴에 숨었다. 침입자들의 폭력을 막아 보려고 어설픈 방어 산성을 쌓아도 보았지만, 숨기고 아껴 온 양식이 바닥을 보이는 데에야 땅굴도 석축도 있으나마나 한 것이었다.

엘리멜렉 가족도 주리기로는 다른 사람들과 조금도 다르지 않았다. 하지만 그들은 산으로 올라가 땅굴에 숨어 지낼 엄두를 낼 수가 없었다. 엘리멜렉뿐만 아니라 그의 두 아들들까지 기골이 야무지지 못한 약골들이었다. 산 위에서 굶주림에 시달리면서 언제 끝날지 모를 미디안의 만행을 견디기가 그들에게는 죽기보다 어려운 일이었다. 엘리멜렉은 산이 아니라 모압을 피난지로 생각하고 있었다. 거기에는 먹을 양식이 있을 것이기 때문이었다.

모압인은 원래 롯의 큰딸이 아버지에게 술을 먹이고 동침하여 낳은 모압의 후손들이었다. 모압이란 이름의 함의가 해괴하게도, '나의 아버지로부터', 곧 모압의 어머니가 그녀의 아버지로 말미암아 아들을 낳았다는 뜻이었다. 롯의 큰딸은 근친상간에 대한 죄책감보다 동침의 상대가 아버지일망정 후손을 생산하는 일이 더 절박했으며(창 19:30-38), 아버지로부터 아들을 낳게 된 것이 자랑스럽기도 했던 모양이었다. 아무리 후손에 대한 그녀의 집착이 그랬다 하더라도 부녀상간은 고래(古來)로 세상이 용납하지 않는 패륜의 죄악이었다. 모압과 암몬(롯과 작은딸이 낳은 벤암미의 후손)이 원래 이스라엘과는 한 뿌리에서 난 친척의 자손들(아브라함과 롯은 숙질간)인데도, 그들의 출생이 그토록 수치스러워 이스라엘은 그들 두 종족을 하등족속으로 치부하며 경멸했다.

전통적으로 아브라함의 자손과 롯의 자손은 협력과 상생관계를 이어 오지 못했다. 오히려 그 반대였다. 애굽에서 나온 이스라엘은 가나안 진입을 위해 북상하는 길에 먼저 형의 나라 에돔과, 숙부 롯의 자손인 모압과 부딪히지 않을 수 없었다. 모세는 외교적 설득으로 그들에게서 통행 길을 빌리되 여의치 않으면 전쟁도 마다치 않을 작정이었다. 그러나 하나님께서는 모세를 말리셨다. 이르시기를, 에돔과 모압과 암몬이 이스라엘의 가장 가까운 친척일 뿐 아니라, 그들에게도 지금의 땅들을 기업으로 주었으니만큼 그들의 영토를 한 발짝이라도 넘보거나 그들과 싸울 생각은 하지 말라시는 것이었다(신 2:1-19).

그런데 하나님께서는 모압과 암몬 사람들을 보호하시면서도, 그들을 '여호와의 총회(여호와께 드리는 제사·예배)에 영원히 참여시키지 말라'는 단호한 엄명도 동시에 내리셨다(신 23:3). 까닭인즉 이스라엘이 애굽에서 나와 가나안으로 접근할 때 그들이 떡과 물을 가지고 나와 영접하지 않았을 뿐 아니라, 이스라엘이 아모리 왕 시혼과 옥을 차례로 격파하는 것을 보고 겁에 질린 모압 왕 발락이, 메소포타미아의 거짓선지자 발람을 청하여 이스라엘을 저주하도록 했기 때문이다(신 23:3-6). 〈8〉 **발람의 저주** 게다가 모압은 여호와 하나님을 외면하고 어린아이를 희생제물로 바치는 그모스를 섬기고 있었다(민 21:29; 왕하 3:27, 23:13).

모압은 사해 동쪽 해안을 끼고 있는 사해 해발 평균 900m의 고원지대에 그들의 거주 도성들을 건설했다. 남쪽의 세렛 시내를 에돔과의 경계선으로 두었고, 동쪽에는 건조한 광야와 아라비아 사막이 펼쳐져 있어 뚜렷한 국경선이 없었으나, [왕의 대로](The King's Highway)와 [모압 광야길](The Way of the wildness of Moab)을 그들의 영토 내에 두고 있었다. 북쪽 경계는 통상 아르논 강이었지만, 그들이 강성하던 때는 르우벤 지파의 최북단 성읍 헤스본을 넘어 므낫세 지파가 기업으로 받은 남부 길르앗까지 진출한 때도 있었다.

이런저런 이유로 모압은 이스라엘이 가까이하기도 멀리하기도 난처한 애증의 대상이었다. 화평 중에는 양자 간에 상거래나 개인적인 왕래가 있었지만, 그것도 그때그때의 친소(親疏) 분위기에 좌우되었다. 하지만 야심을 품고 힘을 길러 온 모압 왕 에글론이 주전 1337년에 암몬과 아말렉을 동맹으로 끌어들여 이스라엘의 종려나무 성 여리고를 강점했다. 에글론은 천혜의 휴양지 여리고에 눌러앉아 18년 동안이나 이스라엘의 조공을 재촉하며 한 맺힌 숙부의 후손들을 죽어라 괴롭혔다(삿 3:12-14). **〈9〉 모압 왕 에글론을 암살한 에훗**

그런 고통 중에 하나님께서 베냐민 사람 게라의 아들 왼손잡이 에훗을 이스라엘의 구원자로 세우셨다. 모압 왕 에글론에게 들볶여 죽을 맛을 보게 된 백성들이 이방신 숭배에 미혹된 그들의 반복적인 범죄를 돌이키고 회개하기 때문이었다.

조공(朝貢)을 바친 후에 사사 에훗은 오른쪽 허벅지에 숨겨 온 자신의 수제(手製) 칼을 뽑아 비곗살이 늘어진 모압 왕 에글론의 뱃구레를 찔렀다. 한 규빗 되는 칼날을 따라 자루까지 들어박히고 칼끝은 압제자의 등을 뚫고 나왔다. 근신들이 왕의 사체를 발견했을 때 그가 18년 동안 빨아 온 이스라엘의 고혈이 뽑지 않은 칼날에 기름으로 엉겨 있었다(삿 3:22).

에글론을 암살한 에훗은 에브라임 산지로 가서 나팔을 불고 군사들을 모았다. 그리고 급히 요단강 건널목으로 내려가 모압의 용사와 역사 1만 명 가량을 섬멸하고 이스라엘을 모압의 지배로부터 해방시켰다(삿 3:15-30). 에글론의 죽음으로 국력이 떨어진 모압과 자유를 회복한 이스라엘 사이에 그럭저럭 내왕이 재개되었다. 그리고 에훗 80년, 드보라 40년의 통치 기간에 두 친척국가들 사이에는 이렇다 할 보복전쟁이나 일방의 지배는 없었다. **〈10〉 이스라엘과 모압의 역사적 친소관계**

옛날에는 아브라함과 조카 롯 사이에 끊을래야 끊지 못할 '혈연동맹' 같은 것이 있었다. 롯이 근동 4왕(시날 왕 아므라벨, 엘라살 왕 아리옥, 엘람 왕 그돌라오멜, 고임 왕 디달) 연합군에게 끌려갔다는 소식을 들은 아브라함은 훈련된 가신 318명을 이끌고 편도 천 리 길을 추격하여 조카 롯을 구원했다(창 14:1-16). 이후 롯은 소돔 성이 불탄 직후 두 딸들과의 상간(相姦)으로 두 족속의 시조(始祖)가 될 아들들을 생산했다. 모압과 벤암미의 자손들은 아브라함의 자손들이 애굽에서 430년간 종살이를 하는 동안에, 팔레스틴 동부(사해와 요단강 동부, Transjordan) 지역에서 꾸준히 번성했다. 모압은 이스라엘이 광야생활을 하던 때에 벌써 왕정제도를 확립하고 있었으므로, 세속국가로서의 제도발달은 모압이 이스라엘보다 한 걸음 앞서 있었던 셈이었다.

이스라엘과 모압 백성이 처음으로 얼굴을 맞대기는 모압의 싯딤 평지에서였다. 이스라엘이 사해 북쪽 요단강 동편의 싯딤에서 모세가 전해 주는 율법을 새로 받으며 가나안 침공준비를 하고 있었다(민 22:1; 수 3:1). 그 1년 가까운 기간에 모압과 미디안 여인들이 적극적으로 이스라엘을 유혹하여 그들의 우상숭배와 음행에 가담하도록 끌어들였다. 그 일로 진노하신 하나님께서 이스라엘 백성의 두령들을 잡아 햇볕 가운데서 목을 매달도록 명령하시고 회중에는 염병을 내리셨다. 온 백성들이 하나님 앞에서 회개의 울음을 울고 있을 때, 시므온 지파의 시므리라는 자가 모세를 비롯한 회중이 뻔히 보고 있는 진(陣) 중(中)에서 미디안 여인 고스비를 데리고 장막으로 들어가 음행을 시작했다. 그것을 알아챈 아론의 손자 엘르아살의 아들 비느하스가 창을 들고 뒤따라 들어가 한 번의 투창으로 두 사람의 배를 꿰어 죽이니 하나님께서 2만 4천 명의 목숨을 앗아간 염병을 거두셨다(민 25장).

주전 1405년에 있었던 모압과 이스라엘의 첫 대면은 그처럼 처참한 비극으로 끝났다. 이후 이스라엘은 가나안 땅에 들어와 정착하였고, 모압 왕 에글론이 이스라엘을 지배한 18년(주전 1337-1319년) 이외에는 양국간에 별다른 마찰이 없었다. 그러니까 에글론의 죽음으로부터 현재의 미디안 연합군 침공에 의한 이스라엘 대기근까지 한 세기 남짓을 지나오는 동안(121년), 두 친척국가 사이에 흐르는 공기는 그 애증이 뜨겁지도 차갑지도 않았다. 그 기간에 모압이 아닌 나라들 곧 메소포타미아 왕 구산 리사다임과 블레셋과 가나안 왕 야빈이 이스라엘을 침략하여 옷니엘과 삼갈과 드보라 사사가 차례로 물리친 사건들이 있었지만, 이스라엘과 모압 사이에는 에글론의 18년 지배로 한 번의 불화가 있었을 뿐이었다. 세월이 흐르고 세대가 바뀌어 피차의 구원(舊怨)을 잊은 양국 간에는 방관적인 평화 기류가 흐르고 있었다. 그런 분위기를 알고 있는 베들레헴 사람 엘리멜렉이 잠시 모압으로 건너가 기근을 면할 생각을 한 것은 신체적으로 유약한 사람으로서 내어 볼 만한 자구책이라 할 수 있었다.

2. 모압 이주

엘리멜렉은 햇볕 가운데서 경작지를 거닐며 오후 나절을 소일했다. 씨앗을 넣고 오랜 노고 끝에 추수의 감격을 맛본 일이 없는 사람은 농부가 묵정밭을 헤치고 다니는 심사를 알지 못할 것이었다. 엘리멜렉은 밭을 헤매기도 했지만 그보다는 제대로 먹은 것이 없어 나른하기도 하고 마디마디 삭신이 쑤시기도 했다. 그는 기우는 해를 등지고 베들레헴 성문을 들어서면서 들에서 생각하던 일을 정리하고 마음을 굳혔다.

등잔에서 픽픽 감람유 찌끼 타는 소리가 났다. 나오미는 등잔 접시에서 검붉게 나불거리는 불꽃을 바라보았다. 먹을 양식이 그렇듯이 등잔에 채울 맑은 기름도 바닥이 보였다. 불꽃을 조금이라도 더 살려 두려고 그녀는 심지를 반으로 찢으려 애를 썼다. 곁눈에 비친 남편이 희끔한 불빛을 안고 등잔 쪽으로 한 무릎 당겨 앉았다. 그리고 그가 입을 열었다.

"저 잔혹한 미디안과 아말렉과 동방사람들이 때맞추어 달려와 나라를 거덜내고 있으니 통분을 금할 수가 없소 그려."

엘리멜렉이 좀처럼 입 밖으로 드러내지 않던 노기 띤 언사였다. 나오미라고 남편의 심정과 다를 것이 없었다. 그가 하던 말을 이었다.

"양식은 죄다 빼앗기고 변통할 곡물은 구경할 데가 없게 되지 않았소. 이런 형국에 우리가 대체 무엇으로 목숨을 부지하여 사생결단 대적들과 싸운단 말이오? 사람들이 차마 먹지 못할 식물로 연명을 하며 굴속에 숨어들어 버티고들 있으니 이토록 기막힌 일이 전날에는 정녕 없었던 일이 아니오?"

나오미가 남편의 말을 받았다.

"그렇습지요. 메소포타미아 왕 구산 리사다임이 우리를 8년 동안 괴롭히고, 모압 왕 에글론이 18년을 압제하고, 블레셋이 시나브로 백성들을 유린하고, 가나안 왕 야빈이 20년이나 우리 백성의 고혈을 쥐어짜지 않았습니까? 그때에도 우리 백성들이 참을 수 없는 고난을 받았다지만, 그래도 오늘날 이 같지는 않았다고들 합니다."

"원, 여호와께서 백성들의 고초를 아시기나 하시는지…어서 구원자를 보내셔서 백성들을 이끌도록 해주셔야 할 텐데, 드보라님이 가신 후로 아직도 백성을 구원할 사사가 나오지를 않고 있소. 아닌 말로 이런 날이 한 해만 더 지속된다면, 모르긴 해도 우리의 풍족하던 떡집에서조차 목숨을 부지할 사람이 하나도 남지 않게 되리다."

"왜 아니겠습니까? 우리마저 땅을 묵히지 않았습니까? 포도밭은 파헤쳐지고 올리브와 석류와 무화과와…과수란 과수들은 다 찍혀 넘어지고 말았습니다. 있는 농지에 씨앗을 넣지도 못하고, 어쩌다 뿌린 씨앗마저 파헤쳐져 곡식이란 곡식은 아예 거둘 것이 없으니 백성들이 뷰노하고 절망합니다. 모두들 농토를 버리고 땅굴 속에 숨는다는데 그것이 사나흘이나 대엿새라야 말이지, 바위틈이나 나무 등걸에서 어찌 매일의 양식을 구할 수가 있단 말입니까? 이제는 우리도 숨겨 두었던 양식을 늘여 먹기가 어렵게 되었습니다. 백성들이 어서 이방신들을 버리고, 여호와께서 노를 거두어 주셔야만 우리가 살아날 수가 있을 텐데요."

"과연 그렇소. 우리가 감춰 둔 양식을 의지하고 있다가는 크게 낭패를 보게 될 것이오…그래서 말인데 여보, 마음을 가다듬고 내 말을 잘 들어 보시오. 내가 오늘 종일 밭에 나가 거닐며 생각해 보지 않았겠소. 이 참에 우리까지 산으로 올라갈 것이 아니라, 차라리 강 건너 모압 땅으로 피난을 가는 것이 좋지 않을까 싶소."

나오미는 생각지 못했던 말이었다. 모압 땅으로 피난을 가자니, 그녀는 흠칫 등잔에서 놀리던 손을 멈추고 남편을 돌아보았다. 엘리멜렉은 부인을 마주보며 하던 말을 이었다.

"여기서 요단을 건너고 사해 북안(北岸)을 따라 동쪽으로 나가면 옛사람들이 모압 평지라 부르던 르우벤 형제의 기업에 이르게 된다오. 그곳 형제들에게 길을 물어 남쪽으로 몇 리만 내려가면 쉬 모압 국경에 이르게 되는 것이오. 모압이 북쪽 국경으로 삼고 있는 아르논 강가에 잠시 머물면서 이리저리 알아보아 우리가 자리잡을 곳을 찾으면 되지 않을까 싶소. 누구를 찾아가야만 하는 것이 아닌즉, 어느 성읍 어느 마을이든 마음 가는 곳에 잠시 안착했다가 재난이 끝나는 대로 되돌아오면 되리라, 그 말씀이오."

나오미는 떨어져 가는 양식을 헤아리며 속을 태워 오던 중이었다. 베들레헴을 떠나자는 남편의 의견에는 마음이 움직였으나 목적지가 모압이라는 데서는 적이 켕기지 않을 수 없었다. 그녀는 잠시 숨을 고르고 나서 자신의 부담을 말했다.

"그런데 여보, 우리 형제 지파들이 거하는 여러 성읍들을 버려두고 하필이면 이방 땅으로 가실 염(念)을 비추시니 그것은 저로서 생각지 못했던 말씀입니다. 모압이 이수로는 지척이며, 눈만 들면 바다(사해) 건너 훤히 보이는 땅이라도, 신앙으로 보자면 족히 천만리나 먼 곳이 아니겠습니까? 조상님들의 물려주신 땅을 두고 타국 객지로 떠나는 것이 어쩌면 목숨을 걸어야 할 만큼 위험한 일은 아닐까요? 성읍 모든 사람들이 일가(一家)인 우리가, 아는 사람 하나 없는 이방 땅으로 가서 누구를 의지하여 평안 중에 지낼 수가 있겠습니까? 말씀을 듣자니 불안한 마음을 걷잡지 못하겠습니다."

"여보, 이 기근이 우리 고장에만 닥친 재앙이 아니지 않소. 모든 백성을 죽음으로 몰아가는 염병처럼 온 나라에 미쳐 있으니, 산으로 올라가나 이웃 지파로 넘어가나, 여기서 하릴없이 곡식 없는 밭떼기를 바라보고만 있으나, 굶어 죽기는 매 마찬가지요. 그런데 당신 말처럼 모압은 염해(鹽海, 사해) 건너 환히 보일 만큼 가까운 데다 산물이 넉넉한 곳이니 우리가 잠시 우거하기는 알맞은 곳이라 할 것이오. 에글론이 한때 우리를 괴롭혔지만 1백 수십 년이나 지난 일이고, 무엇보다 모압은 우리의 척족(戚族)이니 마음먹기 따라 형제 지파와 다를 것이 무엇이겠소? 다행히 오늘날에는 두 나라 간에 우호감이 일고 통상도 왕래도 하거니와 지파들 중에 통혼을 하는 집들도 혹간 있는 실정이오. 묵은 원한을 씻고 피차 화평을 구하는 기운이 있으니, 그곳 생활이 잠깐은 낯설지라도 지내다 보면 그다지 큰 어려움은 없을 것이오."

"기근 중에 목숨을 부지하자면 모압이라고 가지 못할 곳은 아니겠지요. 하지만 거기만이 우리가 꼭 가야 할 곳인지는 재삼 생각해 보셔야 하리라 봅니다. 그 나라는 애초에 인륜을 거슬러 태어난 조상으로 세워졌고, 여호와 하나님을 배반하여 오늘까지 그모스를 숭배하고 있지 않습니까? 아무리 조상이 같고, 구원(舊怨)이 없고, 지금의 우리 처지가 답답하다 해도, 인신(人身)으로 제사를 드리는 가증한 무리에게 은덕을 구하러 가기는 법도로 보나 도의로 보나 체면이 아닌 듯합니다."

그녀는 멈추지 않고 우려를 토로했다.

"비록 목숨을 부지하는 것이 장한 일일지라도 하나님께서 보여주시는 어떠한 징표도 없이 섣불리 마음을 정하셔서는 안될 것입니다. 지금 같은 시절에는 집과 농토를 버리고 잠시 고향을 떠나더라도 그 누가 타박을 하겠습니까? 아니 그래야만 우리 식구들이 목숨을 부지할 수가 있겠지요. 하지만 당신께서는 본래 강건치 못하시고, 젊은 나이인 말론과 기룐 또한 약골들이라, 멀다면 먼 객지 길 타국 생활을 어떻게 견뎌낼지 생각만 하여도 두려운 마음입니다…만일 우리가 모압으로 간다면 거기서 우리 가족은 저들에게 외국인이 되고 거류민이 되는 것입니다. 듣건대, 그 땅에서는 거류민이 생계를 위해 품팔이를 할 수는 있어도 자기 토지를 구입하지 못하고 집을 짓지 못하며, 본토인과는 크게 다른 대접을 받는다 합니다. 또 듣자니 거류민은 본토인이나 연고자를 위해서만 일을 해야 한다고 하니 그것이 그들의 종살이를 하는 것이 아니고 무엇이겠습니까? 우리 성읍 거민만이 아니라 인근 형제 지파 중에도 베들레헴 사람 아무개라면 모르는 사람이 없는 당신께서 모압 사람의 종살이를 하시려고 그곳으로 가자 하시는 것은 아니겠지요?”

“어허이, 그건 지나친 말씀이오. 또한 온전히 그렇지도 않소. 우리가 얼마의 금품을 가지고 간다면 그곳에서 셋집을 얻어 어려움 없이 생활할 수가 있고, 식물 또한 구하지 못할 것이 없다는 것이 지금의 실정이오. 여러 나라 타지방 상인들이 국경을 넘나들어 왕래를 하고 그 나라에 객으로 머무는 것이 다 금전으로 하는 일이 아니겠소. 비록 나와 아들들이 장골은 못 된다 할지라도 힘에 맞는 일들이 없지 않을 것이고, 둘러보면 감당할 만한 일거리를 찾지 못할 것도 없을 것이니 그 점일랑 아주 염려를 하지 말도록 하시오. 내가 조상님들께서 물려주신 은혜를 입어 이 고장에서 웬만한 지주 행세를 할지라도, 먹을 것을 찾지 못하여 목숨이 위태로운 때에 잠시 타국의 거류민이 된다 하여 조상님들의 명예를 더럽히거나 나와 가족에게 욕이 되지는 않을 것이오."

엘리멜렉의 어투는 이미 마음을 정한 것처럼 완강했다. 남편이 중대사를 결정하기 전에 아내의 의사를 참작 정도 해보려고 모압 이주를 꺼낸 것이 아니라는 것을 나오미가 모르지 않았다. 아내 된 몸으로 어차피 남편의 뜻을 따라야 하겠지만, 그래도 어쩐지 마음이 내키지는 않았다. 그녀는 자신도 모르게 혼잣말인 양 토를 달았다.

"당신께서 가시려는 데가 여호와께서 기뻐하시는 곳이기만 하다면야, 그 땅이 모압이든 암몬이든 무엇이 문제겠습니까마는…."

엘리멜렉이 역정을 내는 듯 빠른 말로 받았다.

"아니 여보, 우리가 하나님의 뜻을 거역하는 것은 아닐까, 또 내가 임의로 무책임한 결단을 하는 것은 아닐까, 그것이 걱정된다는 말씀이오?"

"여호와께서 우리를 이끄신다는 표적이 있다면, 그곳이 아무리 모압일지라도 쾌히 따르리다, 그 말씀입니다."

"허어 참! 모압밖에는 피할 길이 없다는 것이 하나님께서 우리에게 보여주시는 분명한 징표가 아니고 무엇이겠소? 우리가 대적 미디안 연합군을 피할 수 있는 곳은 지금 형편에 단지 세 나라가 있을 따름이오. 블레셋과 애굽과 모압이 그 나라들이오. 그 나라들은 웬만한 흉년에도 양식이 떨어지지 않아 예로부터 굶어 죽은 사람이 없는 나라들이오. 한데 우리가 아무리 곤궁하다 할지라도 조상님들께서 이 땅에 들어오시던 때로부터 원수를 맺어 온 블레셋 땅으로야 갈 수가 없지 않겠소? 그렇다고 우리 조상님들께서 4백년도 넘도록 종 노릇을 하던 저 남방의 애굽 나라로 내려갈 수야 더더욱 없지 않겠소? 하나님께서 우리 앞에 단 하나의 길을 열어 두시고 고향을 떠나도록 하신다면 그 열린 길을 취하는 것이 하나님의 뜻에 맞지 않겠소? 그리고 그것이야말로 하나님께서 우리에게 보이시는 표적이 아니고 무엇이겠소?"

옳은 말이었다. 남편이 즉흥 감정으로 모압 피난을 결심한 것이 아니라면, 그리고 남편의 결단이 하나님께서 열어 두신 한 가닥 외길을 따르자는 믿음에서 나온 것이라면, 아무리 어려움이 있고 마음이 내키지 않는다 해도 남편을 따를 수밖에 없을 것이었다. 그것이 나오미의 부덕(婦德)이었다. 과연 어디를 보아도 모압밖에는 길이 없어 보였다. 반으로 쪼개진 심지에서 여린 불꽃이 나불거렸다. 그것도 불빛이어서 두 사람의 얼굴에 희미한 음영을 그려 냈다.

"알겠어요, 여보. 당신 말씀이 옳아요. 모압 피난이 하나님의 뜻이라 믿겠습니다."

기쁨의 여인 나오미, 그녀는 사랑스럽고 쾌활하고 우아한 기품으로 성읍 거민들 중에 모르는 사람이 없었다. 여호와 하나님을 믿는 믿음이 굳건한 데다 무슨 일이든 좋은 쪽으로 생각하는 슬기롭고 명랑한 여인이었다. 가산을 파괴하고 농지를 유린하며 걸핏하면 생

목숨들을 앗아가는 미디안 사람들의 만행을 감수하면서도 그녀는 집을 떠나지 않고 신체적으로 연약한 남편과 아들들을 지키며 허리띠를 졸라매 왔다. 그런데 이 저녁에 남편이 느닷없이 모압 땅으로 피난을 가자는 말을 하여 놀란 것이었다. 그녀에게 모압 이주가 부담스럽게 여겨진 것은, 그 나라가 아브라함과 롯의 여호와신앙을 계승하지 못하고 그모스를 섬기는 이방나라로 변천(變賤)된 것과, 신체가 허약한 남편과 아들들이 타처에서 무슨 어려움을 당할지, 본능적인 우려가 앞섰기 때문이었다. 하지만 남편의 말처럼 아무 대책 없이 베들레헴에 남아 굶어 죽기를 기다리는 것이 옳은 일은 아니라는 생각도 들어 남편의 의견을 따르기로 한 것이다.

타국 이주를 떠나면서도 얼마 남지 않은 길양식과 금전을 챙기는 것 말고는 특별히 준비할 것이 없었다. 집도 토지도 고스란히 남겨두고 가는 처지에 가재도구나 농기구를 실어 갈 까닭이 없고, 미디안 사람들이 끌어가고도 아직 몇 틀의 수레가 남아 있기는 하지만 그것을 끌 짐승도 일꾼도 없었다. 손에 잡히는 것이라고는 노숙에 밤이슬을 막아 줄 겉옷과 여벌의 옷가지들뿐이었다. 지체할 까닭이 없어 동이 트자마자 네 식구는 각기 제 몫의 봇짐을 지고 베들레헴 성문을 나섰다. **〈11〉 엘리멜렉이 고향을 떠난 것이 죄일까?**

고향을 떠나는 엘리멜렉의 심정은 착잡했다. 시나브로 들어온 조상들의 타국 이주 사건들이 생각났다. 원조 아브라함은 언약하신 땅에 들어온 첫 해부터 기근에 시달리다가 양식을 얻기 위해 애굽으로 피신을 했다(창 12:10). 2대조 이삭 역시 기근 탓으로 애굽으로 내려가려다가 여호와께서 만류하시므로 돌이켰으며(창 26:2), 3대조 야곱은 형의 위협에 하란으로 피신했다가 돌아왔으며, 두 번의 기근 끝에 어쩔 수 없이 애굽으로 내려가지 않을 수 없었다(창 46:1-3). 그런데 이제는 분얼시조(分蘖始祖 야곱의 아들들) 유다의 자손 중에 하나인 엘리멜렉이 친척이기도 대적이기도 한 모압 족속에게로 피난을 떠나고 있는 것이었다.

선조들의 이주 원인은 하나같이 흉년과 기근이었다. 굶주림의 고통과 죽음을 면하려고 잠시나마 젖과 꿀이 흐르는 언약의 땅을 떠났던 조상들의 전례가 피난길을 걷고 있는 엘리멜렉에게 그나마 위안이 되고 용기를 주는 것이었다. 성문을 한참 벗어나자 그가 입을 열었다.

"여보, 나오미, 우리가 마침내 모압 길에 올랐구려. 하나님께서 조상님들께 그리하셨듯이 우리의 피난길도 지켜 주실 것이오. 아무것도 걱정하지 말도록 하시오."

"여호와께서 함께하시는데 무슨 염려를 하겠습니까? 당신과 아이들이 여로에 기력을 잃지나 않을까, 그것이 두려울 따름입니다."

"원, 당찮은 말씀이오. 하나님께서 함께하시는 줄을 안다면서 그런 걱정을 한단 말씀이오? 으음, 말론, 기룐아, 너희들은 무슨 생각들을 하느냐? 두려우냐?"

"아닙니다, 아버지. 살고 죽는 것이 하나님의 오묘하신 뜻이니 두려워할 것이 무엇이겠습니까? 설혹 하나님께서 우리 가족의 이주 길에 고난을 주시더라도 그보다 더한 복도 내리실 줄을 믿습니다, 아버지."

"옳은 말이다. 그렇게 믿는 것이 믿음이지. 너희들이 벌써 나이가 들었는데, 때가 이토록 어렵지만 않았다면 장가도 들고 자식도 낳고 했으련만…."

엘리멜렉 가족 일행은 우선 예루살렘을 향하여 북상했다. 거기서 유다와 베냐민 지파를 나누는 경계 길을 잡아 비스듬히 북동쪽으로 올라갔다. 그들로서 당일에 100리(베들레헴에서 약41km)나 되는 여리고까지 내려가기는 꿈도 꾸지 못할 일이었다. 키 큰 종려나무가 숲을 이룬 유서 깊은 도성 여리고를 한나절 길이나 앞에 두고 알려지지 않은 곳 길 위에서 첫 밤을 새웠다. 이튿날 정오경에야 여리고를 지났지만 성내에는 들를 까닭이 없어 내처 동쪽으로 나가 요단강을 건넜다.

엘리멜렉은 두 번째 숙영지로 모압 평지에 있는 아벨싯딤을 생각했지만 그것은 그들에게 지나친 길 욕심이었다. 요단 계곡에서 평지로 올라오자 어느새 해가 기울어 있었고 기력도 바닥이 났다. 모압 평지로 들어서자마자 노숙할 준비부터 서둘러야 했다. 베들레헴에서 아벨싯딤까지가 150리 길이면 보통사람 이틀 길인데, 엘리멜렉의 식구들은 나귀를 타던 버릇 때문인지 약체여서 그런지 이틀하고도 한나절을 더 걸어서야 겨우 아벨싯딤에 당도할 수가 있었다.

여리고에서 훤히 건너다 보이는 요단강 동편에 모압 평지라 부르던 초원이 있었다. 이스라엘이 그곳에서 모압의 미디안 여인들에게 홀려 하나님의 염병 채찍을 맞은 지도 벌써 2백 년이 더 지났다. 이스라엘이 가나안 진입을 위해 북상하던 주전 1406년까지 모압을 제압한 아모리인의 왕 시혼이 자신의 왕국을 세우고 있던 땅이었다.

시혼이 모세에게 멸망당한 후로 그곳은 르우벤과 갓 지파의 기업으로 주어져 있었다. 르우벤과 갓은 그 땅 모압 평지에 있는 많은 성읍들을 외적 방어에 유리하고 가축을 보호하기에 편리하도록 튼튼히 재건했다(민 32:1-33:49).

아벨싯딤을 지난 엘리멜렉 가족은 르우벤 지파가 점유하고 있는 동쪽의 헤스본을 향하여 행로를 잡았다. 부르튼 발에 기진맥진한 이주 여행자들은 사흘째 석양 무렵이 되어서야 간신히 헤스본에 당도할 수 있었다. 엘리멜렉은 가족의 수장된 책임으로 사람들의 내왕이 있는 거리에서 어렵지 않게 명색뿐인 한 여인숙을 찾았다. 여인숙이라 해도 양식이 없기로는 유다 지파의 베들레헴이나 르우벤 지파의 헤스본이나 마찬가지였다. 그들은 여로의 세 번째 밤을 이슬막이 지붕 아래서 지새게 된 것을 은혜로 알고 하나님께 감사를 드렸다.

일행은 헤스본에서 〈왕의 대로〉를 따라 모압의 북쪽 경계인 아르논강까지 내려갈 요량이었다. 요단강 하류에서 사해의 동쪽 해안에 맞닿은 고원지대는 지반의 융기 침하가 심해 험준한 협곡과 절벽들이 많았다. 초행자가 들어설 지형이 아닌 데다 길이라 할 것이 없었다. 게다가 나약한 세 남자와, 활발하지만 준족(駿足)은 못 되는 흰 여인의 걸음으로는 어느 날에 아르논강(모압과 르우벤 지파의 경계)을 건너게 될지 대중할 수가 없었다.

디본을 지난 그들은 마침내 모압의 북쪽 국경 아르논강에 이르렀다. 소용돌이쳐 굉음을 내며 사해로 흘러드는 강 좌우에는 험준한 협곡의 자연요새가 형성되어 있었다. 아르논강과 남쪽의 세렛강(모압과 에돔과의 경계) 사이 해발 1천3백 미터의 고원지대에 구릉들을 낀 모압 평야가 드넓게 펼쳐져 있었다. 모압인의 세력이 강성할 때는 영토의 규모가 세렛강으로부터 북쪽 길르앗에 이르기까지 230리, 사해로부터 동쪽 광야의 건조지대와 아라비아 사막까지 100리가량이 되었다. 그 모압 땅에는 목축과 농경에 적합한 천혜의 초지가 조성되어 있어 모압인의 중심 거주지인 중요한 성읍들이 건설되어 있었다. 충분한 강우와 싱싱한 풀과 비옥한 경작지들이 있는 모압의 중심부는 자고로 유목인들의 각축이 잦은 곳이었다.

아르논강을 건넌 엘리멜렉 가족은 남쪽으로 하루 해를 더 걸어 모압의 이름 모를 한 촌락에서 걸음을 멈추었다. 기진맥진한 그들은 오후 해가 한참 남았음에도 여인숙을 찾아들었다. 오랜 주림에 목숨만큼 소중한 길양식으로 겨우 허기를 달랜 그들이었다. 고원지대 곡창의 땅에서 처음으로 맡아 보는 음식 냄새는 생명의 기운을 쐬는 것만큼이나 감격스러웠다. 가족 일행은 주인장의 살가운 환대와 인정스런 배려로 음식에 눈물을 섞어 가며 등짝에 붙은 배들을 채웠다. 한 잠씩 휴식을 취한 후에 엘리멜렉은 뒷마당에 마련된 앉을 자리로 식구들을 불러냈다. 해가 중천을 제법 지나 있었지만 석양이 되기에는 아직 이른 오후의 반나절경이었다. 모두 둘러앉은 자리에서 누가 들어라 할 것 없이 엘리멜렉이 감회 어린 표정으로 입을 열었다.

"내가 듣고 배운 대로 옛 일을 더듬어 보니, 애굽에서 나오신 우리 선조님들께서 이 땅을 지나신 때가 지금으로부터 260년을 훨씬 더 지났나 보구나."

"예? 그래서요, 아버지?"

반사적으로 말론이 받고 나왔다.

"자, 들어보아라. 우리 일족의 근원에 관해 너희들도 들은 바가 있으리라마는, 내가 말하려는 것은, 모압 평지에 머물던 우리 조상님들께서 무엇을 행하셨던가 하는 것이지…그때 우리 민족의 위대하신 지도자 모세님께서 느보산에서 하나님의 부르심을 받으시고, 그분의 시종이시던 여호수아님이 이스라엘의 새 지도자가 되지 않으셨더냐?"

"그렇습니다, 아버지."

큰아들 말론이 아버지 엘리멜렉의 대화 상대가 되고 나오미와 기룐은 두 사람에게로 시선을 던지며 넌지시 귀를 기울였다.

"여호수아님께서 강 건너 가나안으로 진격하시기 전에 그 땅과 여리고 성을 탐지할 정탐 두 사람을 보내셨겠지. 그 두 사람은 여호수아님께서 가장 신임하시는 지혜롭고 용맹한 청년들이었단다. 그 중 한 분이 우리의 직계조상 살몬 조부님이셨지."

"예, 아버지. 살몬 할아버지는 조상님들 중에서도 워낙 유명하셔서 우리 민족을 통틀어 모르는 사람이 없을 테지요."

"그렇고말고. 그 조부님께서 여리고를 정탐하실 때, 너희가 들어온 것처럼, 그 성벽 위에 사는 기생 라합의 집에 들어가 유숙을 하셨단다. 그런데 라합의 집에 첩자가 든 것을 알게 된 여리고 왕이 사람을 보내 정탐꾼들을 잡아들이라는 명을 내렸겠지. 왕의 사람들이 오고 있음을 알아챈 라합이 얼른 조부님과 그 동행을 지붕 위 삼대(麻) 속에 숨기고 천연덕스레 말을 둘러대어 관원들을 딴 길로 따돌려 주었단다."

그 대목에 이르자 나오미가 남편과 말론의 대화에 끼어들었다.

"그 일이라면 젖을 갓 뗀 아이들도 죄다 알고들 있는 것인데, 새삼스레 오늘 이처럼 말씀을 꺼내시는 까닭이 무엇일까요?"

핀잔으로 들릴 수 있는 말인데도 엘리멜렉은 빙긋 웃어만 보이고 말론과 기룐을 향하여 하던 말을 이었다.

"그렇게 라합의 도움으로 위기를 넘기신 조부님께서 무사히 여리고를 벗어나 강 건너 싯딤(아벨싯딤)에 있는 본진으로 돌아가실 수가 있었지. 그리고 곧이어 우리 조상님들이 하나님의 권능을 힘입어 그 난공불락의 여리고 이중 벽으로 된 성을 공략하지 않았더냐? 성을 정복하던 그때, 우리 살몬 조부님께서 언약하신 대로, 라합과 그녀의 부모 형제 자매들과 그들에게 딸린 가족들을 모두 구원해 주셨지. 그 무렵 살몬 조부님의 연세가 지금 너희들 나이쯤이나 되는 20세 전후이셨단다. 그런데 참으로 놀랍고 감사한 일은, 여리고를 함락시킨 후에 하나님의 은혜가 있어 살몬 조부님께서 그곳의 기생 라합을 자신의 부인으로 맞이하신 일이었지. 그리하여 가나안 땅 여리고 성의 기생 라합이 우리 가문의 선대 조모님이 되신 것이란다."

"예, 아버지. 라합 할머니께서 근본 이방인이셨는데도 살몬 할아버지와 혼인을 하심으로 우리 집안의 선조가 되시고, 우리 민족 이스라엘이 되셨다, 그 말씀이 아니신가요? "

"내가 하는 말이 그 말이니라. 슬기를 다해 여리고 왕의 군사들을 따돌려 주신 라합 조모님께서 살몬 조부님 앞에 고백하신 말씀을 너희도 들어 보았으리라. '당신들이 애굽에서 나올 때 하나님께서 당신들 앞에서 어떻게 홍해의 물을 마르게 하셨으며, 또 당신들이 요단강 동쪽에 있는 아모리 사람의 두 왕 시혼과 옥을 어떻게 전멸시켜 당신들의 하나님께 희생제물로 바쳤는가에 대하여 우리가 들었나니, 우리는 그 소문에 간담이 서늘하였으며 당신들로 인하여 정신을 잃었습니다. 위로 하늘에서, 아래로 땅에서, 과연 당신들의 하나님 한 분만이 참되신 하나님이신 줄을 우리가 알았답니다!' 오, 훌륭하신 우리의 라합 조모님! 그 어른께서 출신이야 비록 이방인이며 기생이셨을지라도, 여호와 하나님에 대하여 들으시고는 여호와를 참 하나님이시라 고백하시며, 자신과 온 가족이 구원받기를 간절히 원하신 분이 아니셨던가! 살몬 조부님께서 그토록 믿음이 분명하시고 지혜로우시고 재기가 넘치시는 라합 조모님을 어떻게 놀라워하지 않으셨겠느냐? 이전에 알지 못하던 여호와 신을 자신의 참 하나님으로 모시고 있는 그 믿음의 이방여인에 대하여 또한 어찌 마음이 끌리지 않을 수 있으셨겠느냐? 내 생각이다마는, 여호수아님이나 주변의 어른들께서도 두 젊은이들이 부부가 되시도록 힘써 권면하지 않으셨을까 싶구나."

"아버지, 저희가 그 일을 듣기는 했지만, 오늘 모압 땅으로 들어와 아버지께서 하시는 말씀을 다시 자세히 듣자오니 조선(祖先)님들의 행적이 눈앞에 선히 그려지기도 합니다. 라합 할머니께서 그리도 총명, 민첩하시고 굳건한 믿음을 가지실 만큼 통찰력이 있으셨다니 자손 된 저희도 자랑스럽기 그지없습니다."

말론이 눈을 들어 모압 고지에 나지막이 솟은 구릉들을 바라보았다. 낙조의 금빛을 반사하는 구릉의 굴곡선들이 겹겹이 밀착되어 보였다. 사해 수면에서 반사되는 햇빛은 찬란하기가 유대광야에서 바라보던 것과 다름이 없었다. 그들이 떠나온 고향 베들레헴은 유대광야 서쪽 끝 어디쯤에 있을 것이었다. 주황색으로 변한 석양을 껴안으려는 듯 그는 팔을 쳐들고 몇 걸음을 앞으로 걸어나갔다. 기룐도 형을 따라가 사해 건너 유대광야 쪽을 바라보고 섰다. 말론과 기룐은 누가 형인지 아우인지 언뜻 구별이 안 되는 쌍둥이같이 보였다. 아들들을 지켜보던 나오미가 남편을 향하여 가만히 입을 열었다.

"과연 지혜와 용기가 있으신 살몬 조부님과, 슬기에 믿음을 겸비하신 라합 조모님께서 자손들에게 크나큰 긍지가 되시는 것은 두 말할 필요가 없겠지요. 저 역시 두 어른을 조상님으로 모신 것이 한없이 자랑스럽답니다. 그것은 그렇거니와, 당신께서 새삼스레 두 조상님의 만남에 관한 말씀을 꺼내신 까닭이 따로 있으신지 궁금합니다."

"허허이, 나도 어쩌다 오늘 두 분 조상님들의 행적을 말하게 된 것인지는 정히 알 수가 없구려. 다만 그때 살몬 조부님께서 여리고 정탐을 나가시고, 적진 여리고에서 라합 조모님을 만나게 되신 것이, 마치 내가 겪은 일인 것처럼 회상되지 않겠소. 또한 그 일이 나에게 무엇인가 영감을 주는 듯도 하고 말이오. 무엇보다 내 마음을 흔드는 것은 살몬 조부님께서 그 연세 스물에 라합 조모님을 만나신 일이오. 우리 아이들이 지금 그 나이가 되었으니 마음이 조급해지는 바 없지 않소. 예감이랄까, 불현듯 그런 생각이 드는 것은, 아마도 우리가 이곳 모압 땅에 들어와 있기 때문이 아닐까 싶소."

"당신의 심사가 저의 근심과 다르지 않습니다. 이제 우리가 이곳에 당도하여 먹을 양식을 얻게 되었으니 무엇보다 급한 것은 거처라 하겠습니다. 우리가 어디에 자리를 잡고 얼마나 오래도록 이곳에 머무르게 될지를 알 수가 없습니다. 아이들 혼사가 제일로 중한 일이기는 해도 그것은 거처할 집부터 마련한 후에나 생각할 일이 아니겠습니까?"

"그렇기는 하오만 우리가 이 땅에 들어온 것이 채 하룻밤도 지나지 않았소. 집이라면 너무 조급해하지 말고 천천히 의논을 하도록 합시다 그려. 우리가 지닌 금전이 아직 그대로 있으니 거처를 장만하는 것이야 그리 어렵지 않을 것이오. 막상 집을 구하더라도 기근이 풀리기만 하면 이내 고향으로 되돌아가야 할 것인즉, 집을 지을 것인지 세를 얻을 것인지는 이곳 형편을 알아본 후에나 정할 일인 듯싶소."

"그렇게 해야겠지요. 이럴 줄을 알았더라면 조금 이르더라도 기근이 닥치기 전에 아이들 성가(成家)를 시켰어야 했는데…."

"글쎄, 내가 후회하는 바가 그것이오. 그렇지만 걱정을 한다 하여 무슨 유익이 있겠소? 무릇 하나님께서 인생을 짝지어 주실진대, 어찌 예비해 두신 딸들이 없을 수가 있겠소? 그러니 너무 앞질러 많은 것을 염려하지 말아요."

화제는 거처 문제로부터 아들들의 결혼 문제로 옮겨갔다.

"당신 말씀인즉, 아이들의 배필이 어느 족속 뉘 집 딸이라도 무관하다는 뜻인지요?"

"허허, 그것이 어려운 말씀이구려. 굳이 내 생각을 말하자면, 원래 모세님께서 여호와의 말씀으로 명하시기를, 우리 민족더러 가나안 일곱 족속의 딸들을 며느리로 들이지 말고 우리 딸들을 그들에게 주지도 말라고 하지 않으셨소(신 7:1-4). 하지만 모압과 암몬과 에돔 족속은 그 기피 족속들 부류에 들어 있지를 않았소. 그러기에 우리가 전쟁을 하지 않는 한 그 세 족속들과 피차 혼인을 하고 있는 실정이 아니겠소. 그런데 당신도 잘 아시는 바, 일찍이 하나님께서 혼사를 금하신 가나안의 딸들 중에도 우리 족보에 이름을 올리신 두 분의 조모님이 계시지 않소? 다말과 라합 조모님들은 다름 아닌 가나안의 딸들이셨단 말씀이오. 비록 우리 유다 선조님과 그분의 자손들만이 아니라 다른 형제 분들도 모두 가나안의 딸들을 배위(配位)로 삼으셨지 않소. 그 중에 요셉 조상님의 부인이 되신 그 아스낫 조모님께서는 애굽의 태양신 대제사장 보디베라의 따님이 아니셨겠소(창 41:45). 그런 만큼 우리가 형제 지파들 가운데서 며느리를 얻는 것이 가장 좋은 일이기는 하겠으나, 우리 처지가 오늘과 같이 되고 말았으니 그 소망은 아무래도 요원한 일이 될 것만 같소. 그러니 아닌 말로, 우리가 이 친척의 땅 모압 나라에서 얌전한 딸들을 찾기만 한다면 어찌 그들을 며느리로 들이지 못하겠소?"

나오미라고 족보를 모르고 있었던 것은 아니었다. 그녀 역시 조상들의 계보는 물론 자신의 몸에도 두 분 가나안 여인들의 피가 흐르고 있음을 알고 있기에 순혈만이 이스라엘이 되는 것이 아니라는 사실을 남편만큼은 알고 있었다. 그러나 지난날에는 그랬다 하더라도 모세가 하나님의 말씀을 재천명(신명기)한 이후로는 더 이상 이방인의 딸을 며느리로 맞아들일 수 없다는 강경한 선언을 남편의 입으로 듣고 싶었던 것이었다. 하지만 엘리멜렉은 아니었다. 이방족속의 딸이면 어떠냐는 뜻을 거침없이 드러내므로 나오미는 내심 낙심하지 않을 수 없었다.

그녀는 심란했지만 모압 땅에 들어오자마자 자식들 혼사 문제로 남편 앞에 딴 말을 꺼내는 것이 좋아 보이지 않아 나오는 말을 눌러 삼키고 말았다. 해가 건너편 엔게디의 구릉 아래로 떨어지자 더 바라볼 것이 없어진 말론과 기룐이 자리로 돌아왔다. 기룐이 아버지, 어머니의 상기된 표정을 번갈아 살피다 말고 서둘러 말했다.

"아버지, 어머니, 해가 떨어졌습니다. 곧 이슬이 내릴 텐데요."

3. 유족 나오미

엘리멜렉 가족이 베들레헴을 떠난 것은 타국에 뿌리내려 살자는 뜻이 아니었다. 가까운 모압에서 기근을 피하는 대로 고향으로 돌아갈 작정이었기에 객지에 집을 지을 필요는 없었다. 여인숙 주인의 주선으로 놀리는 집을 얻어 든 지 두어 달포가 지났을 때 엘리멜렉이 갑자기 하나님의 부르심을 받았다. 그것은 나오미 위에 떨어진 청천의 벽력이었다. 너무나 뜻밖의 일이라 두 아들도 심한 충격을 받지 않을 수 없었다. 엘리멜렉이 강골은 아닐지라도 신병을 앓아 오던 것은 아니었다. 그가 평생에 고생한 일이라면 이번에 겪은 갑작스런 기근으로 배를 주려 본 경험 정도였다. 그리고 약한 몸으로 강행한 수일간의 피난길 도보여행이 그에게는 고생이라면 고생인 셈이었다.

그렇다고 그가 그 후유증으로 목숨을 잃은 것이라고는 아무도 생각지 않았다. 어째서 그토록 갑작스럽게 숨을 거두었는지, 아내 나오미도 아들 말론과 기룐도 알 수가 없었다. 그로 하여금 조상들이 살아온 고향을 떠나게 하시고, 아들들의 성가를 보지도 못한 채 죽음에 이르도록 하신 이는 오직 살아 계신 하나님뿐이셨다. 하나님께서 그의 뜻을 행하시는 오묘한 섭리 아래, 나오미의 남편이며 말론과 기룐의 아버지인 엘리멜렉이 모압 땅에서 객지 죽음을 맞은 것이었다.

천성이 밝고 요조(窈窕)한 나오미도 갑작스런 남편의 죽음 앞에서는 망연해하지 않을 수 없었다. 남편은 집안의 제사장이며, 가족의 신앙과 법도의 지도자이며, 가정 경제의 수장이었다. 그토록 막중한 책임을 외면한 채 한 마디 예고도 없이 가족을 떠나가 버린 것이었다. 가장의 죽음은 유족들이 자칫 고난의 나락으로 떨어질 수도 있음을 예시하는 불길한 사건이었다. 유족들은 범사에 궁핍해질 것이며 사람들의 멸시와 냉대에 고통을 받을 수 있을 것이었다.

타국에 우거하는 과부가 그 신분과 생활의 안위를 보장받을 길은 아무데도 없었다. 모압은 나오미 가족이 생명을 보존하기에 불가피한 선택지였지만, 그것은 어쩌면 남편의 그늘 아래서만 가능한 일일지도 몰랐다. 피난지에서 이제 막 터를 잡고 숨을 고르려는 참에 나오미는 청천벽력이나 다름없는 변을 당하게 된 것이었다. 그렇지만 떠난 사람은 떠나 버리고 없었다. 어차피 남은 사람만 순간순간을 생각지 못했던 일에 놀라며 살아가야 할 것이었다.

나오미가 남편의 장례를 걱정하고 있을 때 그동안 왕래를 이어 오던 여인숙 집에서 자원하여 상사를 도맡겠다고 나서 주었다. 그 집

내외가 사람들을 불러 요긴한 일들을 맡기자 사정을 알게 된 이웃 여인들이 위로를 전하려 나오미를 찾았다. 그곳의 모압인들은 나오미 가족을 강을 건너온 친척으로 대접했다. 하나님께서 남편을 데려가시기는 했지만, 아직 살아 있는 나오미에게는 그나마 은혜를 베푸신 것이었다.

모압인들에게는 이스라엘 친척에 대한 야릇한 선망(羨望)이 있었다. 그것은 그들의 태생적 열등감에서 비롯된 미묘한 시샘 같은 것이기도 했다. 하지만 곤경에 처한 나오미의 정경이 하도 가련하여 모압 여인들의 시샘은 따사로운 정분으로 피어났다. 이웃들은 주야간에 무시로 나오미의 집을 드나들었다. 장례를 끝내자 정한 수순인 것처럼 아낙네들이 이번에는 나오미의 아들 말론과 기룐의 결혼을 걱정하기 시작했다. 여인들이 두 아들들의 색싯감을 찾기에 스스로 발품을 파느라 부산했다.

나오미 역시 며느릿감으로 모압인의 딸이면 어떠냐는 입장으로 마음을 돌려먹었다. 그런데다가 유언이나 다름없는 남편의 말도 나오미의 귓가에 생생한 여운으로 맴돌았다. 조상 다말과 라합이 가나안 여인들이었다는 사실을 말한 남편은, 친척 나라 모압에서 얌전한 딸들을 찾기만 한다면 어찌 며느리로 맞지 못하겠느냐는 속마음을 드러내던 것이었다. 남편이 한 그 말은 그가 세상을 뜬 후에 더욱 나오미의 마음에 와닿았다.

이스라엘 사람이라면 누구에게나 결혼에 대한 막연한 선입관이 있었다. 이방인 결혼에 관한 편견이었다. 그리고 이방결혼만은 안 된다는 그 전통관념에 사로잡혀 있는 한 말론과 기룐은 한동안 결혼 기회를 얻지 못할 수도 있을 것이었다. 그들은 모압에 살고 있으며 그 땅에는 이스라엘 집 처녀가 없었다. 아들들이 언젠가 베들레헴으로 돌아가야만 형제 지파들 중에서 아내를 구할 수 있을 것이었다. 그렇다고 귀향할 날을 정해 두고 있는 것이 아니었다. 그 때를 모르기에 아들들은 어쩌면 혼인 적기를 놓칠 수도 있을 것이었다.

그러나 그토록 주변머리 없는 생각에 얽매어 있을 까닭도 없었다. 고향으로 사람을 보내 처녀들을 구해 올 수가 있을 것이기 때문이었다. 조상 아브라함이 아들 이삭의 결혼을 위해 그렇게 했던 선례도 있었다(창 24장). 나오미가 베들레헴 친지들에게 뜻을 전하기만 하면 형제 지파들 가운데서 참한 며느릿감을 데려오기는 그다지 어려운 일이 아닐 것이었다.

그런데 반드시 이스라엘 동족 처녀가 아니더라도, 과거를 더듬어 보면 모압 여인과의 혼인이 율법으로나 관행으로나 문제될 일은 아니었다. 모세 율법이 가나안 칠 족속과의 결혼은 엄금하면서도(신 7:1-11) 모압인과의 결혼을 금하지는 않았다는 것은 죽은 남편도 말한 바 있었다. 율법이 금하지 않았다면 그것은 허용 또는 묵인일 것이었다. 더욱 이상한 것은, 조상들은 율법이 확실하게 금하고 있는 가나안 여인들과의 결혼 사례를 수다히 남겼다는 점이었다. **〈12〉 이방인 결혼은 어디까지?**

그뿐만 아니라 나오미는 모압인이라 해서 모두가 이방신 그모스를 섬기는 자들이 아니라는 사실을 알고 있었다. 표나게 드러내지는 않아도 윈조 룻의 하나님 여호와를 섬기는 가족이 대대로 그 신앙의 명맥을 이어오고 있다는 놀라운 사실은 그녀가 모압 땅에 들어와서야 알게 된 일이었다. 나오미 자신이 그런 사람을 직접 만나기도 하고 그들의 존재에 대해 들어도 보았다. 그들은 압도적 다수인 그모스 숭배자들에게 이단자로 지목되어 수모를 당하며 숨어 살아야 하는 처지였다.

이런저런 생각에 빠져들 때마다 그녀는 이스라엘 집 딸만이 아니라 누구네 집 딸이든지 그녀가 모압인 처녀이기만 하다면 며느리로 맞이하지 못할 까닭이 없다고 마음을 가다듬었다. 졸지에 과부가 된 나오미로서는 가장 낮아진 자들이 품을 만한 막다른 소망으로 여호와 하나님의 선하신 처분을 기다리게 된 것이다.

이웃 여인들의 떠들썩한 도움이 없었다면, 생면부지의 땅에서 홀로 된 나오미가 룻과 오르바 같은 처녀들을 며느리로 얻지는 못했을 것이었다. 큰며느리 룻을 맞이하고 그 기쁨 중에 숨 돌릴 겨를도 없이 오르바라 부르는 작은며느리까지 얻었다. 두 며느리들은 남편 엘리멜렉이 나오미에게 남긴 빈 자리를 채워 주었다. 나오미의 성읍에서의 입지는 모압 사람들인 자부들로 말미암아 더욱 굳건해지고 이웃들과의 교제도 한층 폭이 넓어졌다.

타국 이주를 결심하던 때만 해도 나오미는 자신이 과부가 될지도 모른다는 예감을 가져 본 일이 없었다. 그리고 남편이 아들들의 결혼에 관해 결정적인 말을 할 때도 모압의 딸들을 며느리로 맞으리라고는 생각조차 해본 적이 없었다. 하나님께서 무슨 뜻이 있으셔서 부지중에 남편을 불러 가시고 모압의 딸들을 며느리로 주신 것일까? 그녀는 어떤 대답도 얻을 수가 없었다. 다만 하나님께서 자신의 기뻐하신 뜻을 행하시는 것이라고만 생각했다. 그리고 그녀는 어떤 선견도 예감도 없이 한순간 푸르르 몸을 떨었다. 그녀는 하나님께 찬송을 드리다가 그의 크신 뜻을 섭리 중에 이루시라고 기원했다. 비록 의지할 데 없는 객지에서 남편과는 고별을 했을망정 하나님께서 행하시는 일만이 자신과 아들들과 자부들에게 선한 복이 될 줄로 믿기 때문이었다.

나오미는 집에서나 밖에서나 며느리들을 훈육하기에 여념이 없었다. 그녀는 아브라함으로부터 비롯된 그녀의 가계와, 여호와 하나님이 창조주(主)이심과, 전능하신 하나님을 섬기는 인생의 법도를 가르쳤다. 부르심을 받은 하나님의 백성이 마땅히 살아야 할 도덕생활과 이스라엘의 전통과 관습을 말하기도 잊지 않았다. 며느리들은 정숙한 태도로 시어머니의 가르침에 귀를 기울였다. 그모스를 섬기던 젊은 여인들이 여호와 신을 모시고 믿음을 쌓기는 하루이틀에 될 일이 아닐 것이었다. 그런 줄을 알기에 나오미는 맞닥뜨리는 생활의 사건 사례들을 기회로 삼아 며느리들을 훈육하기에 성심을 다했다.

그녀의 아낌없는 사랑은 범절 있는 룻과 오르바를 감화시켰다. 말론과 기룐도 각기 아내를 사랑하여 집안의 전통 신앙으로 안팎이 하나되기에 성심을 다했다.

나오미가 모압에 우거한 지 10년이 되었다. 그곳에 정착을 하자마자 남편이 세상을 떠났으나 며느리들로 식구 수는 하나가 더 늘었다. 한 사람이 가고 두 사람이 들어온 것이다. 그런데 두 자부들에게서 자식들이 나지 않았다. 지난 10년 어간에 한둘이라도 아이들이 태어났더라면 나오미에게 그보다 더한 만족과 기쁨이 없었을 것이었다. 다섯 식구 모두가 애닯도록 자식을 기다렸지만 하나님께서는 아랑곳하지 않으시다가, 오히려 느닷없이 말론과 기룐 형제까지 데려가 버리셨다. 그토록 참담한 일이 일어나리라고는 고부(姑婦)간 세 여인들 중 누구도 예상하지 못했다. 나오미의 절망은 말로 다할 수 없었다. 그녀는 세상의 어떤 과부 어미보다 그 기구하기가 곱절이나 더했다. 자식을 두지 못한 큰아들에 이어 일점혈육도 끼친 것이 없는 작은아들마저 세상을 떠나다니! 하나님께서 나오미에게 붙여 두셨던 유일한 소망마저 흔적없이 다 거두어 가 버리신 것이었다.

나오미, 지난날의 그녀는 베들레헴의 저명한 지주댁 안주인이었다. 타국으로 건너와 거류민이 된 후로는 전날에 겪어 본 적이 없던 가난에 시달려야 했다. 고향에서 손에 닿는 대로 금품을 쓸어 왔을 때는 모든 것이 여유롭고 풍족했다(1:21). 하지만 돈이란 모래알 흐르

듯 손아귀를 빠져나가는 물건이었다. 아들이라고 있는 것이 둘이나 되었지만 그것들은 진실로 헛되기만 할 뿐이었다. 점차 어려워지는 살림살이에 보탬을 준 것이 없었다. 그래도 아들들은 있어라도 보았지만, 그들의 배에서 난 소망 어린 생명은 언감생심 그 탯줄이나마 끊어 본 일이 없었다.

인생의 극심한 환란을 겪은 남자가 욥이었다면 여자로서는 단연 나오미일 것이었다. 욥은 모년(暮年)에 복을 받아 다시금 자식 열 명을 낳고, 잃은 재산을 갑절로 회복하기까지 했다(욥 1:2-3; 42:12, 13). **〈13〉 욥의 고난과 복** 하지만 나오미에게는 그와 같은 하나님의 복이 결단코 없을 것이었다. 왜냐하면 그녀 자신의 눈으로 가문의 혈손이 끊어져 버리는 갱생불능의 절망을 보았기 때문이다.

세 사람 과부들만 남았다. 나오미의 집은 마냥 적막하여 을씨년스러웠다. 무겁고 느릿한 가장의 음성도, 조잘대는 아이들의 소리도 들리지 않았다. 소리 죽여 우는 두 며느리들은 청상과부인 만큼 시어머니보다 더 처연해 보였다. 그녀들이 함께 잃은 것은 생명이며 소망이었다. 하나님께서 두 세대 세 과부들을 외면하신 것일까? 그녀들에게도 아직 남은 소망이랄 것이 있는 것일까?

남편들이 없는 여인들의 삶은 궁핍으로 시작되었다. 어디서나 신분과 안전을 보장받지 못하며, 부당노역이나 폭력이나 겁간(劫姦)을 당해도 제대로 호소할 데가 없는 세상이었다. 하층민으로 전락하여 경제적 약자가 될 수밖에 없는 과부들은 멸시와 천대를 감수하면서 우울한 여생을 살아가야만 할 것이었다. 그런 고통과 위험과 슬픔이 룻과 오르바에게도 일어날 수 있는 일상의 위협들이었다. 하지만 그 곤경과 위험 중에도 두 모압인 며느리들은 그녀들의 외국인 시어머니를 섬기기에 정성을 다하고 신의를 지키기에 성심을 다했다.

두 자부는 본받을 만한 범절과 교양이 있는 여인들이었다. 특히 룻을 두고는 모압 왕 에글론의 딸이라는 말이 돌았다. 하지만 그것은 듣기에만 좋은 낭설이었다. 에글론이 이스라엘을 지배한 때는 주전 1337년이었다. 만일 그때 룻이 에글론의 딸로 태어나 최소한의 나이 1세였다면, 모압 땅에서 말론과 결혼할 때, 곧 기드온의 사사취임 7년 전인 주전 1178년에 그녀의 나이는 159세가 되어야 하는 것이다. 그러니까 룻이 결혼할 때는 시어머니 나오미의 나이보다 두 배가 훨씬 더 되는 호호 노파였다고 해야 할 것이었다. 159세의 룻이 20세를 넘었을까 말까 한 말론의 아내가 되었다고는 끔찍하여 도무지 생각할 수가 없는 일이었다. 룻이 결혼하던 때가 실제로 20세 전후였을 것이라는 상식적 가정을 한다면, 뜬소문은 단지 룻의 집안을 말론의 가문에 걸맞도록 채색을 하느라 모압 사람들이 퍼뜨린 것이라 볼 수 있었다. 그것이 아니라면 룻이 모압 왕가와 혈연이 닿는 집안의 후손이거나, 상당한 문벌 집안의 딸임을 강조할 목적으로 유포시킨 낭설일 수도 있었다. 하지만 나오미가 항간의 소문에 혹하여 룻을 며느리로 맞이한 것은 아니었다.

룻과 오르바에 대한 세간의 모욕적인 소문도 없지 않았다. 두 자부들은 범절로써 홀로 된 시어머니를 공양하기에 한순간도 소홀함이 없었다. 십 년이 되도록 시어머니를 섬겨 온 자부들의 의로운 헌신은 그녀들의 인성과 지조를 보여주는 표지(標識)라 할 수 있었다.

그럼에도 항간에는 룻과 오르바가 창녀니 기녀니 하며 멸시하기를 일삼는 자들도 있었다. 정숙한 양갓집 여인들을 모욕하는 자들은 아마도 그들이 선망하는 이스라엘의 유력한 가문(창 49:10)에 그녀들이 시집가는 것을 시샘했기 때문일 것이다.

하나님 앞에 엎드려 있는 것이 나오미의 일과인 나날이었다. 부르짖어 아뢸 소원도 없고, 쏟아 놓을 원망도 없었다. 그녀 자신의 진상을 있는 그대로 드러내 보여드리는 것만이 그녀가 하나님 앞에서 드릴 수 있는 기도의 전부였다. 주신 것을 죄다 거두어 가신 하나님께 무엇인가를 간구하기가 오히려 낯부끄러운 일이었다. 라합 조모님께서 살몬 조부님으로 맹약하게 하신 말씀 중 한마디가 그녀의 가슴을 울렸다. "너희 하나님 여호와는 상천하지에 하나님이시니라"(수 2:11).

나오미는 무소부재(無所不在)하시며 전지전능(全知全能)하신 하나님의 성호를 되뇌었다. 그것이 그녀가 하나님과 교통하는 영혼의 기도였다. 범죄한 이스라엘에게 기근의 형벌을 내리셨으며, 가족을 모압 땅으로 이끄셨으며, 남편과 아들들을 데려가셨으며, 자신을 모압인 자부들 손에 남겨두신 하나님의 뜻이 무엇인지, 우짖는 원망으로 하나님께 따져 물을 엄두를 낼 수가 없었다. 나오미는 밝게 웃으며 늘 기뻐하는 여인이면서도 한꺼풀 안으로는 그런 심성의 바탕에 겸허한 믿음을 가진 여인이었다. 그녀는 하나님께서 마침내 그의 선을 행하실 줄을 믿었으며, 지금까지 자신에게 행하신 것이 하나님의 크신 뜻이었다면, 웅대하신 섭리로써 끝내 그의 뜻을 온전히 이룩하실 줄로 믿었다.

그러던 한날 늦은 오후에 여인숙 집 안주인이 숨차하며 나오미의 집을 찾아들었다.

"이보게들, 시어머니 계신가?"

룻과 오르바가 앞마당 우물가에서 하던 잔손 일을 멈추고 여인숙 집을 맞아들였다.

"예, 아주머니, 어서 오십시오. 어머니께서는 안에 계시답니다."

"무슨 일이신지요? 모셔 나올까요?"

"그래, 괜찮으시다면 그리하게. 전해 드릴 말씀이 있어 그러네."

오르바가 매무시를 고치고 한걸음에 안뜰로 들어갔다. 룻은 아주머니가 전하겠다는 소식에 관심을 보였다.

"하실 말씀은 좋은 소식인가요, 아주머니?"

"글쎄, 나는 모르겠지만 자네 시어머니가 어떻게 생각하실지…."

그새 오르바가 웃는 얼굴로 되돌아 나오며 말했다.

"어서 들어가시지요. 어머님께서 나오십니다."

나오미가 여인숙 집을 안 지도 10년 세월이었다. 아무 연고도 일면식도 없었지만 주인과 길손으로 한 번 만나고부터 그녀는 나오미를 그 성읍에 정착시켰고, 크고 작은 일에 의지가 되어 주었다. 활달하고 발이 넓은 여인숙 집은 말론과 기룐의 결혼에도 큰 관심을 보여 매파 노릇에 열성이었다. 말론 형제의 결혼을 성사시킨 후에는 스스로 룻과 오르바의 친정 격이 되어 왕래를 이어온 것이었다. 나오미가 마당 머리에서 여인을 반겼다.

"어서 오십시오. 오셨으면 드실 일이지, 밖에 서 계시다니요."

"편찮으신가 했지요. 별고는 없으신가요?"

"나는 아무 탈이 없으나, 이 아이들이 나를 받드느라 무척 고생들을 한다오."

두 여인은 등나무 덩굴 아래 놓인 돌 걸상에 걸터앉았다. 룻과 오르바가 검붉게 익은 대추를 토기 사발에 담아 내고 다소곳이 시어머니를 끼고 섰다.

"자부들이 고생이야 하겠지만, 어른을 모시는 일이니 마땅히 감당을 해야지요."

"없는 살림에도 내가 시어미라 하고 아이들의 공궤를 받기만 하니 민망한 일이라오. 한데 내게 하실 말씀이라니, 그것이 무엇인지?"

여인숙 집은 대답을 지체하며 나오미와 며느리들을 훑어보았다. 세 고부들 역시 한 곬으로 여인숙 집을 주목하며 주의를 집중했다.

"…조금 전 우리 집에 들었던 양모상(羊毛商)들이 한 말이라오. 아,

글쎄, 이스라엘에 기근이 풀린 지가 벌써 서너 해가 지났다고 하네요. 그런데도 우리가 그것을 까맣게 모르고 있었지 뭡니까?"

뜻밖의 소식에 나오미는 충격을 받았다. 머리가 휑하게 비는 것 같고 빠르게 가슴도 두근거렸다. 이스라엘에 기근이 끝났다는 말도 믿기지 않거니와 3년 동안이나 그런 줄을 몰랐다는 것도 황당했다. 룻과 오르바 역시 눈을 크게 뜨고 어깨를 움츠리는 것이 과연 그런가 싶은 모양이었다. 정신을 가다듬은 나오미가 말했다.

"그 상인들을 만나 볼 수가 있을까요?"

여인숙 집이 대꾸했다.

"양모상 일행은 우리 집에서 이른 저녁밥을 시켜 먹고 길(길-하레셋, Kir-hareseth, 모압 중심부에 있는 수도급의 큰 도성)로 급히 떠났다오. 내가 그 사람들에게서 허튼 말을 들은 것이 아니고, 들은 말을 이 댁에 달리 전한 것도 없으니, 그 사람들에게서 직접 말을 듣자 할 것까지야 없을 것이오. 생각해 보아요. 나라에 기근이 풀리지 않았다면 그 상인들이 어떻게 이곳까지 양모 도집(都執)을 올 수가 있었겠소? 지난 3년 어간에 이스라엘 무역상이 들어온 것은 이번이 딱 처음이라오."

"그런가요, 아주머니? 기근이 3년 전에 풀렸는데 이스라엘 상인들은 이번이 처음이라고요? 제가 듣기에는 그것이 이상하다 싶어요."

총명한 오르바의 지적이었다. 과연 그 점이 의아하여 서로들 얼굴을 돌아보고 있을 때 농사일에 밝은 나오미가 작은며느리를 향하여 가만히 입을 열었다.

“아가야, 그것은 잘못된 말이 아닐 것이다. 3년 전에 기근이 풀렸다면, 자, 셈을 해보아라. 기근이 시작되고부터 지금까지가 10년째이니, 기근이 줄곧 7년간이나 계속되었다는 뜻이 아니냐? 마지막 3년은 황폐한 땅과 무너진 제도를 회복하기에 걸린 기간이었을 것이다.”

“어머니, 기근이 풀렸는데 그리도 오랜 회복 기간이 필요한지요?”

“아무렴, 필요하고말고. 7년의 기근과 침략자들의 포학(暴虐) 중에 땅을 그대로 묵혀 두었다면 그 땅이 아주 못쓰게 되었을 것이 아니냐? 땅이란 철마다 갈고 손보지 않으면 제대로 곡식을 내지 않는 법이지. 짐승들도 마찬가지란다. 미디안 사람들이 씨를 말리다시피 한 양과 염소와 소와 나귀들이 하세월에 떼를 이루어 털을 내고 젖과 고기를 주겠느냐? 상인들은 또 무엇을 밑천 삼아 무역자금을 모으겠느냐? 양모가 양식에 버금가는 필수품이라 털 한 오라기가 귀한 물건이 아니냐. 하지만 얼마만큼 자금을 쥐지 않고서야 타국에 나가 물자를 도집할 수가 없겠지. 겨우 3년 세월에 이스라엘 무역상이 나타났다면 오히려 신속한 회복이라고 봐야 하겠네.”

여인숙 집과 며느리들은 나오미의 말귀를 알아듣고 머리를 끄덕였다. 나오미는 마음의 동요를 내색하지 않고 여인숙 집의 전언(傳言)에 고마운 마음을 표했다.

“바쁜 중에 이처럼 와서 알려 주시니, 고맙기 그지없소.”

“원, 당연한 일인 걸…한데 어떻게 하실 건지? 고향으로 되돌아가시려오?"

귀향! 나오미는 당장 대답할 수가 없었다. 베들레헴을 떠나던 날에 불원간 돌아오리란 다짐을 했으며, 요단강을 건넌 후에도 귀향을 생각하지 않은 날이 하루도 없다시피 했다. 그녀에게 베들레헴은 조상들이 묻힌 땅일 뿐 아니라 지금도 일가친척이 뿌리내려 살고 있는 곳이었다. 그곳에 집과 농지와 과수원이 있고, 정다운 옛 벗들과 어릴 때부터 알아 온 이웃 사람들이 살고 있었다.

그렇다고 무작정 선 걸음에 돌아갈 수도 없었다. 나오미로서는 떠나오기보다 돌아가기가 더 어려운 곳이 고향이었다. 모압 사람들과 쌓아 온 10년의 정분은 돌아서는 그녀에게 크나큰 마음의 상처를 남길 것이었다. 떼어놓고 가야 할 가련한 자부들이 눈에 밟힐 것이며, 남편과 아들들의 무덤도 뒷덜미를 잡을 것이었다.

그것은 그렇다 하더라도, 지금의 자신의 처지를 생각하자니 기가 막힐 따름이었다. 살아 보겠다고 고향을 떠나올 때는 그래도 남편과 아들들이 함께 있었다. 하지만 세 남자들을 객지에 묻었으며, 모든 것을 다 잃어버린 후에 혈혈단신 혼자 몸으로 고향을 찾아가다니, 그녀에게 귀향이란 더없는 수치로 여겨지는 것이었다. 네 식구가 나왔다가 10년 차에 홀로 고향을 찾아드는 자신의 행색을 그려 보는 것부터가 비통할 따름이었다. 당장 어느 쪽으로도 마음을 정할 수가 없었다. 나오미는 여인숙 집에게서 시선을 거두며 혼잣말처럼 대답했다.

"…나의 하나님 여호와께서 내가 행할 바를 알게 해 주실 것이오."

여인숙 집은 나오미가 무슨 생각을 하더라도 필경에는 이스라엘로 돌아가리라 짐작하는 모양이었다. 나오미의 숙연한 모습을 바라보는 여인숙 집의 눈가에 핑글 눈물이 돌았다. 룻과 오르바는 시어머니께로 바싹 당겨 서며 말없이 고개를 떨어뜨렸다.

여인숙 집을 배웅한 나오미는 안으로 들어서려다 말고 문간 타작마당에서 발길을 멈추었다. 나귀 두 마리가 외양간에서 우두커니 그녀를 바라보았다. 커다란 귀를 나란히 곧추세우고 눈을 껌벅거리는 것이 선량해 보이기만 했다. 그것들이 나오미가 가진 재산의 전부였다. 그녀는 다가가 나귀들의 목을 토닥거렸다. 쓰다듬는 등허리에서 고집처럼 단단한 힘이 느껴졌다.

"어머니, 그만 들어가시지요. 저녁 진지가 늦겠습니다."

룻이 시어머니를 재촉하여 안으로 모셔 드는 사이에 오르바는 등나무 아래로 먹을 것을 내왔다. 나오미가 불에 구운 전병(煎餠)을 찢어 며느리들에게 먹으라 권하면서도 자신은 입에 댈 생각이 없는 모양이었다.

"애들아, 너희들 생각은 어떠냐? 여호와 우리 하나님께서 이스라엘에 양식을 주신 지가 3년이 되었다지 않느냐?"

"어머니…."

"응, 말해 보아라."

"어머니께서 고향으로 돌아가시든, 여기에 머물러 계시든, 저희는 어머니께서 행하시는 대로 따를 것입니다."

"예, 어머니. 어머니께서 가시는 곳이 저희가 가야 할 곳입니다."

룻과 오르바는 같은 마음이었다. 자부들의 갸륵한 마음씨와 양순한 태도에 불현듯 나오미의 가슴이 저려 왔다. 젊은것들이 대체 무엇을 바라기에 가난하고 늙은 타국인 시어머니를 따르겠다는 것일까? 며느리들의 마음가짐이 시속(時俗)과는 사뭇 다른 줄이야 전부터 알고 있었다. 이스라엘에도 모압에도 과부된 여인이 종신 수절을 해야 한다는 사회적 구속은 없었다. 죽은 남편과 쌓아 온 지난 날의 정분으로 한두 번 구슬피 울어 눈물을 쏟아 낸 후에 과부는 아무 거리낌 없이 개가를 할 수가 있었다. 과부가 새 남편을 얻어 새 가정을 꾸리는 것은 허물이 아니라 장려할 일이었다. 그것을 모르지 않을 룻과 오르바가 재혼의 기회를 찾아 나서기는커녕 아무 소망이 없다 할 시어머니를 따르겠다는 것이었다. 나오미는 며느리들의 신의를 알고 있기에 그녀들과는 전혀 다른 생각을 하지 않을 수 없었다.

그녀는 자신의 귀향을 계기로 룻과 오르바를 반드시 친정으로 돌려보내리라는 생각을 굳혔다. 온전한 자유의 몸이 되어 각기 재혼의 기회를 얻도록 하는 것이 시어머니로서 며느리들에게 해줄 만한 마지막 배려요 사랑일 것이었다.

"얘들아, 너희가 청춘을 바쳐 늙은 시모와 함께하겠다니 고맙기 이를 데 없구나. 하지만 그런 너희를 바라보는 내 마음은 찢어질 듯이 아프구나. 우리 하나님께서 너희들에게 만복을 내리시기를, 내 주야의 기도 중에 간구해 왔느니라. 이제 내가 베들레헴으로 돌아갈 작정을 하였으니 너희는 너희 앞날을 위해 마음을 굳건히 먹고 나를 떠나도록 하여라. 내일 여인숙을 찾아 그 댁네와 이웃들에게 송별을 하고 모레쯤에는 발행을 할 작정이니, 내 딸들아, 오, 사랑하는 나의 딸, 룻과 오르바야, 이제는 때가 되었으니 너희도 각기 친정으로 돌아갈 준비들을 하도록 하여라."

시어머니의 말이 땅에 떨어질세라 지체 없이 룻이 입을 열었다.

"어머니, 아무리 어머니의 말씀이 엄중하실지라도 저희더러 친정으로 돌아가라시는 매정한 말씀만은 따를 수가 없겠습니다. 어머니께서 연로하여 계신데 저희가 어찌 재가를 바라며, 또한 한시인들 어머니 곁을 떠날 수가 있겠습니까? 도리를 외면하고 일신의 평안을 도모하기란 사람이 행할 일이 아닌 줄로 압니다. 거듭 청하오니 친정으로 돌아가라신 그 말씀일랑 거두어 주십시오, 어머니."

"예, 어머니, 저 역시 형님과 같은 마음입니다. 저희 소견이 비록 어릴지라도 종신토록 어머니를 모시기에 정성을 다할 것입니다. 부디 저희를 내치지 말아 주십시오."

나오미에게 남아 있는 것이란 모압인 며느리들뿐이었다. 그녀들을 고향으로 데려갔을 때 이웃들의 노골적이며 은근한 멸시를 받지 않는다는 장담을 할 수가 없었다. 막상 며느리들과 함께 고향집으로 돌아간다 하더라도 이스라엘 중에서 며느리들이 재혼 자리를 얻기도 쉽지는 않을 것이었다. 그런 실정을 알면서도 며느리들을 생경한 외국 땅으로 데려가 젊은 여인들로 그 여생을 회한으로 살게 하고 싶지는 않았다. 룻도 오르바도 음식에는 손을 대지 않았다.

"애들아, 아니다. 내가 너희들을 며느리라 하고 내 고국 고향으로 데려가는 것은 너희들에게 죄를 짓는 것이나 다름없는 짓이다. 나야 살던 곳 일가친척에게로 돌아가는 것이니 어떻게든 살 길을 찾겠거니와, 앞날이 창창한 너희로서는 이 시어미가 아니라 친정으로 가서 하루속히 재혼을 하는 것만이 복되이 살 수 있는 길일 것이니라. 너희들이 나와 함께 가더라도 이스라엘 땅에서 너희 모압 여인들은 감당하기 어려운 마음 고생을 할 수도 있을 것이다. 그런 너희들을 지켜보는 나는 또 얼마나 심정이 괴롭겠느냐? 내가 시어미로서 너희들에게 해 줄 수 있는 것 한 가지는 너희의 재가 길을 열어 주는 것뿐이니, 그리 알고 다른 말은 더 하지들 말아라."

나오미는 며느리들로부터 시선을 거두며 길게 숨을 불어 내었다. 언제 해가 기울었는지 땅거미가 내리고 있었다. 고향을 찾아간다는 것이 그녀에게는 더없는 괴로움이었다. 이런 처지가 될 줄을 알았다면 차라리 고향 땅에서 미디안 사람의 폭거와 기근의 고통을 견디는 것이 옳았을 것이었다. 갑자기 쳐들어온 침입자들을 피하여 고향을 떠나 온 것이 결국 오늘의 욕된 결말을 초래하고 만 것이었다.

이튿날 여인숙 집을 비롯한 몇몇 여인들과 눈물의 이별을 한 후에 나오미는 모압의 셋집에서 마지막 밤을 새웠다. 새벽같이 일어난 며느리들이 집 안팎을 쓸다시피 하여 봇짐을 꾸려 두 마리 나귀 등에 나누어 매달았다. 짐이래야 얼마의 길양식과 손때 묻은 것들과 나귀들이 먹을 여물과 귀리 자루가 전부였다. 다 챙겨 싣는다고는 했지만 남편과 두 아들들의 무덤만은 영구히 다시 올 일이 없을 모압 땅에 그대로 남겨둘 수밖에 없었다.

나오미는 며느리들이 전송을 하느라 얼마간 동행하겠거니 여겼다. 하지만 자부들은 성문을 나와 한나절 길이나 뒤따르며 돌아갈 기미를 보이지 않았다. 나오미도 구태여 자부들의 등을 떠밀어 어서 돌아가라 강권하고 싶지가 않았다. 지금 헤어지는 것이 어쩌면 영이별일 것이기 때문이었다. 아들들을 사랑한 여인들이었다. 제 남편을 섬기고 시어머니를 공경하기에 정성을 다해 온 딸 같은 자부들이었다. 자태만 보아도 애처롭고 목소리만 들어도 마음이 무너졌다. 그 며느리들이 하나씩 나귀 고삐를 쥐고 소망 없는 시어머니를 따르고 있는 것을 보노라니 간장이 녹아 내리는 것만 같았다.

모압인을 하등족속으로 치부하는 유대인의 통념은 저들의 시조가 저지른 비윤리적 행위로 말미암은 것이었다. 아무리 모압이 아비와 딸의 동침으로 기원된 족속이라 하더라도, 자손들이 그 죄과를 영구히 짊어지고 이등인간으로 살아야 한다는 것은 저주나 다름없는 편견이라 할 것이었다. 나오미 자신의 직계조상 유다는 의도적이지는 않았지만 그의 며느리에게서 쌍둥이 베레스와 세라를 낳았다(창 38장). 그 자식들은 엄연한 유다의 아들들일지라도, 그 자식들의 어머니 다말은 그들의 아버지의 며느리였다. 따지기로 하자면, 만취하여 드나들기를 알지 못한 룻이 자신의 딸에게서 자식을 낳은 것이나, 속임을 당한 유다가 며느리에게서 쌍둥이를 본 것이나 크게 다르다 할 것이 없었다. 타인의 흠이 내게도 있기 마련이라면, 사람의 부지중에 행한 행위의 결과를 두고 상등, 하등을 매긴다는 것은 우스운 일이지 않을 수 없었다.

삶의 방식으로 보아 두 친척 족속 유대인과 모압인이 다른 것은 사실상 아무것도 없었다. 다만 한 가지, 그들이 섬기는 신들이 다를 뿐이었다. 두 족속의 시조들은 원래 한 뿌리에서 나서 여호와 하나님 한 신을 섬겼다. 하지만 소돔이 멸망한 후로 모압 족속은 원조(元祖, 롯을 의미)의 신을 외면하고 그모스를 섬기는 쪽으로 기울었다. 모압인은 그들이 섬기는 주신을 바꾼 것일 뿐 여호와 하나님을 모르는 것은 아니었다. 그런 배경을 가진 모압인 두 며느리들은 10년 가까이 아브라함의 하나님 여호와 신에 대하여 배우고 그 섬기는 법도를 익혔다. 각기 섬기는 신에 대하여 말하지만 않는다면, 같은 히브리 족속인 모압인과 이스라엘이 다르다고 할 것은 아무것도 없었다.

〈14〉 히브리 족속 이스라엘의 오랜 편견을 탄식하듯 긴 숨을 내쉬며 나오미는 길가에 널린 펀펀한 바위로 나가 앉았다.

“얘들아, 여기서 잠시 쉬었다 가련다. 나귀들에게도 여물을 먹여야 하겠고….”

말로는 쉬어 가겠다고 했지만 그쯤에서 며느리들을 되돌려 보낼 작정이었다.

“너희들이 나를 한나절 길이나 바래다주다니, 그만하면 되었다. 이제 여기서 잠시 쉬었다가 너희들은 집으로 돌아가도록 하여라.”

“어머니!”

“아이구, 어머니, 그게 무슨 말씀이신지요!”

“내가 어제도 말하지 않았더냐? 이쯤에서 작별을 하자꾸나. 나를 이처럼 생각해 주는 너희들의 마음씨와 행실은 정말 아름답고 고맙기 그지없구나. 지난날에 너희는 나와 너희 남편들을 섬기기에 남다른 희생들을 하였다. 우리 하나님 여호와께서 너희에게 복을 주시리라. 거듭 말하거니와, 너희가 친정으로 돌아가거든 부디 새 남편을 얻도록 하여라. 오늘 우리가 이렇게 헤어진다마는, 나는 죽는 날까지 너희들을 잊지 못할 것이다. 내가 살아 있는 날 동안에 너희들이 새 남편과 더불어 복되고 평안하기를 우리 하나님께 기원하기를 잊지 않으마. 그리고 너희는 죽은 남편들과 내가 가르치고 증거한 여호와 하나님을 믿고 경배하기를 잊지 말 것이니, 어떤 일이 있더라도 너희의 참된 믿음을 굳건히 지키기를 바란다. 내 딸들아, 그동안 참으로 고생들 많았느니라. 오, 내 주 하나님 들으소서! 이 노파의 두 딸, 룻과 오르바에게 기뻐하신 뜻대로 위로와 복을 내려 주옵소서!"

두 며느리들이 울음을 터뜨리며 시어미니의 품에 일굴을 묻었나. 세 고부들이 서로 끌어안아 한 덩이가 되었다. 자부들이 울음을 그치지 않아 나오미도 눈물을 쏟으며 흙먼지와 눈물로 얼룩진 룻과 오르바의 뺨에 입을 맞추었다. 작별의 입맞춤이었다. 젊은 과부들은 어깨를 들썩이며 더욱 큰 소리로 울었다. 모압 고원에 뜬 새하얀 양털구름 떼가 여기저기서 파란 하늘을 가리고 있었다.

"어머니, 저와 동서는 어머니를 따라 어머니의 나라로 갈 것입니다."

"예, 어머니. 우리가 어머니를 모시고 가겠습니다."

"안 될 말이다, 딸들아. 너희는 너희 친정, 어머니 집으로 돌아가도록 하거라. 내가 수차례 말하지 않았느냐?"

"어머니, 저희도 여러 번 아뢰지 않았습니까? 어머니를 홀로 가시게 할 수는 없습니다."

눈물을 훔친 나오미가 간곡한 말로 며느리들을 타일렀다.

"너희들의 지조나 신의가 어떠함을 내 어찌 모르겠느냐? 하지만 내가 알 수 없는 것은 너희들의 속마음이구나. 너희의 실없는 소망이 정녕 나에게 있다는 말이냐? 내 태중에 너희 남편 될 아이가 있는 줄로 아느냐? 내 딸들아 보아라. 나는 이미 너무 늙었느니라. 너희를 위하여 재혼을 할 수도, 자식을 생산할 수도 없는 몸이다. 설령 나에게 수태할 여력이 있다고 하자. 아닌 말로 오늘 밤에 내가 남편을 맞아 아들을 배태한다고 하자. 그런 일이 있다 할지라도 어찌 너희가 그 아이의 장성하기를 기다릴 수가 있겠느냐? 그때까지 너희가 수절 과부로 지내는 것은 너희들에게 말할 수 없는 괴로움이요, 나에게도 견디기 어려운 고통일 것이다. 하지만 나는 그런 일마저 바랄 수가 없게 되었으니 너희들에게는 한 가닥의 소망도 없는 것이다. **〈15〉 수혼** 아서라, 딸들아. 너희 처지를 생각하면 내 마음이 갈갈이 찢어지누나. 하나님께서 내게 주신 복을 죄 거두어 가시고, 그 빈 자리를 너희의 슬픔과 나의 아픔으로 채우려 하시니 내가 살아 있은들 사는 것 같지가 않구나. 내 사랑하는 딸 룻과 오르바야, 재삼 말하거니와 너희는 이제 친정으로 돌아들 가거라. 나는 앞뒤에 나귀들을 세우고 오던 길을 더듬어 걸으며 내 죽은 자들을 추모하리라."

며느리들의 울음은 구슬펐다. 구름은 여전히 하얗고 하늘은 파랗게 드높았다. 멀리 무리 지은 양 떼들이 주르르 움직여 대형을 바꾸기도 하고, 한순간에 멈추어 풀을 뜯기도 했다. 여인들의 울음소리의 파장 때문인지 초원에 부딪히는 햇빛이 물결처럼 번쩍였다. 나오미는 외로움을 느꼈다. 그것은 슬픔이었다. 고향을 떠나올 때 함께했던 남편과 아들들은 귀향길에 동반자가 되어 주지 못했다. 이제 며느리들도 울음을 그치면 각기 제 길을 찾아가야 할 것이다. 저들과 헤어지는 것으로 그녀는 죽는 날까지 혼자일 것이다.

식구들을 죄다 불러가시다니, 그것은 하나님의 채찍이었다. 어째서 자신을 치신 것인지 그 까닭이야 알 수가 없지만, 그녀의 가슴에 남은 것은 저미도록 아픈 슬픔이었다. 그래도 나오미는 상처로 찢긴 가슴을 열어 며느리들을 친정으로 보내리라는 마음을 굳혔다. 남편과 자식들이 죽음으로써 영별(永別)을 한 마당에, 살아서 자부들과 나누는 이별의 아픔이야 능히 견딜 수 있을 것이었다. 어떤 슬픔과 고난이 거듭되더라도 하나님을 원망하지 않을 것이었다. 욥이 그랬거니와, 자신이 겪는 괴로움이 하나님께서 주시는 것이라면 그 까닭을 모른들 어찌 항변하며 거부할 수가 있을까? 그녀는 무고한 채찍을 내리신 하나님을 경배하며 혼자된 몸에 슬픔을 안고 살리라 다짐했다.

며느리들의 울음소리가 수그러드는가 싶더니 오르바가 시어머니께 입맞추었다. 작별의 입맞춤이었다. 오르바. 그녀는 엘리멜렉과 나오미의 둘째 아들 기룐과 결혼함으로써 여호와 하나님을 섬길 기회를 얻게 된 복된 모압 여인이었다. 그녀는 큰동서 룻과 함께 이스라엘 가족의 일원이 되어 새로운 신에 대하여 배웠다. 그 새로운 신에 대한 경외심만큼이나 시어머니에 대한 신의와 정분 또한 도타웠다. 하지만 그러한 그녀의 의로운 마음이 그녀가 장차 누리게 될지도 모를 새 삶의 즐거움에 대한 미련을 포기하도록 하지는 못했다. 오르바에게 양식(良識)과 지조가 없는 것이 아니었다. 사람 됨됨이가 사악하거나 비열하지도 않았다. 그녀는 늙고 가진 것 없는 시어머니를 진심으로 공경했으며, 시어머니의 자상한 교훈과 가없는 사랑에 감격하는 순박한 여인이었다.

오르바가 큰동서와 더불어 시어머니를 따르리라고 말한 것은 그녀의 진정이었다. 하지만 그것은 시어머니의 뒤에 있는 이스라엘의 전통적인 금기를 살피지 못했기에 드러낸 감정이었다. 이스라엘이 모압인을 비하하는 차별의식을 가지고 있다는 것을 모르는 사람은 없었다. 오르바가 시어머니를 따라간다면 우선 청상의 몸으로 그쪽 백성들의 온갖 배타적인 위협들을 감당해야만 할 것이었다. 그리고 생활력이 없는 시어머니를 봉양하자면 모르기는 해도 종신토록 힘겹고 궁핍한 생활을 해야 할 것이었다.

그러나 그런 것만이 오르바를 돌아서도록 하는 것은 아니었다. 돌이켜 생각하건대, 그녀는 고향과 친척과 가족의 품을 떠나고 있는 자신을 믿을 수가 없었다. 무엇엔가 홀려 잇다가 아득히 깨어난 느낌이었다. 시어머니의 권면도 있었거니와, 그녀는 새 남편의 집에서 일신의 평안을 누려 보고 싶었다. 남편이야말로 안정된 여생을 살아가기에 필요한 조건이었다. 오르바로서는 그모스든 여호와든 그 믿음에 있어 다를 것이 없었다. 아무 신일지라도 정성을 다해 섬기기만 한다면 마땅한 복을 줄 것이다. 오르바는 가만히 포옹을 풀고 시어머니로부터 한 걸음 물러났다.

"어머니, 저를 용서해 주십시오."

나오미는 오르바가 하려는 말이 무엇인지를 알았다.

"오냐, 아가야. 잘 생각하였구나. 너의 평안과 행복을 기원하겠다."

"어머니를 따르지 못하고 여기서 작별하게 됨을 용서해 주십시오. 평안히 돌아가십시오, 어머니. 어머니의 만수무강을 빌겠습니다."

"내 딸아, 그동안 고마웠다. 너의 수고와 슬픔을 잊지 않으리라. 네가 남편과 나를 선대한 것처럼, 하나님께서 너를 선대하시기를 바란다. 어서 가거라 아가야." **〈16〉 선대**

잔잔한 시어머니의 말끝에 룻이 얼른 오르바의 손을 감싸 쥐었다.

"동서, 우리가 여기서 헤어지나 보네."

오르바는 큰동서의 애잔한 어투와 표정에서 아무도 회유하지 못할 결의가 배어나 있음을 보았다. 누구보다 큰동서 룻을 잘 아는 사람이 오르바였다. 무슨 일이 있어도 큰동서는 시어머니를 따라갈 것이었다.

"면목 없어요, 형님. 어머니를 부탁드려요. 형님을 다시 만나게 될 날이 있을지요…."

"오르바, 우리가 이처럼 헤어지면서 어찌 앞날을 기약할 수 있겠나? 그렇지만 어머니 걱정일랑은 하지 말아, 동서. 내가 잘 모시도록 할게."

두 동서는 포옹했다. 시어머니가 자부들의 등을 토닥거릴 때까지 자매나 다름없었던 동서들은 눈물로 헤어지기를 애달파했다.

오르바가 돌아섰다. 친정으로 돌아가는 그녀를 지조도 신의도 없는 여자라 매도할 사람이 있을까? 아무 소망이 없음에도 시어머니를 따르겠다는 룻의 결단이 이상한 것이지 않은가? 오르바가 친정으로 돌아가는 것이 인지상정이라면 몰라도 인륜을 거스르는 배신행위로 지탄을 받아야 할 일은 아닐 것이었다. 그래도 그녀는 큰동서에게 미안한 마음이 없지 않았다. 애환을 함께해 온 그녀에게 시어머니를 맡기고 자신만 살길을 찾아가는 듯하여 마음에 걸렸다. 그러나 오르바의 미안한 마음은 그만큼이었다. 그녀는 상념을 떨쳐 버리려는 듯 오던 길로 돌아서 잰걸음을 걸었다. 다시는 뒤돌아보지 않았다. **〈17〉 오르바**

4. 모압 여인 룻

———— 나오미와 룻은 멀어져 가는 오르바의 뒷등을 오래도록 바라보았다. 새 남편의 집에서 평안을 얻으라, 고부는 한마음으로 기원했다. 시어머니와 큰동서를 뒤에 두고 오르바는 굴곡진 초원 아래로 모습을 감추었다. 그녀의 환향은 시어머니를 떠나는 것만이 아니라 여호와 신을 떠나는 걸음이었다. 오르바는 그녀의 그모스와 그 숭배자들에게로 되돌아가는 것이었다. 이윽고 나오미가 입을 열었다.

"보아라, 아가야. 네 동서는 자기 백성과 그들의 신에게로 돌아가지 않았느냐? 너도 어서 네 동서를 따라 네 어머니의 집으로 돌아가도록 하여라."

룻은 듣지 않았다. 그녀는 가족과 동족과 섬기는 신을 넘어 오로지 시어머니를 따르기로 작정한 초심을 굽히지 않았다. 앞날의 삶이 어떻게 될 것인지는 생각해 보지 않았다. 시어머니의 여생과 자신의 삶을 엮어 살고 죽기를 한결같이 함께하리라는 마음뿐이었다.

"어머니, 어머니께서 어떤 자애로 저더러 어미 집으로 돌아가라 여러 번이나 강권하시는지, 제가 그 까닭을 모르지 않습니다. 하지만 제 마음을 돌리실 수는 없습니다. 송구하오나 이제 더는 저에게 어머니 곁을 떠나라, 돌아가라, 강권하지 마옵소서. 어머니께서 가시는 곳에 저도 가고, 어머니께서 유숙하시는 곳에 저도 머물러 쉴 것입니다. 어머니의 백성이 저의 백성이 되고, 어머니의 하나님이 저의 하나님이 되실 것입니다. 오, 어머니! 어머니께서 운명하시는 곳에서 저도 죽고, 어머니께서 장사되시는 곳에 저도 묻히기를 원합니다. 비록 아버님과 남편과 시동생의 무덤을 이곳 모압에 남겨둔다 할지라도 저는 지금 살아 계신 어머니를 따르며 모실 것입니다. 제가 죽더라도 유해는 어머니의 나라, 어머니의 곁에 매장되기를 소원합니다. 죽음이 어머니로부터 저를 떼어놓기 전에 제가 만일 어머니를 떠난다면 지켜보시는 여호와께서 저에게 벌을 내리시고 더 내리시기를 바랍니다."

"오, 아가야, 내 딸아!"

"어머니!"

"네 심사가 정녕 그러하단 말이냐!"

"어머니, 제가 사는 날 동안에는 변심하지 않을 것입니다."

나오미는 더 할 말을 찾을 수가 없었다. 친정 부모 외에는 서 발 막대를 휘둘러도 걸릴 것이 없는 며느리였다. 얽매일 데 없는 그녀가 살고 죽기를 시어머니와 함께하겠다는 것이었다. 그녀의 결단은 시어머니만이 아니라 여호와 하나님 앞에서 토로한 것이었음에, 그것은 또한 그녀의 목숨을 건 맹세이기도 했다. 어머니의 백성이 저의 백성이 되고, 어머니의 하나님이 저의 하나님이 되실 것이라! 그것은 그녀의 서원이었으며, 한 사람 이방여인의 회심과 전향의 고백이었다. 그리고 그녀는 그 맹세를 어기는 자신에게 하나님께서 가장 가혹한 벌을 내리시기를 청원했다. 분리자 죽음이 아니고서는 어머니를 떠나지 않을 것이라는 큰아들 말론의 처를 향하여 나오미는 두 팔을 활짝 펴 들었다.

"아가, 내 딸아!"

"어머니!"

주전 2091년, 아브라함은 하나님의 언약의 말씀을 따라 조상들이 섬기던 우상신을 버리고 약속의 땅으로 향했다. 조카 롯도 아브라함을 따랐다. 그때로부터 923년의 세월이 흐른 주전 1168년에 롯의 자손 룻이 아브라함의 자손이요 시어머니의 나라인 이스라엘을 향하여 걸었다. 아브라함에게는 하나님의 원대하신 약속이 있었다. 룻에게는 그 누구의 약속도 미래에 대한 보장도 없었다. 그녀가 시어머니를 따른 것은 자신이 간직한 은밀한 소망 때문이 아니었다. 그녀에게는 아무런 계산도 계획도 없었다. 그녀의 배후에서 행동하시는 하나님의 섭리에 대해서는 아는 것이 없었고 생각해 본 일도 없었다. 그녀에게 있는 것은 단지 연로하신 시어머니를 섬기기에 자신의 여생을 바쳐 드리리라는 굳은 다짐 하나뿐이었다. 뿐만 아니라 룻의 발걸음은 그녀의 원조가 세운 근친상간의 전통과 사악한 인신제사의 악습으로부터도 벗어나는 길이었다.

〈18〉 나오미의 귀향이 회개의 표시일까?

나오미는 천신만고 끝에 베들레헴에 당도했다. 성읍 사람들이 남루한 행색을 하고 있는 두 여인을 향하여 흘금흘금 눈길을 던졌다. 늙은이 곁에는 이목구비가 뚜렷한 젊은 여인이 따르고, 두 마리 나귀가 잔등과 옆구리에 옹색해 보이는 짐 주머니들을 올망졸망 매달고 있었다. 사람들은 초췌하고 짐승들은 야위어 기진맥진한 몰골들이었다. 먼 곳에서 온 여행자들임이 틀림없었다. 주름진 얼굴에 수심을 드리운 노파가 이전에 그들과 함께 살던 나오미임을 첫눈에 알아보는 사람은 아무도 없었다. 내가 나오미라 소리친다 해도 베들레헴 사람으로서 그들 앞에 나타난 늙은이를 나오미라 믿어 줄 사람은 없을 것이었다. 하지만 그녀는 10년 전에 기근을 피하여 모압 땅으로 이주한 엘리멜렉의 아내 나오미였다.

성읍 사람들이 마침내 그녀를 알아볼 수 있었던 것은, 그녀의 초라한 행색이 유난하여 눈길을 끌었기 때문이다. 성내 여인들이 놀라서 그녀 곁으로 모여들었다. 아낙네들은 너무나 변해 버린 나오미의 행색을 훑어보며 믿을 수 없어 했다. 그녀의 그을린 얼굴에 주름살이 그려지고 어깨는 모가 지고 등은 구부정했다. 마땅히 그녀와 함께 있어야 할 엘리멜렉과 말론과 기룐이 보이지 않아 사람들은 더 놀라며 의아해했다. 모압 땅으로 이주한 그 나오미가 고향으로 돌아온 것이라면 함께 떠난 그녀의 남편과 아들들은 어째서 보이지 않을까? 그리고 차림새와는 달리 이목구비가 단아한 저 젊은 여인은 누구란 말인가? 온 성읍은 예상치 못한 나오미의 출현과 그녀의 괴이한 변화 때문에 소란했다. 나오미 또래로 보이는 할멈 하나가 둘러선 사람들을 헤치고 들어와 나오미를 응시했다. 그리고 어이가 없다는 듯이 소리쳤다.

"이가 나오미란 말이냐? 믿을 수가 없구나!"

첫눈에 알아보지는 못했지만 성읍 주민으로서 나오미가 누구며 그녀가 어떤 사람인 줄을 모르는 사람은 아무도 없었다. 그녀는 베들레헴의 지주 엘레멜렉의 아내요 말론과 기룐의 어머니였다. 나의 기쁨, 나의 행복, 여호와의 즐거움이라는 이름을 가진 여인, 그 이름값으로 타인에게 호감을 주고 은덕을 베풀며 모든 매력적인 것을 한 몸에 지닌 여인이었다. 나오미라 하면 언제나 그 외관이 밝은 데다 잘 차려 입어 귀인의 기품을 자아내던 선망의 여인이었다. 베들레헴을 떠날 때만 해도 그녀에게 부족한 것은 아무것도 없었다. 두고 가는 저택과 농지들은 차치하고, 곁에는 남편과 두 아들이 있었고, 어느 나라로 가더라도 집과 양식을 장만할 수 있는 금품을 가지고 있었다. 그런 그녀가 10년 만에 달랑 나귀 두 마리를 끌고 고향을 찾아온 것이었다. 사람들은 그녀의 남편과 아들들에 대해 선불리 물어볼 수가 없었다. 그녀의 신수가 몰라보게 변한 것이 남편과 아들들 때문일지도 모른다는 불길한 생각이 들었기 때문이다. 할멈은 다시금 소리쳤다.

"이녁이 나오미라고? 그래, 나오미! 이것이 어찌 된 일이오 글쎄?"

나오미가 사람들을 보는 듯 마는 듯 눈길을 허공에 던진 채 대꾸했다.

"내 자매 내 형제들이여, 여호와께서 이끌어 주셔서 천신만고 오늘 내가 고향집으로 돌아오게 되었소. 나를 이처럼 반겨들 주어 고맙소. 나는 떠난 날 이후로 고향을 그리워하지 않은 날이 없었고, 형제 자매 친척 여러분들을 그리지 않은 날이 없었다오. 하지만 나는 전날의 그 나오미가 아니니, 이제부터는 나를 나오미라 부르지를 말아 주오. 나는 마라(괴로움)요. 마라라고 불러들 주오. 전능하신 하나님께서 나를 치시느라 남편과 두 아들을 데려가셨다오. 나는 모든 것을 다 잃었소. 사람도 금전도 다 잃었소. 내가 기근을 모면할 수는 있었으나, 내 집에 찾아드는 죽음들은 정녕 막을 수도 피할 수도 없었다오. 나를 풍족한 중에 떠나게 하신 전능자께서 나로 이처럼 빈손으로 돌아오게 하신 것이오. 주께서 내게 극심한 고통을 주셨으니 더는 나를 나오미라 부를 까닭이 무엇이겠소."

나오미의 귀향은 그녀에게 기쁨의 감격보다 슬픔을 가중시켰다. 에워싸고 저들끼리 웅성거리는 성읍 주민들 가운데서 그녀는 다시금 외로움을 느꼈다. 모압인 복색을 한 며느리에 대해서도 남자 여자 구별 없이 쑤군거렸다.

나오미, 아니 마라는 옛집을 향하여 부르튼 발을 내디뎠다. 가까운 친족 여인들 몇이 다가와 집까지 나오미를 부축해 주었다. 모양대로 돌을 쌓고 안팎에 흙을 발라 벽을 세운 나오미의 저택은 아무데로나 뻗어 나간 포도덩굴과 지붕에 자란 잡초들로 폐가나 다름이 없었다. 따라온 사람들이 해가 저물기까지 우물을 치고 기거할 공간을 손보고 나귀를 맬 외양간까지 대충 모양을 잡아 주었다.

금의환향은커녕 적수공권으로라도 찾아오고만 싶었던 고향이었다. 집이 있고 농지가 있지만 나오미는 무엇을 어떻게 시작해야 할지 엄두를 낼 수가 없었다. 나오미의 토지는 기근 7년에 3년을 더 묵혀 광야의 잡초 밭이나 다름이 없었다. 무엇보다 시급한 것은 버려둔 농지를 되살리는 일이었다. 급한 대로 놉을 대어 얼마간의 땅이라도 갈고 씨앗을 넣어야만 다음 수확기에 자급할 양식을 얻을 수 있을 것이었다. 지금이 보리를 거두는 맥추 철이기는 해도, 갈지 않고 씨앗을 넣지 않은 밭에서는 한 톨의 낟알도 얻을 것이 없었다. 당장 먹을 양식이 없다는 것이 근심을 가중시켰다. 친척들이 인사차 들러 먹을 것과 한 바가지의 양식들을 가져오기도 했지만, 그것은 길래 바랄 것이 아니었다. 적지 않은 농지를 가진 떡집의 지주 나오미가 고향집에서 양식을 여투며 배를 곯아야 할 지경이었다.

아무 대책도 없이 수 일을 지난 후에 며느리 룻이 시어머니께 청을 드렸다.

"어머니, 들어주소서. 사람들이 이제 막 보리 베기를 시작하려나 봅니다. 어머니께서 허락하시면 제가 밭으로 나가 이삭을 주우려 합니다. 저에게 은혜를 베풀어 용납해 주는 밭주인을 만난다면 주운 이삭으로 얼마간의 양식을 삼을 수 있을 것입니다."**〈19〉 이스라엘의 월력**

이스라엘에 있어서 이삭을 줍는 일은 가난한 자들을 위해 정한 율법상의 특권이었다(레 19:9-10; 신 24:19). 그러나 인심은 나날이 각박해졌으며 세태는 모름지기 법보다 강력했다. 이삭을 주우려는 사람들에게 필요한 것은 율법의 비호가 아니라 밭주인의 자비로운 허락이었다. 탐욕이 많고 심보가 나쁜 밭주인은 이삭 줍는 사람들을 가로막거나 곤경에 빠뜨리려고 장애물을 놓기도 했으며, 노골적으로 그들을 내쫓기도 했다.

룻은 그녀의 태생이 모압 사람이지만, 현재의 사회적 위상으로는 베들레헴의 유수한 지주 집안의 며느리였다. 그런 신분으로서 체면을 접어 두고 당장 먹을 양식을 마련하기 위해 미천한 자들이 하는 이삭줍기를 하겠다는 것이었다. 시어머니를 부양해야 할 책임을 스스로 짊어진 그녀로서는 망설이고만 있을 형편이 아니었다. 현재의 처지를 생각만큼 끌어올릴 수 없다면 자신이 처한 입장만큼 마음을 비워야만 했다.

나오미는 며느리가 하는 말에 잠시 당황했으나 먹을 양식이 없는 형편에 자존심을 챙기고만 있을 일이 아님을 알았다. 지금 사정이 곤궁한 만큼 며느리를 밭으로 내보내지 않을 수가 없었다.

서둘러 간단한 채비를 마친 룻은 성문을 나섰다. 평균 해발 2천3백척(700m)에 이르는 베들레헴 언덕 밑자락에 밋밋한 경작지기 이슴프레 펼쳐져 보였다. 강 건너 느보 산지 위로 막 솟아오른 아침 해가 누런 황금빛으로 대지를 비추었다. 계곡의 완만한 계단식 보리밭이 나지막이 지표에 깔린 안개 속으로 보일 듯 말 듯 신비로운 풍경을 드러냈다. 장관이었다. 유대광야에 맞닿아 잔잔히 빛나는 사해 수면이 보이고, 그 건너 모압의 험준한 고원지대가 한눈에 들어왔다. 니산(Nisan, 그레고리안 월력의 3-4월) 월이라 쾌적한 미풍이 감미롭게 양볼을 스쳤다. 룻은 저만치서 보리를 베고 있는 사람들에게로 다가갔다. 아침이슬이 채 깨지 않았다. 일꾼들의 낫질이 경쾌했다. 싸르륵 싸르륵 보릿대 잘리는 소리가 밭둑까지 들렸다. 종들을 감독하는 농지 관리인이 밭둑을 타고 오는 낯선 사람을 보고 몇 걸음 맞이하러 나왔다.

"누구신가요? 이른 아침부터 여기에 무슨 볼 일이 있는지?"

"나는 룻이라 해요. 허락하신다면 이 밭에서 이삭을 줍고자 합니다만…."

여인이 룻이라 하기에 감독 사환이 흠칫 놀라서 되물었다.

"아니, 부인께서 룻이라고요?"

관리인은 이외의 이름을 들어 놀라고, 이삭을 주우려 한다는 여인의 말에 거듭 놀랐다. 그는 이것이 무슨 영문인가 하면서도 이내 반기는 기색으로 말했다.

"허 참, 그렇다면 부인께서 얼마 전 나오미 마님과 함께 모압에서 오신 말론님의 아내시란 말인가요?"

"그렇답니다."

"허 참, 이런 변이 있나? 이삭을 주우시겠다고요?"

"그렇답니다."

"허 참, 믿기지 않는 말씀이네요. 나오미 마님 댁에 농지가 얼마인데, 그것도 자부님 되신 이가 우리 밭에서 보리 이삭을 주우시겠다고요?"

"아니 된다면 다른 밭으로 가 보아야겠군요."

"허 참, 거 누가 안 된다고 했습니까요? 나오미 마님께서 우리 주인어른님과는 아주 가까운 친족이신데, 아, 글쎄, 여기를 두고 어디로 가시려고요? 나중에 주인님께서 아시면 나를 매우 책망하실 텐데요? 허 참, 부인이 어쩌다 이삭을 줍자 하시는지 알 수가 없네요?"

"…오랫동안 시어머니께서 고향을 떠나 계신 동안에 밭을 묵혀 두어서 이처럼 어렵게 된 것이라오. 마침 이 밭 주인님께서 내 시어머니의 친족이시라 하니 이런 다행이 없군요. 내가 여기서 이삭을 주워도 된다는 말씀인가요?"

"허 참, 이삭만 줍겠다는 것이면 물어보실 것도 없이 그리 하셔야지요. 이 나라에서는, 아니 우리 주인님께서는, 누구라도 이삭을 주워 가는 사람을 타박하지도 금하지도 않으신답니다."

농지 관리인이며 종들의 감독자인 우두머리 종이 룻을 응대하느라 내심 애를 썼다. 그녀가 모압 여인이며 홀로된 과수로서 미천한 사람들이나 하는 이삭을 주우러 왔다 하기에, 온전한 높임말로 응대하기가 익숙하지 않았다. 그렇다고 나오미 마님의 며느리요 주인의 가까운 일가 되는 부인을 막 대하기도 뒤가 켕기는 일이었다. 그는 대갓집에서 눈치껏 곤경을 헤쳐 온 관록이 있어 초면의 모압 여인 룻에게 나름대로 최대한 적절한 예를 보였다.

그새 보리를 베는 젊은 남자들과 뒤따르며 단을 묶어 내는 여자들이 허리를 펴고 룻에게로 시선을 던지고 있었다. 그들 역시 나오미의 며느리 룻이라는 모압 여인에 대한 소문을 듣기는 했지만 얼굴로 보기는 처음이었다. 룻이 모압 사람이라고는 해도 이스라엘 여인과 표나게 달라 보이는 것은 아무데도 없었다. 다만 이삭을 주우러 온 아낙네 치고는 언행이 곱고 얌전해 보이는 데다 이목구비가 빼어나 보일 뿐이었다. 여종들은 그녀의 자태가 이삭을 줍기에는 유난히 돋보이는 것이 뜻밖이라는 표정들이었다. 생뚱맞게도 남자 일꾼들은 룻이 외국인이요 과수라는 사실에 마음이 쏠리는 모양이었다. 한 여종이 배알이 틀린 듯 룻의 심기를 건드렸다.

"호호, 나오미 마님 댁 자부님께서 우리 미천한 것들과 함께 일을 하시게요? 모압 나라에서도 이삭을 주워 연명을 하셨던가 보네요?"

룻은 미소 띤 얼굴로 여종의 비아냥을 받아넘겼다.

"그럴 리가요. 시어머니를 모시고 어렵게는 지냈지만 이삭줍기로 연명하지는 않았다오."

“어렵기는 했어도, 이삭을 주워 잡숫지는 않으셨다니 그런 다행이 없네요. 남편님도 아니 계신다, 이삭도 아니 주우셨다, 그러면 모압에서는 무엇을 하고 사셨을까요? 호호호.”

히브리인 이스라엘의 종들은, 말이 종이지 품꾼이나 체류자나 다름없는 종 같지 않은 종들이었다(레 25:39-40). 종이라면 전쟁포로나 인신매매상으로부터 사들인 경우가 흔했지만, 이스라엘 형제 중에서도 가난 등의 이유로 동족의 종이 되는 자들이 없지 않았다.

이스라엘인 동족 종들은 대개 채무불이행의 힘든 과정을 거쳐 부유한 형제의 종이 되었다. 6년간만 채권자를 위해 일하면 7년 차에 돌아오는 안식년에는 조건 없이 자유인이 될 수가 있었다(출 21:2-11). 그 외의 경우에도 희년(Jubilee, 매 50년 주기)을 통하여 형제 종들은 아무 속전(贖錢)을 내지 않고 완전한 자유를 회복할 수가 있었다. **〈20〉 희년** 그런 이유 때문인지 이스라엘인 종들은 이방 출신의 종들과는 근본이 다르다는 자긍심을 가지고 있었다. 콧대가 높은 그들은 자랑할 것도 없는 태생적 신분으로 이방 출신의 자유인까지도 멸시하기가 예사였다. 룻을 모압인이라 경멸하다 못해, 그녀가 풍기는 귀태(貴態)로 인하여 더욱 심정이 불편해진 히브리인 여종이 그런 유의 종이었다. 경망스러운 그 여종의 무례를 대신 사과하려는 듯 나이 든 다른 여종이 얼른 룻 앞으로 다가섰다.

“아이구, 이를 어쩌나. 저 여편넬랑 괘념치 말고 어서 이리로 오시오. 아는지 모르지만, 우리 주인님께서는 땅에 떨어진 곡식을 줍지 않으신다오. 원래 이 나라의 법과 풍속이 그렇기도 하고요. 필요한 사람들이 주워 가도록 하기 위해서라오."

나이 든 여종이 룻을 두둔하고 나서자 감독 사환도 밝은 얼굴이 되어 더는 말이 없었다.

"고마워요."

누구에게라 할 것 없이 룻은 웃음 띤 얼굴로 두루 사의를 표하고, 얼른 허리를 묶으며 밭으로 들어섰다. 그녀의 움직임이 신호라도 되는 듯 낫질을 하는 남자들이 알 수 없는 신바람으로 앞서 나가고, 여종들은 뒤따르면서 재빠르게 이슬 젖은 보릿단을 묶어 세웠다. 단 묶음에서 빠진 이삭들은 줍는 대로 룻의 몫이었다. 그녀가 시어머니의 나라와 그 백성들에게로 와서 처음으로 시작하게 된 호구지책이 이삭을 줍는 일이었다. 하지만 룻으로서는 비천한 일을 하게 된 그녀의 신세를 탓하거나 부끄러워할 사정이 아니었다. 이삭줍기를 하리라고는 꿈에도 생각해 보지 못했으며, 그런 일은 고향에서 자랄 때도 해본 적이 없었지만, 우선 화급한 것이 시어머니와 자신의 먹을거리를 마련하는 것이었다.

그녀가 당장에 할 수 있는 일은 아무것도 없었다. 이삭줍기가 자신이 감내해야 할 고난이요 슬픔이라면 기꺼이 감당할 수밖에 없다고만 생각했다. 주저 없는 결단으로 시어머니의 허락을 구했던 것처럼 그녀는 이삭줍기에 열심을 다했다. 홀로된 시어머니를 봉양하며 그녀 또한 먹고 살아야 하기에 룻은 허리를 굽혀 땅바닥을 훑기에 여념이 없었다.

허리를 펼 때마다 자신도 모르게 동편에 가까이 솟은 모압 땅으로 눈길이 갔다. 고국고향이 지척에 있는 것처럼 보였다. 떠나온 지가 한 달도 지나지 않았지만 흠칫 놀라듯 고향생각이 났다. '오르바는 그 길로 잘 돌아갔을까? 친정 부모님들도 오르바 소식을 들으셨겠지? 내가 오르바처럼 집으로 돌아오기를 기다리시는 것은 아닐까?'

황금빛이던 아침햇살이 어느새 찬란한 광채로 변하여 보리밭 위로 쏟아져 내렸다. 그토록 일찍 세상을 떠나가 버린 남편의 얼굴이 땅바닥에 떨어진 보리이삭들 위에 어른거렸다. 처음으로 사랑한 남자였다. 아끼고 높이며 정성으로 섬기던 남편 말론, 연약한 그를 사랑하지 않았다면 시어머니를 죽기까지 따르리라는 결심을 할 수 있었을까? 누렇게 변색된 보릿대 이파리 끝에서 햇살에 흔들리며 이슬이 떨어져 내렸다. 룻의 기다란 눈썹에 걸렸던 눈물도 아침이슬과 함께 방울방울 보리이삭들 위로 떨어졌다.

오전 반나절쯤에 밭주인이 내려왔다. 수확을 시작한 날인 만큼 소출을 헤아려 보고 일꾼들을 격려하기 위해서였다. 시종 하나가 큼직큼직한 음식 망태기들을 나귀에 싣고 주인을 따랐다.

"어허이, 모두들 수고를 하는구나. 여호와께서 그대들과 함께하시기를."

"주인님 나오셨습니까. 여호와께서 주인님께 복을 베푸시기를 원합니다."

남녀 일꾼들이 밭머리로 들어서는 주인을 바라보며 화답 인사를 했다. 주인 되는 그 사람이 나이가 지긋한 보아스라는 사람이었다. 아직 하얗게 늙지는 않았다. 연세로 가늠하건대, 나오미나 그녀의 남편 엘리멜렉과 한두 해 아니면 두서너 해쯤 위아래로 차이 나 보였다. 그는 베들레헴의 저명인사요, 지주들 중에서도 세력이 있는 사람이었다. 인품이 고매하고 덕망이 높아 성읍 사람들의 존경을 받는 유다의 직계자손이었다. **〈21〉 유다의 가계와 유다 왕국**

보아스의 눈에 띈 사람은 여종들을 따르며 이삭을 줍고 있는 한 낯선 여인이었다. 일꾼들이야 한 식구들이라 모르는 사람이 없었으며 성읍의 웬만한 아낙네들도 대개는 안면이 있었다. 하지만 변변찮은 차림새를 하고도 기품이 있어 보이는 그녀는 이전에 어디서도 본 적이 없는 얼굴이었다. 더욱 그의 호기심을 끄는 것은, 그처럼 품격이 있어 보이는 젊은 여인이 궁핍하고 의지할 데 없는 사람이나 하는 이삭줍기에 열중하고 있는 것이었다. 보아스는 다가서는 사환에게 조금 소리를 낮추어 물었다.

"저기 못 보던 젊은 여인은 누구인고? 뉘 집 아낙이더냐?"

사환은 목을 가다듬어 대답했다.

"예, 주인님. 저 여인은 나오미 마님께서 돌아오실 때 따라온 모압 사람 룻이라는 여자입니다. 그 마님의 장자 말론님의 미망인입지요."

"아니, 뭐라고 했느냐? 저 아낙이 죽은 말론의 처란 말이냐?"

"예, 주인님. 소식을 들으셔서 아시겠습니다만, 저 과수댁이 말론님의 부인이랍니다. 제가 귀로만 듣다가 이 아침에야 알았습니다. 저가 말하기를 나로 일꾼들 뒤에서 이삭을 줍게 해달라고 하였습니다. 제가 알기로 나오미 마님은 주인님의 근친이시거니와, 저 자부 되신 여인이 외국인이기도 하여, 두말없이 그리 합시라 하였습니다. 그랬더니 이른 아침부터 지금까지, 허 참, 농막에서 한 번 잠시 쉬고는 저토록 부지런히 이삭을 줍고 있습니다."

"음, 그래. 알았네."

보아스는 나오미의 귀향과 그녀의 모압 생활에 관하여 집안 사람들이 전하는 말을 듣고 있었다. 그녀의 수난과 슬픔에 대하여 들을 때는 깊이 탄식했으며, 시어머니를 모시고 온 모압인 며느리의 효심에 대하여는 흐뭇한 마음을 감추지 못하였다. 엘리멜렉이 살아 있을 때부터 양가는 대소사에 오가며 서로 돕던 근친간이었다(2:20). 그는 집안의 책임 있는 수장 중 한 사람으로서 조만간 나오미를 찾아 위로하고 그녀의 노후대책을 마련할 생각을 하고 있던 참이었다.

그는 이방인이면 이류 종족이라는 편견을 가진 사람이 아니었다. 선민이건 이방인이건 간에 인간의 본성은 어느 종족이나 매한가지라고 알고 있을 따름이었다. 그가 보는 참 인간의 가치는, 그 사람이 과연 어떤 신을 섬기는가, 어떤 심성을 지녔는가, 어떤 행실을 하는가에 달려 있었다. 룻이 아무리 모압의 이방인 출신이라 해도 그녀가 가까운 혈연 형제의 자부라는 것이 적이 흐뭇하기만 했다. 그는 만면에 웃음을 띠고, 엎드려 이삭줍기에 열중하고 있는 룻에게로 다가갔다. **〈22〉 룻과 보아스의 만남은 우연일까?**

"내 딸아, 들으라."

룻은 근엄한 남자 목소리에 놀라 두어 발짝 물러서면서 허리를 펴고 머리를 들었다. 초로의 노인이 미소 띤 얼굴로 자신을 바라보고 있는 것이었다. 그녀는 아니 본 듯 낌새로써 그가 밭주인임을 알아보고 있었기에 그 앞에 다소곳이 허리를 굽혀 예를 표했다.

"내 주여, 말씀하옵소서."

"음, 나는 이 밭의 주인 되는 보아스이니라. 내 밭으로 이삭을 주우러 왔으니 잘하였구나. 오늘 여기서 해가 맞도록 이삭을 줍고, 앞으로도 주우려거든 다른 밭으로 갈 생각일랑 아주 하지 말아라. 여기 내 밭에서 일하는 여자들을 따라 이삭을 줍고, 내 일꾼들이 밭을 옮겨 보리를 벨 때도 그들을 따라가도록 하여라. 다른 밭으로는 아예 눈길을 돌리지 말고 내가 말한 대로만 하거라. 내가 저 젊은 남자 일꾼들이 너에게 집적대거나 해코지를 하는 일이 없도록 단단히 일러둘 것이니, 너의 안위에 대하여는 조금치도 염려하지 않아도 될 것이다. 그리고 목이 마르거든 억지로 참지 말고 농막으로 가서 일꾼들이 길어 둔 물독의 물을 떠 마시도록 하여라."

따뜻한 보아스의 말에 룻은 콧마루가 시큰했다. 끼니거리가 없어 이삭을 줍고 있는 이방여인에게 자상하고도 관대한 아량을 베풀어 주다니, 룻은 한 팔에 감싸 안고 있던 이삭들을 떨어뜨리고 밭고랑에 한 무릎을 꿇어 밭주인에게 다소곳이 감사를 조아렸다.

"소녀는 보잘것없는 이방여인이옵니다. 홀로 계신 시어머니를 마음 편히 모시지 못하여, 이삭을 주워서나마 잡수실 것을 해 올리고, 그 남은 것으로 가련한 목숨을 부지해 보려는 무력한 여종입니다. 그러함에도 주인님께서 친히 소녀를 돌아보시고 은혜를 베풀어 주시니 가히 몸 둘 데를 알지 못하겠습니다."

"어찌 그렇게 말하느냐 내 딸아. 내가 수일 전부터 너에 관하여 여러 번이나 전하는 말을 들었느니라. 일찍이 네 남편 말론이 죽었음에도 네가 너의 친정으로 돌아가지 않고 너의 시모를 지극한 정성으로 모셔 왔다는 말을 들을 적에 나는 너에 대하여 마음으로 크게 감탄하였느니라. 특히 너의 시모가 귀향하는 길에, 네가 너의 친정 부모와 고국을 등지면서까지 이전에 알지 못한 나라, 네 시모의 백성들에게 오기로 작정했다니 너의 결심이 참으로 장하도다. 여호와 하나님께서 선한 결정을 한 네게 크신 복을 내리시기를 원하며, 우리 이스라엘의 하나님 여호와께서 그의 날개 아래에 보호받으러 온 네게 온전한 상 주시기를 원하노라(2:11-12)."

룻은 왈칵 솟구치는 눈물을 걷잡을 수가 없었다. 행한 것이 아무것도 없는데도 시어머니께서 그리 알아주시고, 성읍 백성들이 볼 것 없는 이방인 출신의 과부를 용납해 주며, 베들레헴의 저명한 어른까지 복을 빌어 주시므로 감격하지 않을 수가 없었다. 룻은 한쪽 무릎을 꿇은 그 자세로 머리를 깊이 수그려 보아스의 축복에 사례했다.

"내 주여, 여종이 주인님께서 말씀하신 그대로 은혜 입기를 원하나이다. 소녀는 주인님의 시녀 한 사람과 같지 못한 이방인 과수일 따름입니다. 하온데 주인님께서 여종을 위로하여 주시고 은혜를 베풀어 주시니 용기로 가슴이 벅차오르옵니다. 소녀는 신명을 다하여 시어머니를 모시겠거니와, 성읍 백성들에게도 진정을 다하여 경애함을 보일 것입니다."

보아스는 얼굴 윤곽이 뚜렷하고 신실해 보이는 룻을 자신의 밭에서 만나게 된 것이 흐뭇했다. 그는 웃음을 거두지 않은 채 밭을 나가면서 짐짓 큰 소리로 일꾼들을 나무랐다.

"뭣들 하고 있는고? 그처럼 우두커니 서 있으면 허수아비들인 줄 알고 새들이 날아와 정수리에 둥지를 틀겠구나. 내가 저 아래 있는 다른 밭들을 돌아보고 점심 먹을 때에 돌아올 것이니 모두들 부지런히 하던 일들을 하게."

보아스는 집에서 데리고 온 시종과 함께 인근에 있는 밭들을 둘러보러 나갔다. 밭뙈기마다 보리이삭이 잘 야물었는지 깨물어 보기도 하고, 이삭에 들어찬 낱알이 건조된 정도를 가늠하여 벨 날짜를 정하며, 보리보다 달포 가량 늦게 거두는 밀의 작황도 살펴보아야 했다. 보리와 밀의 수확기는 밭의 위치와 기후에 따라 상당한 시차가 있었다. 해발 6천6백 척(2000m) 이상의 고원지대에서는 7, 8월이 되어서야 보리를 베지만, 베들레헴의 농지는 주거지인 언덕을 제외하고 주로 계곡에 개간되어 요단강 평원이나 해안가 평지와 엇비슷한 4월(그레고리안 월력)에 추수가 시작되었다. **〈23〉 팔레스틴의 보리와 밀**

때를 맞춰 농막으로 돌아온 보아스는 사환을 시켜 일꾼들을 불렀다. 나귀에 실어 온 것들은 그들과 함께 점심으로 먹을 음식들이었다. 일꾼들은 한참 기운을 써서 시장하던 터라 식사라는 말에 낫을 허리춤에 꿰차고 농막으로 몰려 나갔다. 그들이 점심식사를 하기 위해 밭을 빠져나가는 것을 본 룻은 난처해지지 않을 수 없었다. 한갓 객꾼일 뿐인 자신이 음식을 얻어먹자고 일꾼들을 따라 농막으로 가는 것은 염치없는 행동이었다. 그렇다고 드넓은 보리밭에 혼자 남아 있는 것도 우세스러운 일이었다.

그녀에게는 점심거리로 챙겨 온 음식이 아무것도 없었다. 집을 나설 때도 든든히 속을 채운 것이 아니었다. 종일 밭에서 이삭을 주우려면 점심이나 새참으로 먹을 것을 준비해야 했지만 그런 생각은 하지도 못했고, 준비를 하려 했더라도 막상 집에는 싸 올 만한 음식이 없었다. 룻은 그처럼 난감한 처지에 빠져 본 적이 없었다. 식사를 마치고 일꾼들이 되돌아올 때까지 그녀는 이삭줍기에 열중하여 짐짓 허기와 소외감을 숨길 수는 있을 것이었다. 정 배고픔을 견디기 어려우면 풋보리라도 골라 비벼 먹으며 밭둑에 앉아서나마 잠시 휴식을 취할 수는 있을 것이었다.

그런 생각을 하고 있는 동안에 일꾼들이 모두 농막으로 옮겨가고 주변에 사람이 없었다. 그녀만 홀로 보리밭 비탈에 남았다. 외로움이 그처럼 가슴에 사무치는 것을 전에는 경험해 본 적이 없었다. 그것은 쓸쓸하고도 무직한 아픔이었다. 아니 그것은 소외된 사람을 눈물지게 하는 설움이었다. 룻은 일꾼들의 발에 짓밟힌 한 줄기 보리 이삭을 집으려고 저만치 기다랗게 팔을 뻗었다.

"모압댁님, 여기서 뭘 하고 있습니까? 이삭은 아무도 주워 가지 않을 것이니 어서 농막으로 가십시다요."

나이 지긋한 그 여종이었다. 예상하지 않았기에 룻은 여종의 말을 제대로 알아듣지 못한 채 멍히 그녀를 바라보았다.

"주인님께서 모압댁님이 오기를 기다리고 계시다오."

"나를 기다리신다고요? 어르신께서 나를 부르셨나요?"

"부르시고말고요. 모압댁님과 점심을 같이 하시려 해요. 어서 털고 이리로 나오세요."

"고마우신 말씀이군요. 하지만 거기는 내가 가야 할 자리가 아닌 것 같아요…."

"아이구, 그런 말씀을 하다니. 아까 주인님께서 이르실 때 듣지 못하였습니까? 우리들을 따라다니시라 엄히 다짐을 두시던데요."

"그 말씀이야 이삭을 주울 때에나 그리 하라는 말씀이셨지요."

"아이구 참, 모압댁님이 너무 착해 가지고. 하여간 어서 가요. 모두들 기다리고 있어요."

여종이 다가와 소매를 끌어 강권하므로 룻은 내키지 않는 발길로 농막에 이르렀다. 주인 보아스가 그녀를 반기자 한나절 사이에 낯이 익어진 여종들이 룻에게 앉을 자리를 마련해 주었다. 집에서 나온 주방 시종이 익숙한 동작으로 음식을 차렸다. 보아스가 일어나 하늘을 우러러보며 양팔을 쳐들었다. 햇볕과 비와 이슬을 주시고 사람으로 땀 흘려 양식을 먹을 수 있게 하신 하나님께 감사를 드렸다. 노인의 식사 기도가 끝나자 종들이 즐거워하며 먹기를 시작했다.

"딸아, 어서 먹어라."

"내 주께서 아침에도 소녀에게 은혜를 베푸시고, 또다시 분에 넘치는 자리로 불러 주시니 감개무량하옵니다. 비옵나니, 주께서는 만복을 받으소서."

"내가 너를 어찌 귀히 여기지 않을 수가 있겠느냐? 너는 내 친족 엘리멜렉의 자부요, 타국인으로서 여호와 하나님을 섬기리라 맹세하고 이 나라로 온 사람이 아니냐. 그 위에 너의 언행과 효심이 벌써 성읍에 알려진 모양이니, 나로서 너 같은 딸을 고이는 것은 마땅한 일이다. 자, 주저하지 말고, 어서 떡을 찢거라. 너의 떡 조각을 초에 찍도록 하여라." **〈24〉 초**

생각할수록 꿈 같은 자리였다. 이삭을 주우러 온 룻이 식구들과 함께 식사를 하자는 밭주인 보아스의 부름을 받은 것이었다. 수확하는 들에서는 어디서나 뉘 집에서나 있게 마련인 식사 초대이기는 했다. 하지만 보아스의 부름은 룻에게 있어 배고픔을 면하게 해 주는 것 이상의 의미가 있었다. 그것은 심연의 고독감으로부터 그녀를 끌어내 준 구원과도 같은 것이었다. 무리에서 떨어져 갑자기 홀로된다는 것이 얼마나 서러운 외로움인지를 누구나 아는 것은 아닐 것이었다. 그런 고적감에 빠져들던 룻이 농막에 들어서자 만면에 웃음을 띤 보아스가 말하는 것이었다. "이리로 오라, 떡을 먹으라, 떡을 찢어 초에 찍으라…" 룻은 찡한 감동을 드러내지 않는 대신 자상한 주인을 향하여 정중한 감사의 목례를 드렸다. 보아스는 룻이 떡 조각을 초에 찍어 한 입을 베어 물기까지 지켜볼 작정인 듯 그녀를 바라보며 미소를 짓고 있었다. 초가 되도록 쉰 포도주의 강렬한 자극이 속에 든 것이라고는 없는 룻의 온 몸 마디마디로 퍼졌다.

보아스는 시종을 시켜 룻에게 볶은 곡식을 주도록 했다. **〈25〉 볶은 곡식** 그녀가 배불리 먹고도 한 사람 몫은 충분히 남길 수 있는 분량이었다. 보아스가 룻에게 먹을 것을 후히 주도록 한 것은 '베냐민 분깃' 방식의 배분이었다. 애굽의 총리 요셉이 그의 형제들을 만찬에 초대하여 자신의 한배동생 베냐민에게 형들 한 사람 몫의 다섯 배가 되는 음식을 주었다. 그리고 전송할 때 형들에게는 옷 한 벌씩을 주었으나 베냐민에게는 옷 다섯 벌과 은 삼백 개를 주었다(창 43:34, 45:22). 요셉이 행한 그런 선례가 있기에 후대의 이스라엘은 불공평하지만 공감은 할 만한 차등분배를 인정하고 아무도 그 차별에 대하여 불평하지 않았다. 보아스가 룻에게 일미(一味)의 볶은 곡식을 베냐민 분깃 방식으로 준 것임을 알기에 다른 일꾼들이 룻을 시샘하거나 보아스의 차등 대접을 원망하지 않았다.

식사가 끝나자 일꾼들은 잠시 동안의 휴식 중에 낫을 갈기도 하고, 잡담을 나누기도 했다. 룻은 머뭇거리지 않고 농막에서 일어섰다. 융숭한 대접을 받은 그녀의 감사인사는 진정한 마음의 표시여서 노인을 흐뭇하게 했다. 룻이 막 돌아서려는 찰나에 보아스가 남자 일꾼들을 향하여 작업지침 같은 명을 내렸다.

"내 다시 이르거니와 모압댁이 이 나절에도 이삭을 줍거든 곡식 단 사이에서 주우시도록 하여라."

보아스의 명은 실로 파격적이었다. 그가 말한 곡식 단 사이는 이삭줍기에 유리한 장소였다. 남자 일꾼들이 보리를 베어 바닥에 던져 놓으면 따르는 여자 일꾼들이 걷어서 적당한 크기의 단으로 묶었다.

그리고 이삭을 말리기 위해 묶은 단을 띄엄띄엄 세워 두는 곳이 곡식 단 사이의 공간이었다. 일꾼들이 아무리 주의를 기울여도 거기에는 적잖은 이삭들이 떨어지기 마련이었다. 아낙네들은 그곳에서 이삭을 줍다가도 묶은 단 뒤에서 슬쩍슬쩍 곡식을 빼내 훔치기도 했다. 그런 줄을 알면서도 보아스는 한 술 더 뜬 영을 내렸다.

"… 그리고 모압댁이 이삭을 줍느라 그대들 곁으로 다가오거든 타박하지 말고, 오히려 단에서 보리를 조금씩 뽑아 흘려 그녀로 줍도록 하되 험한 말로 위협하거나 내쫓으려 하지 말아라. 내 말하거니와, 모압댁이 타국인이요 미망인이라 하여 불손한 언행으로 괴롭히거나, 버릇없는 행실을 하지 않도록 하여라. 그 소녀는 내 친척이니라."

보아스가 막 밭으로 돌이키려는 룻의 등뒤에서 일꾼들을 단속한 것은 단지 그들만 주인의 명을 들으라는 것이 아니었다. 그는 자기가 일꾼들에게 하는 말을 룻도 듣기를 바랐다. 룻이 그의 말을 듣는다면 그녀의 행동이 여유롭고 마음이 편할 수가 있을 것이었다. 그러나 보아스의 관심은 밭에 나와 있는 룻의 안전에만 있는 것이 아니었다. 그는 농사를 짓는 지주로서 나오미의 곳간이 비어 있다는 것을 누구보다 잘 알고 있었다. 이웃과 친지들이 때로 인정을 쓰기는 하는 모양이지만 그것은 해결책이 될 수 없을 것이었다. 보아스는 이번 수확이 끝나는 대로 나오미에게 구휼(救恤) 곡물을 보낼 생각을 하고 있었다. 그런 뜻을 품고는 있었지만 우선 급한 대로 룻이 줍는 이삭으로나마 고부간에 먹고 약간은 여축(餘蓄)을 할 수 있도록 마음을 쓰는 것이었다.

시어머니와 자신을 위해 속 깊은 배려를 하고 있는 보아스를 고마워하며 룻은 한걸음에 보리밭으로 들어섰다. 주인의 명을 들은 일꾼들도 더 노닥거리지 않고 룻을 뒤따랐다. 그녀가 누구인지, 주인이 그녀를 얼마나 위하는지를 알 만큼 알게 된 남녀 종들은 그녀를 한층 가까이하며 살갑게 대하려고 했다.

일꾼들은 불가피한 사정으로 신분상 타인의 종이 되기는 했지만 그들이라고 이스라엘인이 아닌 것은 아니었다(출 21:2; 레 25:39; 신

15:12). 그들 역시 율법이 교훈하는 바 고난받는 자들의 애환을 누구보다 잘 아는 사람들이기도 했다. 율법에 이르기를, 주린 이웃이 타인의 포도원에 들어가 그릇에 포도를 담아 나오는 것은 절도이므로 안 되지만, 울타리 안에서 배가 부르도록 포도를 따먹는 것은 가한 일이라고 했다. 마찬가지로 가난한 자가 남의 곡식 밭에 들어가 낫으로 곡식을 베어 가는 것은 범죄 행위지만, 현장에서 손으로 이삭을 따 손바닥으로 비벼 먹는 것은 그들의 정당한 권리에 해당하기에 저지해서는 안 된다고 했다(신 23:24-25).

이스라엘은 언제나 애굽에서 종살이하던 때를 회상해야 했다. 하나님께서 그들을 구원하신 일을 기억하여 모든 고난당하는 이들에게 하나님의 은총을 나타내 보여야만 했다. 그런 율법의 가르침을 받은 이스라엘은 객이나 고아의 송사를 억울하게 해서는 안 되며, 빚을 갚지 못하는 과부의 몇 안 되는 옷가지들을 모조리 빼앗아서도 안 되었다. 아무리 고아나 객이나 과부 같은 약자일지라도 그들이 지닌 인간의 존엄성은 법(civil law)보다 존귀하며 물질보다 소중한 것이었다. 이스라엘은 그것이 과연 그러함을 매일의 생활 중에 실천적으로 나타내 보이며 살아야 했다. 그러므로 밭에서 수확을 하다가 잊어버리고 한 뭇(단)의 곡식을 챙겨 오지 못했다면, 되돌아가 그것을 가져올 것이 아니라 객과 고아와 과부를 위하여 그곳에 그대로 버려두며, 감람나무를 턴 후에 그 가지를 이리저리 살피지 말고 객과 고아와 과부를 위하여 달린 열매를 그대로 남겨두며, 포도를 딴 후에도 그 남은 것을 다시 따지 말고 객과 고아와 과부를 위하여 버려두어야 하는 것이었다(신 24:17-22). 보아스의 일꾼들이 현재의 신분이야 비록 종일지라도 그들 역시 이스라엘 자손이어서, 과부인데다 어쩌면 외국인 객일 수도 있는 룻의 어려운 처지를 이해하고 동정해야만 했다.

해가 기울어 일꾼들이 보리 베기를 그치기까지 룻은 쉬지 않고 이삭을 주웠다. 주워 모은 이삭이 꽤 많아 작은 낟가리만큼이나 되었다. 이삭을 단으로 묶어 집으로 져다 나르는 것은 여러 번 걸음으로도 될성부르지 않았다. 낫질을 그친 일꾼들이 허리를 두드리며 이삭더미께로 모여들었다.

"아따, 이것이 모압댁님 혼자서 주운 이삭이란 말이오? 웅달 보리밭 한 뙈기는 좋이 사고도 남겠는걸?"

"어라? 건 물정 모르는 말일세. 내가 보기에는 밭뙈기가 아니라 참한 남편이라도 하나 얻을 수 있겠는데 그래."

듣고만 있으면 말이 걸쭉해질 것이라 여긴 여종 하나가 앙칼지게 오금을 박고 나왔다.

"그 무슨 허랑한 말질이오? 쓸데없는 소릴랑 작작하시오! 아니 글쎄, 와락 달려들어 보리알을 털어 드릴 생각은 어째 못하오? 알곡만 해도 모압댁님 혼자로서는 지고 가기가 버겁겠소."

"듣자니 옳은 말이네. 그러면 자, 모두들 잠시 한번 손을 써 보자고. 거기 둘은 농막에 가서 멍석 두어 닢 하고 타작 연장들을 가져오소."

일꾼들의 말을 듣고 있던 감독사환이 룻이 주운 이삭을 타작하기로 결정한 것이었다. 남자 일꾼들이 멍석 가운데로 이삭을 아름 떼기로 날라오자 여종들이 멍석 가에 둘러앉았다. 타작마당이 아니라서 도리깨를 쓰지 못하는 대신에 작대기로 이삭을 두드리고 주먹돌로 비벼 보리알을 털어냈다. 키질까지 다 하여 담은 알곡이 한 에바(부피 약 2말, 무게 약 30kg)가 되었다. 감독 사환이 일꾼 하나를 붙여 알곡 자루를 댁에까지 져다 드리리라 했지만 룻은 한사코 마다했다.

그녀는 일꾼들의 도움을 몇 번이나 고마워한 후에 힘겹게 보리 자루를 짊어지고 능선 길을 기듯 성문으로 올라갔다. 해가 막 떨어지는 시간이라 능선 위에 오른 그녀의 구푸린 그림자가 동쪽으로 멀리 늘어져 모압 고원에 닿은 것처럼 보였다.

"아가야, 거기 오는 것이 너냐?"

나오미는 이삭을 주우러 나간 며느리를 이제나저제나 하고 석양 무렵부터 기다렸다. 외양간 앞마당을 맴돌다가 어스름이 내리자 더 참을 수가 없어 빨래 줄 수십 도막 길이나 마중걸음을 나와 있었다.

"아이구 어머니! 어쩌시려고 여기까지 나와 계신지요? 많이 기다리셨지요 어머니? 이렇게 늦어서 죄송해요, 어머니."

"그래, 아가야. 얼마나 고생했느냐? 짊어진 이 큰 등짐은 다 무엇이냐?"

"예, 어머니, 이것이 오늘 이삭으로 주운 것이랍니다. 들어가서 오늘 일을 자세히 말씀드리겠습니다. 어서 앞서시지요, 어머니."

대문 안마당에서 집안으로 들어선 룻은 화덕에 이어 허리 높이로 쌓은 살강 토담 위에 보리 자루를 철벅 내려놓았다. 나오미는 그것이 곡시인 줄이아 알았지만, 머느리가 어떻게 그토록 많은 이식을 주웠으며, 이미 탈곡까지 한 무거운 알곡 자루를 지고 오게 된 것인지가 궁금했다. 짐을 내린 룻은 살강 벽에 아직 엉덩이를 붙인 채 상체를 구푸리고 무릎을 짚었다. 거친 숨을 몰아쉬고는 자신을 바라보는 시어머니께 앞니가 드러나도록 웃음을 지어 보였다. 호롱불에 비췬 그녀의 이마에 송송 땀방울이 맺혀 있었다.

"아가야, 네가 이토록 애를 쓰는구나. 이것이 보리 알곡이 아니냐? 이 많은 것을 정녕 네가 다 이삭으로 주웠더란 말이냐? 어디서 이삭을 주웠느냐? 누구의 밭에서 일을 하였더냐?"

하루 동안에 있었던 일들을 알고 싶어 조바심이 난 시어머니께 룻은 미소로 뜸을 들였다. 몇 번 더 숨을 고른 후에야 종일 자신이 겪은 일들을 고하기 시작했다. 성문 앞 언덕에서 보리를 베고 있는 밭을 찾아 내려갔으며, 아침 이슬이 다 깨기도 전에 이삭을 줍기 시작하였고, 밭주인의 아량으로 물과 점심을 얻어먹었으며, 그 댁의 일꾼들이 어떤 호의로 자신을 대해 주었는지를 자세히 아뢰었다.

"오전 반나절 경에 밭주인님께서 나오셨답니다. 저에 대해 물으시고는, 친절하게도 저더러 다른 밭에서는 이삭을 줍지 말고 수확을 마치기까지 그분의 밭을 떠나지 말라 하셨습니다. 그리고 점심때는 저를 불러 일꾼들과 함께 음식을 먹게 하셨고, 저에게 떡과 건포도와 마실 것과 다른 먹을 것들을 주셨답니다. 자상하신 그 주인어른께서 저로 떡을 초에 찍어 먹도록 권하셨으며, 볶은 곡식도 배부르게 먹고 남을 만큼 주셨답니다. 제가 음식을 먹으면서 어머니께서는 무엇을 잡수실까 생각나서 마음이 아팠습니다. 그리고 주인어른께서 저에게 갑절의 진미를 주신 것이, 감사하게도 어머니께 드릴 한 몫을 더해 주신 것이라는 짐작이 들었습니다. 어머니 여기 이것을 보십시오. 제가 먹을 만큼 먹고도 이만큼이나 남았습니다. 어서 입을 다셔 보십시오, 어머니."

룻은 품 속에서 꺼낸 보자기를 풀어 시어머니 앞으로 당겨 놓았다.

"오, 그랬더냐 아가야? 나는 먹은 것도 없이 나간 네가 종일 배를 곯으며 이삭을 줍고 있겠거니 생각하여 마음이 쓰라렸더니라. 그 밭주인이 참으로 고마운 사람이구나. 너를 그처럼 생각하여 호의를 베풀어 준 그 사람에게 우리 하나님께서 복을 주시기를 바라노라. 네가 일한 그 밭주인의 존명이 누구시라 하더냐?"

"그 어른의 이름이 보아스라 하였습니다. 어머니를 잘 알고 계셨습니다."

"아니, 누구라고 했느냐? 그가 보아스라고 했느냐?"

"예, 어머니."

"오, 이럴 수가! 하나님 감사합니다!"

5. 룻과 보아스

―――――――― 나오미는 보아스라는 이름을 듣고 충격을 받았다. 그녀를 강타한 것은 그 이름이 던지는 한 줄기의 영감이었다. 이전에 보아스가 남편과 아들들에게 베푼 선행은 많았다. 그렇다고 그를 후덕한 자선가로만 기억해서는 안 될 사람이었다. 보아스 그는 남편 엘리멜렉의 기업을 책임지고 보전해야 하는 최 근족 중의 한 사람이었던 것이다. 그 새삼스러울 것 없는 순간의 각성이 나오미를 소름 끼치게 한 것이었다. **〈26〉 나오미와 보아스는 남매일까?**

"아가야, 보아스 그는 진정 여호와 하나님의 복을 받을 사람이란다. 그가 나를 아는 것처럼, 나와 우리 식구들도 그 사람을 잘 알고, 여러 친척들 중에서도 우리에게는 한두 세대 더 가까운 근친이란다. 그가 이전부터 우리에게 많은 자비를 베풀더니, 지금도 변함없이 너와 나에게 선을 행하는구나."

"저는 그 어른을 오늘 한 번 뵈었지만 그분의 인품을 높이 보게 되었습니다. 그 어른께서도 첫 대면부터 저를 곱게 보셨는지, 저더러 일을 하다가 목이 마르면 일꾼들이 성문 앞에서 길어 온 물독의 물을 마시라 하셨고, 점심을 먹은 후에는 거듭 일꾼들에게 명하시기를, 저로 하여금 곡식 단 사이에서 이삭을 줍도록 하게 하라고 하셨습니다. 그뿐 아니라 단에서 조금씩 보리를 뽑아 흘려 제가 그것들을 주울 수 있게 하라고 하셨습니다. 또 젊은 남자들을 경계하시기를, 저에게 희롱하는 말을 삼가고, 집적거리거나 괴롭히지 말라고 엄중히 말씀하셨습니다. 그 어른의 엄호가 있어 그랬던지, 해가 기울 때에는 일꾼들 모두가 낫질을 멈추고 손을 모아 제가 주운 이삭을 타작하고 키질까지 하여 저 알곡을 자루에 담아 주었습니다."

며느리가 말하는 중에 나오미는 솟아오르는 감정을 억누르지 않을 수 없었다. 보아스라는 이름이 룻의 입에서 나올 때 나오미는 불현듯 며느리를 그에게로 보내 계대(繼代) 자손을 얻을 수 있지 않을까 하는 생각이 떠오른 것이었다. 그것은 한줄기 영감이며 가능성이었다. 번개처럼 그런 생각이 들었지만, 당장은 며느리에게 자기와 보아스의 집안관계를 암시적으로나마 말해 두어야 할 것 같았다. 며느리가 매사에 순종하는 사람이기는 해도 성급하게 즉흥적인 생각을 발설했다가 그녀를 낙심시키거나 반감을 사게 된다면 고부간에 예상치 못한 불편이 생길 수도 있을 것이기 때문이었다. 나오미는 천연스레 며느리의 말을 받았다.

"모두가 고맙기 한량없구나. 재차 말하거니와 그 밭주인 보아스는 우리와 가장 가까운 집안사람이니라. 그는 우리 고부를 돌보아 주고 우리의 기업을 이어받아야 할 책임과 의무가 있는 두어 사람 중에 한 사람이란다."

하지만 룻은 시어머니의 예사로운 말에 깔린 어떤 함의도 알아채지 못하고 자신의 못다한 말을 계속했다.

"예, 어머니. 그 어른께서 거듭 저에게 말씀하시기를, 이삭을 주우러 다른 사람의 밭으로는 가지 말라 하셨고, 보리뿐 아니라 밀을 다 거둬들일 때까지 오직 그 댁의 일꾼들을 따라다니라 하셨습니다."

"오냐, 아가야. 듣자니 참으로 좋은 일들만 있었구나."

"예, 어머니. 과연 오늘 좋은 일들만 있었습니다."

"나는 네가 힘겹게 지고 온 저 곡식자루가 심히 커다란 것에 놀랐고, 뙤약볕에서 종일 고생하고도 너의 목소리에 생기가 넘쳐나는 것에 놀랐더니라. 지금 불빛 아래 보니 네 얼굴에 기쁨이 있고 웃음이 피어나 있구나. 게다가 내 몫이라고 싸 온 볶은 곡식이라니, 이 모든 일이 보아스 그 사람의 속 깊은 배려로 말미암은 일이었구나. 우리 하나님 여호와께서 그를 통하여 우리에게 복을 베푸신 것이니 하나님께 감사드리지 아니할 수가 없도다. 오, 여호와여! 주 하나님을 찬송하나이다!" **〈27〉 보아스**

룻도 시어머니를 따라 나지막이 서툰 소리를 냈다.

"주 하나님을 찬송하나이다."

나오미가 며느리의 두 손을 모아 잡았다.

"아가야, 오늘 참으로 고생하였다. 보아스가 말한 대로, 내 생각에도 네가 그 댁의 여자들과 함께 다니는 것이 좋겠다. 그리하면 상스러운 남자들이 너를 함부로 희롱하지 못할 것이니, 너도 안전하고 내 마음도 편안할 것이다."

"예, 어머니."

룻은 날마다 이삭을 줍기 위해 보아스의 밭을 드나들었다. 남녀 일꾼들과도 스스럼없이 가까워져 서로 반기고 도우며 화목하기가 한집안 사람이나 다름이 없었다. 보리와 밀을 다 거둬들이기까지 룻은 보아스의 밭으로 나갔으며, 룻이 이삭을 주워 모으면 연일 첫날과 다름없는 마무리 손질이 반복되었다.

그러는 중에 표나지는 않아도 한 가지 달라진 것이 있었다. 정숙하고 아름다운 모압 여인의 가슴에 인정 많고 점잖은 밭주인을 흠모하는 감정이 싹트기 시작한 것이었다. 룻의 가슴에 쌓이기 시작한 것은 그저 따사로운 호감 같은 것이었다. 성읍 사람들이 존경하고 따르는 후덕한 인물을 자신도 친애하게 된 것이었다. 하지만 여인의 마음이란 미묘한 것이었다. 그것은 자신도 알지 못하고 걷잡을 수도 없는 것이었다. 가슴에 차오르는 무엇인가가 문득문득 그녀를 상념에 빠져들게 했다. 그녀의 마음은 갓 담은 포도주와도 같았다. 그것이 저장고에 든 포도주라면 그녀의 보아스에 대한 친애감정도 감미로운 향과 신비로운 색채로 숙성하기를 시작한 것이었다. 그녀는 30세를 갓 넘긴 과부로서, 시어머니 말고는 의지할 데가 없는 외롭고도 다감한 이국여인이었다.

사랑이란 누구에게나 얄궂고도 은밀한 것이었다. 그것은 서로 엇비슷한 처지의 사람들 사이에서만 싹트는 것이 아니라서 더욱 그랬다. 보아스 역시 그의 심중에 무압 여인 룻이 차지하는 비중이 알게 모르게 늘어나고 있음을 스스로 깨닫고 있었다. 그는 상처(喪妻)한 후로 재혼을 생각해 본 적이 없었다. 하지만 룻을 만나 보고부터는 야릇하게도 마음이 허전해지는 때가 많았다. 그녀는 젊고 음전하고 우아하고 아름답고 상냥하고 겸손하고 순박하며, 고운 심성에 예의 범절을 아는 여인이었다. 그 위에 그녀는 후대가 끊긴 근족의 과수 며느리였다. 합당한 기회가 주어진다면 아무리 때늦게 품어 보는 소망일지라도 이루지 못할 것은 없으리라는 생각을 하고는 했다. 만일 나오미가 문중에 룻의 후사 문제를 제기한다면 그가 룻의 재가(再嫁) 상대로 낙점될 수도 있기 때문에 한층 가슴이 설레는 것이었다.

매일 반복되는 이삭줍기로 룻은 고단했다. 그렇지만 몸이야 무겁더라도 동작은 민첩했으며 하루하루 마음이 즐겁지 않은 날이 없었다. 석양 무렵에 곡식자루를 지고 집으로 돌아올 때는 두 말의 곡식이 무겁지도 않고 힘에 버겁지도 않았다. 그녀가 스스로 결단하여 시어머니를 모시리라고 했지만 오히려 시어머니의 손길이 더 자상하고 빈틈이 없었다. 곡식을 말려 곳간에 들이며, 나귀를 먹이고, 손을 보다 만 우물을 치고, 퇴락한 집 안팎을 잔손질하는 일들은 그녀의 이삭줍기에 밀려 본의 아니게 시어머니의 소일거리가 되어 있었다. 새벽바람에 일어나 조석(朝夕, 끼니)을 지을 때도 시어머니가 마련하고 챙겨 주는 것이 더 많았다. 그것은 시어머니가 자부를 아끼고 사랑하는 증거였으며, 비상시의 곤궁한 세월에 며느리가 시어머니를 섬기는 불가피한 상생(相生)의 방식이기도 했다.

룻은 수확기가 끝나기 전에 조금의 양식이라도 더 비축하기 위해 종일토록 밭고랑을 쓸고 다녔다. 보리 베기가 끝나고 달포 가량을 쉰 후에는 밀밭으로 나갔다. 석양에는 어김없이 집으로 돌아와 그날에 있었던 일로 시어머니와 정겨운 담화를 나누었다. 그리고 여호와 하나님의 복을 비는 시어머니의 축원기도를 끝으로 침소에 드는 매일의 일과로써 그녀는 효도를 다하는 셈이었다.

근래에 룻은 시어머니의 침소 기도의 간구가 달라진 것을 알고 있었다. 빌기를, 하나님께서 기뻐하신다면 며느리에게 가장 합당한 새 남편을 허락해 주시라는 것이었다. 나오미는 룻의 재혼상대로 근친 보아스를 의중에 두고 있었다. 그녀가 보기에 보아스야말로 룻에게 가장 합당한 남편감인데, 그라면 며느리를 재혼시킬 수도 있을 뿐 아니라 합법적으로 가문의 끊어진 대를 이을 수도 있을 것이기 때문이었다. 하지만 그것은 그녀 혼자만의 생각이었다. 비록 기도이기는 하지만 아무것도 모르는 룻이 듣는 자리에서 자부의 재혼상대자로 보아스라는 이름을 드러내기가 아직은 주저되었다.

계대결혼을 염두에 둔 시어머니의 그러한 속내를 알지 못한 룻으로서는 시어머니의 기원이 뜻밖으로 들리지 않을 수 없었다. 의지할 데 없는 시어머니가 하나뿐인 며느리의 재가를 기원하시는 까닭이 도대체 무엇일까…아무리 궁리를 해도 정말 알다가도 모를 일이었나. 그녀가 시어머니와 함께 살고 있기에 며느리요 가족인 것이지, 아닌 말로 내일이라도 무연고자와 재혼을 한다면 그것으로 두 사람의 고부관계는 흐지부지 끊어지고 말 것이었다. 룻은 그런 앞날을 상상조차 할 수가 없었다. 그렇게 남남이 된 처지에서 룻이 만일 아들을 낳는다 해도, 그 아이가 지금의 시어머니인 나오미의 자손으로 입적될 명분은 어디에도 없을 것이었다.

아무리 시어머니가 사람의 정분에 끌려 홀로된 자부의 재가를 기원할지라도, 룻은 스스로 시어머니 앞에 맹세한 언약을 거듭거듭 돌이켜 다짐하지 않을 수 없었다. 자신의 공경심이 시어머니의 사랑에야 미치지 못한다 해도 그녀로서는 사람의 법도와 신의를 초심으로 지키는 것이 무엇보다 중한 일이었다. 그것도 시어머니의 강권에 반하여 하나님 앞에서 서약한 그녀의 단심(丹心)이었음에랴! 그렇게 룻은 시어머니의 뜻 모를 기도를 생각하다가 잠들고는 했다. 시어머니를 모시고 살면서 밀 수확을 마치기까지 그녀는 보아스의 밭을 전전하며 하루도 이삭줍기를 거르는 날이 없었다.

보리는 보리대로 밀은 밀대로 옮겨져 타작마당 가에 낟가리로 쌓였다. 어제부터 시작한 보아스의 보리타작은 오늘 해낮에도 계속되었다. 마당 가운데 보릿단을 풀어 두텁게 깔고, 보리 무더기 양편에서 장정들이 둘씩 셋씩 짝을 지어 '어 차, 어 차' 소리에 맞추어 도리깨를 휘둘렀다. 도리깨아들(도리깨 손잡이 끝에 매달아 이삭을 때리는 회초리 부분. 도리깨 열)이 획획 바람을 가르며 보리 더미를 내리쳤다. 이삭 껍질 속에 들어 있던 보리알들이 맨땅에 소낙비 부서지듯 튀어나왔다. 바람에 북데기를 날리고 키질을 마친 보리 알곡은 옅은 금빛을 띠어 보기에도 소담스러웠다.

보아스 댁의 추수가 모두 끝났기에 룻은 이삭줍기를 나가지 않았다. 나오미는 기뻐하면서도 종일 설레는 마음을 달래야 했다. 며느리가 집안에 머물게 된 만큼 가슴속에서만 굴려 오던 생각을 말할 여유가 생긴 것이다. 고부는 해가 남아 있을 때 이른 저녁식사를 마치고 외양간 앞마당에 편 멍석으로 나와 앉았다. 멍석 가운데 곡물을 가는 맷돌이 놓였고, 두 사람은 틈이 나는 대로 맷돌질을 했다. 다음 끼니를 위해 곡식 가루들을 예비해 두어야 하기 때문이었다. 맷돌은 보리, 밀, 콩, 팥, 녹두 같은 알곡들을 곱게 갈거나 우둘우둘하게 빻기에 없어서는 안 될 부엌 기구였다. 며느리가 맷손을 잡아 돌리면 시어머니가 위짝에 난 주둥이에 알곡을 한 줌씩 집어넣었다. 이번에도 두 사람은 일손을 나누고 호흡을 맞춰 맷돌을 돌리기 시작했다. 외양간 빗장에 목을 걸친 나귀들이 여주인들을 바라보고 있었다. 한 마리가 두 사람을 향하여 푸르르 입 가죽을 떨어 알은체를 하는 모양이었다.

"아가야."

"예, 어머니."

말씀하시라며 환히 웃어 보이는 며느리를 응시하다가 나오미는 꺼내려던 말을 멈칫 되삼키고 말았다. 그녀는 천성이 명랑 쾌활하면서도 범사를 꿰뚫어 보는 안목을 지닌 여인이었다. 사람의 행동 심사를 파악하기에도 아둔하지 않았다. 이삭을 주우러 다니던 수확기 내내 며느리에게서 넘쳐나는 기쁨의 원인이 무엇인지를 그녀는 감지하고 있었다. 며느리에게서 듣고 또한 그녀를 보건대 날마다 보리이삭을 많이 주울 수 있어서 즐거워하는 것만이 아니었다.

나오미는 며느리가 전하는 보아스의 말과 행동으로 그 사람의 속마음도 내심 헤아리고 있었다. 며느리 룻과 친척 보아스 사이에 피차의 감응과 애착이 깊어지고 있음이 틀림없었다. 사실 그것은 꼭 나오미이기에 알아볼 수 있는 것만은 아니었다. 남녀 사이에 피어나는 사랑의 감정이란 신비로운 것이라서 아무도 그 원인만은 알기가 어려운 것이었다. 하지만 그런 감정을 품게 된 사람들은 그들의 소리 없는 언어와 표 내지 않으려는 행동으로써 그들의 속마음을 드러내거나 외간(外間)에 사랑의 감정을 들키기 마련이었다. 나오미가 며느리에게 말하려는 것은 그러한 정황판단에 따른 것이었다.

"아가, 내 딸아."

"예, 어머니, 무슨 말씀이신지요?"

더는 뜸을 들일 여지가 없어 나오미는 지금껏 삼켜 두었던 말을 꺼냈다.

"내가 요 참에 여러 모로 네 생각을 했단다. 네가 시어미를 받드느라 홀로 된 몸으로 청춘을 다 바쳐 주야로 일하는 것을 보노라니 내 마음이 아프기 그지없더구나. 나는 네가 자식들을 낳아 안락하고 행복하게 살 수 있기를 기도드려 왔단다. 네가 어찌 생각할지 모르겠다만, 나는 마땅한 사람을 찾아 너를 재가시킬 작정을 하고 있었더니라."

룻은 기도를 들으면서 시어머니의 소원이 무엇인지를 알고는 있었지만, 대화 중에 직접 시어머니의 입으로 재가라는 말을 듣게 되어 놀라움이 더했다. 룻은 맷돌질을 멈추고 시어머니를 바라보았다. 시어머니도 며느리와 눈길을 마주쳤다. 그리고 세상에서 가장 자애로운 미소를 띠고 딸보다 더한 며느리에게 앞질러 말했다.

"딴 말은 하지 말아라, 아가야."

그래도 룻은 말했다.

"어머니, 어찌 그리 말씀하시는지요? 재가라 하시니…."

나오미는 맷손을 잡고 있는 룻의 손을 감싸 쥐었다.

"딴 말은 하지 말라지 않았느냐?"

"하온데 어머니, 제가 어머니의 백성에게로 오던 날 하나님께서 보시는 중에 제 스스로 죽는 날까지 어머니를 모시리라 서약을 드리지 않았습니까? 어머니 앞에 맹세한 그날 이후로 지금까지 제 마음은 털끝만큼도 변한 것이 없답니다. 근래 밤마다 어머니께서 드리시는 기도의 소원을 듣잡고 제가 잠을 이루지 못한 날이 많았습니다. 어머니께서 저에게 어찌 행하라 하실지를 몰라 불안하였습니다. 하온데 시방 어머니께서 이처럼 황망한 말씀을 하시오니 가슴이 무너지는 것 같습니다. 부디 재가를 하라시는 말씀을 거두어 주십시오, 어머니."

"아니다 아가야, 너로 재가를 하게 하여 너와 내가 영영 헤어지자는 것이 아니란다."

"어머니, 그것은 무슨 말씀이신지요?"

"생각해 보아라, 내 딸아. 우리의 근족 가운데 네가 누구보다 잘 아는 보아스라는 사람이 있지 않으냐? 그 사람에 대하여는 이미 네가 알 만큼 알고 있으니 내가 더는 말할 것이 없다마는…."

"예, 어머니. 제가 알아야 할 것을 마저 말씀해 주십시오, 어머니."

잠시 주저하는 빛이다가 나오미는 하던 말을 이었다.

"오냐. 말을 꺼냈으니 말인데, 지금 아주 내 생각을 말해 두는 것이 옳겠구나. 내가 전에도 그 사람에 대하여 말한 것처럼, 보아스 그 사람은 우리 기업을 무를 집안 사람 중 하나이니라. 기업을 무르는 것이 무엇인고 하면, 그가 우리의 토지와 집을 사서 우리의 생계를 보살피고, 우리 집의 끊어진 대를 이어 인수한 재산을 그 자식에게 되돌려주는 것이란다. 내가 너를 재가시키리라고 한 말이, 우리 기업을 무르고 우리 집의 대를 이어 줄 사람으로 보아스 그 사람을 염두에 두고 있다는 뜻이란다 아가야."

룻은 다시 한번 놀라지 않을 수 없었다. 자신의 재가를 생각하고 있다는 시어머니의 말에 긴장한 룻은, 그 상대가 보아스라는 말에 거듭 놀랐다. 그녀의 새 남편감으로 그 누구도 아닌 보아스를 의중에 두시다니! 그 사람이야말로 자신이 공경하고 사모하는 사람이라 룻은 긴장 중에 안도하는 마음으로 가슴을 쓸어내렸다. 룻이라고 이스라엘의 기업 무르기와 계대결혼(繼代結婚)에 대하여 도통 모르지는 않았다. 계대결혼이라면 오히려 시어머니를 섬기기에 유리할 수도 있을 것이라 룻으로서는 구태여 거역할 까닭이 없다 싶었다.

룻은 젊고 성실하고 매력적인 여인이었다. 그녀의 청춘에 어울리는 남자를 찾자면 얼마든지 좋은 자리를 고를 수 있을 것이었다. 심성과 자질과 용모로 보아 그녀에게 복된 앞날이 예비되어 있음을 의심할 사람은 아무도 없었다. 며느리의 그러함을 누구보다 잘 알고 있는 사람이 시어머니 나오미였다. 그녀를 내 며느리라 하고 죽기까지 붙잡아 두어 꽃다운 청춘을 희생하도록 하는 것은 며느리에게만이 아니라 하나님 앞에 죄를 짓는 일일 것이었다. 어떻게든 며느리를 재가시켜 그녀로 하여금 안식과 행복을 누리도록 주선해 주는 것이 시어미가 행해야 할 책무라는 부담이 나오미를 사로잡아 온 것이다(3:1). 그것은 나오미의 양심에 법과 도의를 앞서는 인간의 도리였으며, 호 불호간 가여운 며느리에게 해줄 수 있는 시어머니의 가없는 사랑이었다.

기업을 무르는 것과 계대결혼은 당사자들의 사정에 따라 부분적으로 구별되게 이행되기도 하지만 함께 이루어지기도 했다(레 25:23-28; 신 25:5-10). 나오미의 뜻은 양자를 병행하는 것이었다. 뿐만 아니라 며느리의 재혼상대가 법에 정한 친형제거나 가까운 집안 사람이라면 더 바랄 것이 없으리만큼 이상적일 것이었다. 무엇보다 다행인 것은 그러한 룻의 혼인 상대가 나오미의 남편 엘리멜렉의 근친 가운데 존재하고 있다는 것이었다. 그리고 더욱 순조로운 것은 두 사람 사이에 이미 사랑의 정분이 나 있으리라는 판단이 서는 점이었다.

과부 며느리를 시집보내려는 나오미의 열망이 선한 동기로 비롯된 것이기는 했다. 그러나 그녀의 제안은 일면 성급하고 일방적인 데가 없지 않았다. 그녀는 보아스가 며느리 룻에게 각별한 친애감정을 가지고 있다는 것을 알고 있었지만 그것은 다만 짐작일 뿐이었다. 과연 보아스가 룻에 대하여 무슨 생각을 하고 있는지, 나오미 집과의 계대결혼을 받아들일 생각을 하고 있는지에 대해서는 직접 알아본 일이 없었다. 나오미 쪽에서 그런 의향을 전한 일도 없었지만 보아스로부터 어떤 의사를 전해 들은 것도 없었다.

게다가 며느리를 계대결혼법에 따라 한집안 사람과 재가를 시킨다 하더라도, 보아스가 룻과 결혼할 수 있는 최우선 권리자(책임자, 의무자)가 아니라는 사실을 나오미는 알고 있었다. 엘리멜렉과 가장 가까운 문중 사람으로 보아스보다 앞선 익명의 인물이 있고, 보아스는 그 친족 다음으로 나오미 쪽에 가까운 사람이었다.

우선권으로만 본다면 보아스는 그 익명의 친척에게 한 발짝 밀리는 입장이었다. 그런 까닭에 계대결혼의 최우선권자가 자신의 권리를 자진 포기하거나, 법적인 하자가 있어 그의 우선권을 박탈당하지 않는 한 룻은 보아스가 아닌 그 익명의 친족과 재가를 해야 하는 것이었다. 법이 그런 줄을 알고 있는 나오미가 며느리에게 우선순위 2인자인 보아스를 재혼상대로 점찍어 보인 것은 적절한 제안이라 할 수가 없었다. 룻은 이스라엘의 계대결혼법에 관하여 들은 바는 있었으나, 아직은 시댁 집안의 자세한 촌수관계를 다 알지 못하고 있었으므로 시어머니의 제안에 대해 어떤 대답을 드려야 할지도 알지 못했다. 나오미는 며느리의 대답보다 먼저 보아스의 생각을 타진해 볼 필요가 있었다.

“그래서 말인데 아가야, 너는 아무튼 내 생각이 그러하다는 것을 거기까지만 알아 두어라. 그리고 잘 듣거라. 보아스가 어제오늘 보리 타작을 하지 않았느냐? 그는 오늘 밤 타작마당에서 일꾼들과 함께 북데기를 날리고 보리를 까불어 알곡을 모을 것이다.”

“예, 어머니?”

룻이 가만히 듣고만 있으므로 나오미는 그녀가 행할 일을 자세히 이르기 시작했다.

“조금 있다가 어두워지거든 너는 들어가 목욕을 하여 몸을 정결하게 하여라. 그리고 향유를 바르고, 가장 좋은 옷을 입고, 아무도 모르게 타작마당으로 내려가거라. 그 사람이나 다른 사람의 눈에 띄지 않도록 조심해야 하느니. 그가 저녁식사를 마칠 때까지 낟가리

틈새에 몸을 숨기고 있거라. 모두 잠자리로 돌아가거든 그가 어디서 잠을 잘 것인지를 눈여겨보아 두어라. 그리고 주위 사람들이 깊이 잠든 때에, 너는 가만히 그 사람의 침소로 들어가, 그의 발치께 이불을 들고, 그 자리에 가만히 눕도록 하여라. 네가 거기 있는 것을 알게 되면 그 사람이 그의 생각을 너에게 말해 줄 것이다(3:4)."

시어머니의 지시는 실로 놀라웠다. 잠자는 보아스의 발치 이불을 들고 들어가 그의 곁에 누우라니! 그것은 룻으로 하여금 보아스와 동침을 하라는 완곡한 권면이나 다를 것이 없었다. 두 사람이 아무리 호감을 가졌을지라도 아직 그들은 합방을 할 수 있는 입장이 아니었다. 그들은 계대결혼이 가능한 근친간이며, 딸린 사람이 없는 홀아비와 과부로서 피차 자유로운 몸들이기는 했다. 그럴지라도 두 사람이 동침을 하려면 먼저 합법적인 성혼선포가 있어야 하고, 성읍 장로들을 비롯한 주민들의 공인도 받아야 할 것이었다. 그러므로 현재 상태의 그들이 어떤 행동을 하는가에 관계없이, 룻의 보아스 침소 잠입은 만인이 놀라워할 음행사건으로 비화될 소지가 있는 일이었다. 성읍의 저명인사 보아스와 정숙하다고 소문난 모압 여인 룻은 심한 수치를 당하다가 율법대로 처벌을 받을 수도 있을 것이었다(출 20:14; 레 20:10). 룻이 시어머니의 권면을 따르는 것은 실로 극단적인 위험을 수반하는 일이었다.

그러나 나오미의 생각은 그렇지 않았다. 아무리 며느리가 애처롭고 자손을 얻기가 급하다 하더라도, 이스라엘의 법과 관습에 밝은 그녀가 딸이나 다름없이 여기는 며느리를 시아버지뻘 되는 홀아비에게로 보내 음행을 하도록 사주할 수는 없는 일이었다. 나오미가 며느리로 하여금 보아스의 침소에 들어가 그의 곁에 눕도록 이른 것은, 보아스에 대한 나오미의 직접적인 의사전달이며 청혼방식이었다. 다분히 오해의 소지가 있는 나오미의 계획은 두 사람의 인격에 대한 신뢰를 바탕으로, 각기 책임 있는 행동을 하리라는 확신이 없이는 결코 제안될 수가 없는 일이었다.

누구라도 곡해할 수 있고 구설수에 오를 수가 있음에도 며느리더러 그렇게 하도록 권면한 것은, 바로 그것이 나오미의 절실한 소망을 표현하는 길이며, 그녀의 확고한 의사를 보아스에게 전달하는 가장 적절한 방편이기 때문이었다. 그리고 그것은 룻에 대한 보아스의 사랑의 고백을 실제적인 약속으로 이끌어낼 뿐 아니라, 그가 그의 사랑의 결실을 얻기 위해 무슨 일을 할 수 있을 것인지를 알아보려는 계책이기도 한 것이었다.

시어머니의 의중을 알아챈 룻이 그제서야 떨리는 목소리로 대답했다.

"예, 어머니. 어머니께서 이르신 대로 제가 다 행하겠습니다."

"오냐, 아가야. 매는 내가 천천히 갈 것이니 너는 지금 들어가 어서 준비를 하거라."

시작하기가 거북했던 고부간의 속 깊은 대화는 룻의 순종으로 그렇게 마무리되었다.

낮 동안에 데워진 대기와 늦은 오후의 서늘한 공기가 대류(對流)를 일으켜 해거름에는 어김없이 선선한 산들바람이 불었다. 일꾼들은 그 바람을 등지고 가래질을 했다. 타작마당에 쓸이 모은 알곡을 넉가래로 떠서 바람길에 드높이 던져 올리면, 도리깨에 부서진 보리껍질과 보리수염과 이지러진 보릿대 부스러기는 저만큼 날려가고, 토실토실한 알곡만 멍석 가운데로 자르르 자르르 떨어져 쌓였다. 여종들은 마당 가에서 키질로 알곡에 섞인 돌과 마른 흙 알갱이와 깜부기 같은 이물질들을 골라냈다. 또 다른 사람들은 포대(包袋)를 추스르며 금보다 값진 황금빛 알곡을 꾹꾹 눌러 담았다.

타작마당은 거기 있는 모든 사람들을 매양 즐겁고 들뜨게 하는 곳이었다. 알곡을 모아 들이는 보람으로 마음이 여유롭고 재미가 난 일꾼들이 큰 소리로 떠들고 왁자하게 웃어 소란스럽기도 했다. 먹고 마실 것도 많았다. 누구 한 사람 게으름을 부리지도 않고 각기 맡은 일을 쳐 내기에 분주했다. 점잖은 보아스도 온 얼굴에 웃음을 흘리며 여기저기 눈 가는 대로 옮겨 다니면서 잔손 일을 거들었다. 남녀 일꾼들에게 한두 마디 말을 섞기도 하고, 마무리 일에 쫓기는 이들을 격려하고 재촉하기도 했다. 노적가리 곁에 쌓은 알곡부대를 헤어 보는 순간이야말로 한 해 농사의 보람을 만끽하는 절정의 시간이었다.

보아스는 금년에도 우로(雨露)를 주시고 소출을 얻게 하신 권능의 하나님께 순간순간 감사를 드렸다.

저물기 전에 일꾼들로 일과를 마치도록 하고, 보아스는 노적가리들 사이에 보릿대 더미로 마련한 임시 거처로 들었다. 시종이 차린 음식들을 먹고 마신 그는 포만감으로 흡족하여 자리에 누웠다. 알곡을 모아 들인 기쁨도 기쁨이려니와 그보다 더한 설렘이 문득문득 그의 가슴을 두드렸다. 보리 베기를 시작하던 날 만난 룻의 자태가 줄곧 그의 눈앞에 맴돌았다. 밀 베기를 끝내고부터 룻을 볼 기회가 없었기에 그녀의 환영이 더 자주 더 선명하게 뇌리에 그려지는 것이었다. 그는 자신도 모르게 그녀와 함께 사는 행복한 가정을 상상하고는 했다. 상처한 후로 그런 상념에 빠져 보기는 한 번도 없었던 일이었다.

하지만 그로 말하자면 타인에게는 무척 관대하면서도 자신의 처신에 대하여는 예민하고 까다로운 사람이었다. 그런 그가 룻과의 관계를 거듭 숙고하는 것은 어쩌면 그다운 모습이라 할 수 있었다. 룻을 연애하면서도 제대로 속마음을 드러내지 못했으며, 곤란 중에 있는 나오미를 위해 이모저모 마음을 쓰면서도 청혼의사를 전하지도 못했다. 막연히 좋은 기회가 있으리라 생각하며 보리와 밀 수확에 매달려 차일피일 나날을 보내 오던 것이었다.

소심한 성격 탓만이 아니라 그를 망설이게 하는 실제적인 이유들도 있었다. 룻을 아내로 맞이하려면 먼저 계대결혼법이 정한 최우선 권자의 의향이 어떤지를 알아볼 필요가 있었다. 아직 그 일을 하지 못한 것은, 무엇인가가 단단히 그를 억누르고 있기 때문이었다. 그의 자격지심이었다. 엘리멜렉과 엇비슷한 나이 정도로 늙은 그가 젊디젊은 룻을 아내로 취한다는 것이 양심과 도의와 관습 등 여러 면에서 걸리지 않는 데가 없었다. 그가 자신의 실상은 생각지 않고 구만 리 청춘을 살아갈 젊은 여인에게 청혼을 한다면 그녀는 그에 대해 혐오감을 드러낼 수도 있을 것이었다. 경거망동을 하여 노인으로서 지켜야 할 품위와 명예를 잃고 싶지가 않았다. 그런 문제들은 자신의 역량과 열정으로 풀어낼 수 있는 것이 아니었다. 그러기에 보아스의 시름은 깊어질 수밖에 없었다.

그 최우선권자에 밀려 보아스 자신이 기회를 얻지 못할 수도 있는 계대결혼의 율법 문제와 아울러, 이미 육신이 늙어 버린 자신의 서글픈 처지로 인하여 보아스는 룻을 아끼고 사랑하는 것만큼 더욱 우울해질 수밖에 없었다. 그렇다고 그와 같은 장애요인들이 그의 룻에 대한 사랑의 감정을 퇴색시키거나 억누르지는 못했다.

보아스는 만사를 물리고라도 우선 나오미를 찾아보아야겠다는 생각을 했다. 그녀를 만나 집안의 후사문제를 의논하는 것은 당연한 일이며, 가능하다면 자신이 기업을 무를 책임을 지고 싶다는 식으로 청혼의사를 에둘러 비칠 수가 있을 것이었다. 때마침 햇곡식을 거두었으므로 나오미에게 양식을 나누어주러 가는 것은 일가로서의 책임과 의무를 다하는 것이라는 명분도 있었다. 그렇게 생각을 정리한 보아스는 이불 삼아 덮은 겉옷을 가슴께로 끌어올렸다. 땀 흘리며 도리깨를 휘두르지는 않았어도 고단하기는 일꾼들보다 덜하지 않았다. 보아스는 보릿대 뭉치로 만든 베개에 머리를 얹고 이내 깊은 잠에 빠져들었다.

쏜살같이 상현달을 스쳐가는 구름조각들 외에 움직이는 것이라고는 아무것도 없었다. 건너편 노적가리에 몸을 숨긴 룻마저 꼼짝도 하지 않았다. '아가야, 그 사람이 먹고 마시기를 다하기까지는 거기 있는 누구에게도 들키지 않도록 하여야 한다. 몸을 숨기고 그를 지켜보기만 하여라. 그가 누울 때에 너는 그가 눕는 곳을 보아 두었다가, 그가 깊이 잠들었다 싶거든 조심스레 그에게로 다가가거라. 그리고 그 발치의 겉옷(이불, Cover) 자락을 들고 그의 곁에 누워라'(3:3-4). 시어머니의 말씀이 산들바람에 떠는 풀잎 소리처럼 귓가에 울려왔다.

이윽고 룻이 움직였다. 그녀는 자신의 행동에 어떤 두려움도 느끼지 않았다. 그녀에게 남다른 배포가 있어서가 아니었다. 그녀를 움직이게 하는 대담한 용기는 시어머니의 빈틈없는 지시뿐만이 아니라, 그녀가 마음으로 보아스와 공유하고 있는 사랑의 교감으로부터 우러나오는 것이기도 했다. 더구나 보아스가 그녀에게 계대의 의무를 지고 있는 친족 중의 한 사람임을 알게 되었기에, 그녀는 한층 담대하게 행동을 할 수가 있었다.

그녀는 그림자처럼 움직여 한 발 한 발 보아스의 잠자리로 다가갔다. 보릿대 밟는 소리 때문인지 보아스가 한 번 몸을 뒤척여 모로 누웠다. 그를 덮은 발치의 겉옷이 반쯤 뒤로 미끄러졌다. 룻은 가만히 쓰고 온 겉옷을 벗었다. 그리고 보아스의 겉옷자락을 소리 없이 들치고 그 자리에 몸을 뉘었다. 생사를 가름할 만한 위험한 행동이었다. 그녀는 그러한 행동으로써 보아스의 청혼보다 먼저 시어미니와 자신의 구혼의사를 그에게 전하게 된 것이었다. 그렇지만 보아스의 침소에 있는 룻이 일꾼들의 눈에 띄기라도 한다면 그녀의 운명은 어떻게 될까? 젊은 과부 룻이 색욕을 이기지 못하여 보아스의 침소를 범했다는 소문이 날 것은 불을 보듯 뻔한 일이었다. 룻은 그녀의 가슴을 두드리는 격렬한 고동소리를 들었다.

그녀는 보아스의 겉옷자락 아래서 숨을 고르려 애를 써 보았다. 그럴수록 심장은 더욱 거칠게 뛸 뿐이었다. 시어머니의 남은 말씀이 떠올랐다. "그가 너의 할 일을 네게 고하리라"(3:4). 시어머니가 자신을 보아스에게로 보낸 목적 중 하나는 보아스의 지나친 소심증을 깨려는 것이기도 했다. 며느리로 하여금 보아스를 만나도록 하여 그녀가 바라는 것이 무엇인지를 분명하게 전달하기만 한다면, 보아스도 용기를 내어 적절한 대응을 하리라 생각한 것이었다.

그러나 아무리 시어머니가 보아스에 대하여 바람직한 예상을 했을지라도, 막상 외간 남자의 침소에 몰래 들어와 그의 발치에 누워 있는 룻으로서는 불안한 마음을 걷잡을 수가 없었다. 그녀의 행동에 대해 상대방은 극단적인 다른 반응을 보일 수도 있을 것이었다. 그녀의 행실이 음탕한 창기의 유혹으로 보일지, 계대혼(繼代婚)의 소원을 품은 정숙한 여인의 구혼의사로 보일지는 오직 보아스의 찰나적인 반응에 달린 일이었다. 보아스가 만일 부정적인 반응을 한다면 요조숙녀 룻은 능히 그 수치를 감당하기가 어렵게 될 것이었다.

룻은 지긋이 눈을 감았다. 살며시 떠도 보았다. 서쪽하늘 끝으로 거의 다 밀려간 상현달은 자정 시각에 질 것이었다. 달은 곧 지려는지 빠르게 서쪽으로 날아가고 있었다. 아니 날아가는 것은 달이 아니라 구름조각들이었다. 구름이 미끄러져 가는 곳은 고국 땅 모압 고원 쪽이었다. 잠시라도 고향을 생각할 때면 반사적으로 죽은 남편 말론이 떠올랐다. 그가 그곳에 잠들어 있는 것이 그녀에게는 오히려 든든하기도 하고 고향만큼이나 정겹기도 했다. 남편을 사별한 것이 더없는 한이 되고 고통이 되던 때가 있었지만 지금은 꼭 그렇지만은 않았다. 고생과 눈물로 지내던 때에 죽은 남편은 그녀의 다정한 위로자였다. 그와 함께했던 십 년 세월을 추억하는 순간만큼 진정하고 행복한 시간은 없었다. 그렇다고 지금 그녀가 남편의 근친을 찾아와 그의 발치에 누워 있는 것이 그녀의 수절(守節) 양심에 꺼리지는 않았다. 오히려 남편 말론이 그녀의 가슴 깊은 곳에 살아 있기에 다른 어떤 남자가 아니라 남편의 근족 보아스의 침소를 찾아온 것이기도 했다.

두근거리는 가슴은 좀처럼 진정되지를 않았다. 남편의 하나님, 시어머니와 자신의 하나님 여호와께서 무엇인가를 뜻하셨기에 자신을 보아스의 침소로 이끄신 것인지도 모를 일이었다. 만일 그렇다면 하나님께서 무엇을 이루시려고 자신의 가슴에 늙은 홀아비를 연모하는 마음을 심어 주신 것일까? 그녀로서는 하나님께서 행하시는 바 그 섭리의 목적을 알 수가 없었다. 지금 보아스의 겉옷 아래서 그녀가 정직하게 말할 수 있는 것은 한 가지 사실뿐이었다. 음행을 바라고 보아스의 침소를 찾아든 것은 맹세코 아니었다. 은근히 추파를 던지는 외간 남자들을 거들떠보지도 않던 그녀였다. 그녀가 이 밤에 남편의 근족을 찾아든 것은 오로지 그에게 계대의 책임을 물으려는 것뿐이었다. 그녀의 과감한 침소 침입이 과연 어떤 결말을 초래할 것인지는 하나님만 아실 일이었다. 하나님께서 행하시는 일을 시어머니께서 아신 것일까? "그가 너의 할 일을 네게 고하리라…." 시어머니의 예측을 거듭 곱씹어보는 것만이 그녀가 안정을 되찾기에 조금의 도움이 될 뿐이었다.

서쪽 방면을 가로막은 중앙산지의 능선들 너머로 상현달이 내려앉았다. 달이 지고도 구름에 부딪혀 나오는 반사광으로 아직 사위는 희끄무레했다. 그 자정 시각에 보아스가 움찔 잠을 깼다. 덮었던 겉옷이 흘러내려 한기(寒氣)를 느꼈을 것이었다. 아니 그것이 아니라 발치에서 전해지는 보드랍고 따뜻한 감촉을 느꼈기 때문이었을 것이었다. 그리고 고혹적인 향유 향에 각성되었기 때문이었을 것이었다. 그는 잠을 깨자마자 기겁을 했다. 엉겁결에 초병(哨兵)처럼 낮고도 긴장된 음성으로 "누구냐?"라고 소리쳤다. 룻은 날이 선 그 소리에 옴찔 놀랐다. 그녀는 이제나저제나 무언가 폭풍 같은 것이 불어닥칠지 몰라 마음을 조이던 참이었기에, 떨리는 음성으로나마 즉답을 조아릴 수가 있었다.

"소녀는 주인님의 여종 룻이옵니다."

보아스는 자기를 그토록 놀라게 한 장본인이 룻이라는 말에 또 한 번 놀랐다.

"주인님의 옷자락으로 소녀를 덮으시옵소서. 주인님께서는 저희의 기업을 무르실 분이시나이다."

여인의 애잔한 음성은 산들바람같이 부드럽고 그윽한 향내처럼 감미로웠다. 보아스는 가냘프게 떨리는 룻의 속삭임에 전율했다. 사랑하는 여인이 한밤에 그의 침소를 찾아온 것이었다. 그녀가 발치에 누워 그의 옷자락으로 자신을 덮으시라 청하다니! '소녀는 당신의 시녀 룻이랍니다, 당신의 옷자락으로 소녀를 덮으소서…!'

'주인님의 옷자락으로 소녀를 덮으시'란 그 말은, 룻을 처음 만나던 그 보리밭에서 그가 그녀를 축복한 말이었다. "이스라엘의 하나님 여호와께서 그의 날개 아래 보호를 받으러 온 너를 지켜 주시기를 원하노라"(2:12). 효성이 지극한 여인, 여호와를 섬기기로 작정한 그 이방인은 여호와께서 그의 강하신 날개로 보호해 주셔야 할 여인이었다. 그렇게 하나님의 보호를 받아 마땅한 그녀가 그녀의 기업을 무를 수 있는 사람을 찾아와 그의 겉옷 아래 보호받기를 원한다는 것이었다. 그것은 보아스를 향한 룻의 명백한 청혼이었다. 룻은 그 한마디 청원 외에 어떤 말로도 자신의 오해받을 행동을 설명하려 하지 않았다. 그리고 놀라운 것은 보아스 역시 그녀를 향하여 노를 터뜨리지도 책망을 쏟아내지도 않은 것이었다. 룻의 숨죽인 음성이 보아스의 귓바퀴에서 다시금 증폭되었다. '주인님의 옷자락으로 소녀를 덮으소서…' 그런 청원이야말로 하나님의 자비의 날개가 보아스의 품에서 구현될 것이라는 그녀의 믿음과 소망의 고백이나 다름없는 것이었다. 룻이 여호와의 날개 아래로 들어왔으므로 지금 보아스의 안전하고도 복스러운 겉옷에 감싸일 수가 있을 것이었다. 여호와께서 그의 은혜로우신 능력을 구속자(redeemer. 보아스를 의미)를 통하여 나타내실 것이기 때문이었다.

세상에 둘도 없이 착하고 가련하고 매력적인 여인 앞에서 보아스는 여태 그를 위축시켜 온 자신의 많은 나이를 잊어버렸다.

"내 딸아, 여호와께서 네게 복 주시기를 원하노라"(3:10).

침소를 범한 여인을 타매하기는커녕 룻의 청혼사(請婚辭)를 들은 그는 첫마디로 그녀를 축복하기부터 했다. 룻을 향하여 던진 보아스의 축복은 나오미가 처음부터 그의 심리를 정확하게 꿰뚫어 보았음을 입증하는 것이었다. 나오미는 보아스가 룻을 사랑하면서도 구혼을 하지 못하는 이유를 짐작하고 있었다.

그는 자신의 약점들에 지나치도록 과민한 사람이었다. 그를 분발시킬 묘약은 나오미 쪽의 문을 먼저 열어 보이는 것이었다. '당신께서 우리의 기업을 무르실 적임자시니, 당신의 옷깃으로 소녀를 덮으시라'는 룻의 소청은 사실상 나오미의 공격적인 청혼사였다. 그것은 보아스를 자극하고도 남음이 있었다. 그는 지금까지 자신이 구혼하기를 미뤄 오던 소극적인 태도를 부끄러워하며, 그를 소심할 수밖에 없도록 괴롭혀 온 짐이 무엇이었는지를 토로하지 않을 수 없었다. 그리고 그의 일생일대의 고백과 결심을 선언했다.

"내 딸아, 부유한 여인이든 곤궁한 여인이든 그들이 남편을 택할 적에 젊은 남자를 선호하는 것이 세상의 인심이요 대세이거늘, 너는 정녕 그렇게 하지를 않는구나."

가식 없는 찬사였다. 자신의 최대 약점인 고령이 룻에게는 아무 문제가 되지 않음을 알고 깊은 감동에 젖은 보아스만이 할 수 있는 감탄이었다. 룻이 육체적 욕망에 끌려 남자를 원했다면 시가 친척들이 살지 않는 곳에서 어렵지 않게 젊은 남자를 찾을 수 있었을 것이었다. 하지만 그녀는 욕망을 따라 젊고 힘있는 남자를 택하지 않고 시가의 근족 노인을 선택한 것이었다. 세상사를 알 만큼 아는 보아스의 눈에는, 모압 여인 룻이 말론의 아내가 된 이후로 진정한 이스라엘의 입장에서 범사를 판단하고 행하려 한 고심이 뚜렷이 보였다. 그는 그녀가 남편 말론을 극진히 사랑했다고 들었다. 남편에게서도 여호와 하나님에 대하여 배우고, 그 섬기는 법도를 익혔다고 했다. 그런데 룻은 말론이 살아 있을 때 그를 사랑한 것보다, 그가 죽은 후에 더 깊이 남편을 사랑하는 길을 선택한 것이었다.

그녀가 죽은 남편을 살아 있을 때보다 더 사랑하지 않는다면, 남편의 혈족이라는 이유로 시아버지 연세의 늙은이를 재혼 상대로 택할 이유가 없었을 것이며, 기업을 무르는 이상한 율법을 따르지 않을 수도 있었을 것이었다. 룻이 어떤 여인인지를 다시 한번 깊이 알게 된 보아스는 그녀를 얻을 수 있을지도 모른다는 자신감으로 새삼 감격하지 않을 수 없었다.

"딸아, 아무것도 두려워하지 말아라. 이 베들레헴 성읍 사람들이 네가 현숙한 여인인 줄을 다 알고 있느니라. 시어머니를 섬기는 너의 효성과, 이웃들을 대하는 온유하고 겸손한 태도와, 우리 백성으로 귀화한 너의 결단을 칭송하지 않는 사람이 없다는 말을 들었다. 잡류들이 희롱할 때에도 네 언행이 시종 단정하여 너의 부덕(婦德)을 크게 칭찬하지 않는 사람이 없더구나. 너의 그러한 행실은 이곳 모든 사람에게도 본이 될 것이다. 또 내가 너를 한 번 만나 본 후로 한결같이 너를 그리며 기뻐하게 되었으니, 내 어찌 네가 원하는 것을 다 행하지 않겠느냐?"

보아스는 룻의 사람 됨됨이를 한 마디 언사로 말하여 그녀의 존재감을 높였다. 그것은 그도 역시 공감하는 세간의 평판이었다. 룻에 대한 성읍 사람들의 공개적인 찬사와 성문에 앉은 장로들의 칭송을 듣건대, 그녀는 곧 '현숙한 여인'이었다. '현숙'이란 단지 어질고 정숙한 여인에게 쓰는 말만이 아니었다. 그것은 보다 광범하게, 신체적, 도덕적, 정신적 능력이 뛰어난 여인을 지칭하기에 합당한 말로 사용되었다(히브리인의 언어관행). 뿐만 아니라 그녀는 지혜와 재치가 있었으며, 미련하지도 경박하지도 오만하지도 않았다. 단 하나 결격 조건이 될 만한 나이의 격차를 따지지만 않는다면, 모압 여인 룻이야말로 저명한 이스라엘 남자 보아스에게 '진주구슬로 장식한 금 면류관'(잠 12:4, 31:10)이 되기에 더없이 합당한 여인이었다.

보아스는 자신을 가로막고 있는 실제적인 문제를 차분하지만 결연한 태도로 밝히고 그가 할 일이 무엇인지를 룻에게 말하기 시작했다.

"내가 그대의 남편 말론의 기업을 무를 사람이 된다는 것은 모두가 알고 있는 사실이지. 그러나 그대도 알고 있으리라마는, 그대의 시부 엘리멜렉이 그대의 남편 말론에게 남긴 기업을 무르기에 나보다 더 가까운 친족이 한 사람 있다는 것이 나를 가로막는 실제적인 난제요, 내가 넘어야 할 장애물일세. 내가 이 밤에 그대를 만나 보게 되었으니, 이제는 주저할 일이 아무것도 없게 되었네. 날이 밝는 대로 내가 성읍으로 들어가 엘리멜렉의 근족인 그 사람을 찾아보도록 하겠네. 그가 만일 엘리멜렉과 말론의 기업을 무르려 한다면 그것은 법을 따르는 것이니 어쩔 수 없겠으나, 그가 그대에 대해 기업 무를 자의 책임을 이행하지 않으리라 한다면, 여호와 하나님의 사심으로 맹세하거니와 내가 자네의 기업을 무르도록 하겠네. 지금 내 마음을 그렇게 정하였으니 그리 알아주게. 새벽이 올 때까지 여기 머물러 있다가, 먼동이 터 너무 밝아지기 전에 시어머니께로 돌아가도록 하게. 이 타작마당에 여인이 들어온 것을 누구라도 알게 되는 날에는 모든 일이 허사가 되고 말 것이니 각별히 유념토록 하게."

어느새 보아스의 룻을 대하는 언사가 달라졌다. 그는 헤아리는 것이 면밀하여 빈틈이 없었다. 할말을 다했다 하고 한밤에 그녀를 돌려보내려 하지 않았다. 밤에 아녀자 홀로 길 위에 있는 것이 누구의 눈에 띄는 것은 극히 위험한 일이었다. 신상의 위험뿐 아니라 백가지 억측을 자아낼 수도 있는 것이 아녀자들의 은밀한 밤길 행보이기 때문이었다. 또한 그가 직접 룻과 동행하거나 하인을 시켜 그녀의 집으로 바래다주는 배려야말로 피해야 할 일이었다. 그는 룻에게서 터무니없는 소문이 나서 그녀의 도덕적 평판에 흠이 생기는 것을 원하지 않았다. 타작마당은 음란한 자들이 숨어 어울리는 곳이기도 했으며, 가끔씩 흘러나오는 구설수의 발원지이기도 했다. 보아스와 룻이 야심한 밤에 타작마당에 있었다는 것은 비밀에 부칠 것이 아니라 없었던 일이어야만 했다. 그들이 불법, 부도덕한 행실을 하지 않았다 할지라도 남의 말 하기를 좋아하는 자들은 무엇이나 뒤틀고 부풀려 퍼뜨릴 것이기 때문이었다.

한밤에 두 사람은 범절과 도의가 허락하는 대로 꼭 필요한 대화의 시간을 보냈다. 보아스는 룻의 기습방문으로 고부 양인의 뜻을 명백히 알게 되었으며, 위축되었던 자신을 일깨울 수가 있었다. 그리고 그는 두 사람이 부부로 결합하기에 장애가 되는 난제를 기쁜 마음으로 떠안기로 했다. 그는 아침에 행할 일을 룻에게 말하다가도 말끝에 따라 그녀를 사모하고 상상했던 절실한 그리움을 속삭이기도 했다.

모든 것들이 잠들어 있는 어둠 속에 보아스와 룻은 맑은 정신으로 깨어 있었다. 하지만 그들의 밤 시간이 그토록 빠르게 지나가는 줄은 깨어 있으면서도 제대로 알지 못했다. 보아스는 한동안 숙면을 취했지만, 룻은 지난 날 새벽에 일어나 하룻낮 하룻밤 동안에 잠시도 눈을 붙여 볼 틈이 없었다. 그래도 그녀의 눈빛은 달이 진 밤의 어둠을 투시할 수가 있었으며 몸은 조금도 고단하지 않았다. 노인은 원숙한 경건으로, 여인은 몸에 밴 예절과 절제로 피차의 명예를 지키다가, 어둠이 엷어져 가는 이른 새벽에 룻은 자리에서 일어났다.

"주인님께서 이르시기를, 여인이 타작마당에 들어온 것을 아무도 알지 못하게 하라 하셨으니, 이제 소녀는 어머니께로 돌아갈까 하나이다. 잠시 후에는 사람들이 기동할 것입니다."

"음, 벌써 첫새벽이 되었구먼. 그리 하도록 하게. 시어머니께서 계신데, 그대가 내게 왔다가 빈손으로 돌아가서야 되겠나. 가만 있거라, 그대의 겉옷을 이리 가지고 오게."

보아스가 머리맡에 쌓아 둔 큰 보리 자루 하나를 헐고 룻의 겉옷을 펴서 보리를 여섯 번 되어 부었다. 마음 같아서는 알곡 포대 하나쯤 통째로 이어 주고도 싶지만 그것은 장골 남정이 짊어지기에도 가볍지 않은 무게였다. 그가 하필 여섯 번을 되어 담은 것은 아무리 다부진 룻이라 해도 어둠 속에서 그보다 더 많이는 성문으로 난 비탈길을 이고 오르기에 벅찰 짓이기 때문이었다.

“시어머니께 문안을 드려 주게. 우리가 말한 것도 낱낱이 아뢰어 드리고. 나는 날이 밝는 대로 그 친척을 만나 볼 것이라는 말씀도 잊지 말게나.”

“주인님, 그리 하겠습니다. 이삭은 한 줄기도 줍지를 않았는데 이처럼 많은 곡식을 주시니 받잡기 송구스럽습니다.”

“자, 어서 나서게. 돌부리에 채일라 발길 조심하고. 그대가 집에 당도할 때쯤엔 나도 여길 떠날 것이네. 그 친척만이 아니라 장로들도 만나야 할 것일세.”

“예, 오늘 뜻하신 일이 잘 되기를 원합니다.”

룻은 보리 보퉁이를 인 채 무거운 고개를 돌려 바깥 사정을 둘러보았다. 달이 져서 컴컴했지만 어둠이 걷히기 시작한 첫새벽이었다. 그래도 사람이 바짝 다가서지 않으면 아직은 서로를 알아볼 수가 없을 것이었다. 뒷등을 지켜보고 있을 보아스를 의식하며 룻은 종종걸음으로 타작마당을 벗어났다. 그녀에게 그 새벽처럼 마음이 벅차오른 적은 일찍이 없었다. 꽤 무거운 보리 짐을 이고서도 그만큼 걸음이 가벼웠던 때도 없었다.

“어머니, 다녀왔습니다.”

밤을 하얗게 새우기로는 나오미도 마찬가지였다. 그녀는 뭔가 보통이를 이고 들어오는 며느리를 급히 맞아들이며 숨가쁘게 물었다.

"아이구 내 딸아, 이제야 오느냐? 이것은 웬 짐이냐?"

나오미가 보리를 싼 묵직한 겉옷 보퉁이를 받아 내리고는 며느리의 손을 끌어 식탁에 마주 앉혔다.

"그래, 아가, 일이 어떻게 되었느냐? 그가 네게 무슨 말을 했느냐?"

룻은 타작마당에 숨어 들던 때로부터 보아스의 침소를 나오기까지 있었던 일들을 하나도 빠뜨리지 않고 시어머니께 아뢰었다. 특별히 강조한 대목은 보아스가 이 아침에 그 친척과 장로들을 만나기 위해 성내로 들어오리라 했다는 것이었다.

"…어머니 앞에 저의 미천한 소견을 아뢰옵니다. 어머니께서 저로 그분의 침소에서 어떻게 행할지를 가르쳐 주셨고, 제가 어머니의 지혜를 그대로 따랐기에 그 어른께서 자신감을 가지고 기뻐하면서 저를 선대하셨으며, 그 친척 되시는 이를 만나 담판을 지을 결심까지 하시게 된 것이라는 생각이 들었습니다. 그분과 대화를 하는 동안에 순간순간 저는 어머니의 혜안과 강단에 탄복하고는 했습니다. 그리고 그분께서 저를 보내시면서 시어머니께 문안을 드려라, 빈손으로 가지 말라시고는, 제가 이고 갈 수 있을 만큼 많이 저 보리를 덜어 주셨습니다."

"오냐, 그랬더냐? 지금까지는 일이 잘되었는가 싶구나. 보아스는 늘 우리를 선대하는 사람이지만, 그가 그 친척을 만나 보는 일이 남았으니 우리의 소망이 온전히 이루어진 것은 아직 아니지 않으냐? 너와 내가 바라는 대로 일이 잘될 수도 있거니와 그렇지 못할 수도 있을 것이니, 좌우지간 우리가 지레 판단할 것은 아닌 것 같다. 너무 조바심을 내지 말고 가만히 앉아 일의 귀추를 지켜보자꾸나. 내가 믿기로 보아스 그 사람은 우리의 뜻대로 일을 이루기 위해 백방으로 많은 수고할 것이다. 그렇기는 해도 아가야, 이 일은 필경 여호와 하나님께서 정하신 뜻대로 행하실 것이니, 하나님께서 그의 뜻을 이루시도록 우리가 진중하게 기도드려야 하리라."

6. 다윗의 증조모

——————— 베들레헴 성읍을 드나드는 사람과 물자를 통제하는 유일한 관문은 성문이었다. 주민들이 농사일을 위해 들로 나가거나 외지로 출타하는 경우에는 반드시 하나뿐인 성문을 통과해야 했으며, 그것은 성내로 들어오는 사람도 마찬가지였다. 성문에서 장로와 유사들이 성읍의 크고 작은 일들을 논의하고 결정했으며, 주민들이 제기한 민 형사 재판, 선전포고와 전략수립 등 전쟁에 관한 일, 크고 작은 장사와 다양한 계약과 물물교환 등이 모두 거기에서 이루어졌다. 성문에서 거론되고 결정된 일은 공개적이기 때문에 무슨 일이든지 공적인 효력을 갖게 되었다.

사사시대의 성문들은 대개 성문 곁 땅바닥에 줄지어 놓은 돌 걸상과, 주민들이 모이는 너른 시장 마당과, 장로와 유사들이 회의실로 사용하는 성벽 위 두서너 칸의 방으로 되어 있었다. 특별한 사안을 논의할 때가 아니라면 대개의 일상사는 장로들이 성벽 아래 있는 돌 걸상에 앉아 판결을 하거나 주민 상담을 했다.

보아스는 동이 트기 전에 성문에 이르렀다. 그는 장로가 아니지만 연세와 덕망과 재력이 있는 베들레헴의 유력자였다. 그가 그처럼 이른 시간에 성문에 나와 앉은 것은 룻에게 말한 대로 그 익명의 친척을 만나기 위해서였다. 밭이나 타작마당으로 내려간다면 반드시 거칠 수밖에 없는 성문에서 그 사람을 붙들리라는 생각이었다. 엘리멜렉의 기업 무르기에 대한 권리행사와 의무이행에 관한 그의 의향은 룻과 자신의 삶의 향방을 가름할 것이기에 보아스에게는 세상 그 무엇보다 중요한 일이었다. 그런 만큼 그의 의사 표시는 장로들을 비롯하여 성읍 백성들의 입회 중에 공식화되어야 했으며, 그러한 절차를 행하기에 성문보다 더 마땅한 장소는 어디에도 없었다.

보아스가 성문에 앉고 오래지 않아 그 익명의 집안 사람이 성문마당에 모습을 드러내었다. 그는 보아스보다 나이는 대여섯 살 아래지만 아저씨뻘이 되는 사람이었다(양자관계는 저자의 임의 설정).

'어허이, 저 아저씨께서 금세 나타나시는구먼. 길조일세.'

혼잣말로 기뻐하다가 가까이 다가오는 그를 불렀다.

"아, 거기 아저씨가 아니신가요? 이리도 일찍 밭에 나가시는군요."

"족하(足下)님이시구려. 족하님이야말로 이 시간에 거긴 웬일로?"

"잠시 이리로 오십시오. 내가 아저씨께 알려 드릴 말씀이 있어 기다렸답니다."

영문을 모르고 부름을 받은 익명의 친척이 보아스가 있는 성벽

쪽으로 방향을 바꾸어 다가왔다. 수인사를 나눈 보아스는 그를 예대(禮待)하며 자리를 권하는 한편 사환을 시켜 장로 열 분을 모셔 오도록 했다. 뭔가 심상치 않은 일이라도 있는가 하여 그 아저씨 되는 사람이 보아스를 돌아보며 물었다.

"족하님이 이른 아침에 나를 불러 앉히고 장로들까지 청하시니 무슨 일이 있으시오? 내게 흉한 일이라도 있어 그러오?"

"원, 당찮은 말씀을. 내가 아저씨께 알려 드리려는 것은, 우리 집안은 물론이요 아저씨께는 복이 될지도 모를 일이랍니다. 그것이 집안의 대사요, 조상님들께서 전하신 법을 따라 정할 일인지라, 내가 서둘러 장로님들을 나오시도록 청한 것이오이다. 잠시만 기다리시면 장로님들이 모인 자리에서 자세한 말씀을 드리도록 합지요."

보아스가 장로 열 사람을 청한 것은 그 수가 의사결정의 정족수가 될 뿐 아니라, 자신이 제기하려는 집안의 기업 무르기에 증인으로 세우기 위해서였다. 천천히 걷는 장로들이 보아스의 청이라 하므로 서둘러 하나둘 모여들었다. 회합 소식을 들은 주민들도 들로 나가다 말고 성문 마당에 멈추어 섰다. 보아스가 일어나 장로들과 그의 아저씨 앞에 나오미의 근황을 소개하고, 지금 그녀가 하려는 일이 무엇인지를 공개했다.

"성읍의 어른 되시는 장로님들과 내 아저씨께서도 익히 아시는 바이오. 10년 전에 우리 형제 엘리멜렉이 솔거(率去)하여 모압 땅으로 이주를 했다가, 안타깝게도 삼부자가 그곳에서 세상을 떠나고 말았소. 그토록 참담한 일을 당하여 비탄 중에 있던 우리 자매 나오미가 하나님의 은혜 중에 큰며느리와 함께 귀향한 최근의 일을 우리 가운데 모르는 사람이 없을 것이오. 여러분께서 아시다시피 나오미가 비록 집으로 돌아오기는 했으나 지난 해에 파종은커녕 기경(起耕)도 하지 못하여 이번 수확철에 모맥(牟麥, 밀과 보리) 중 낱알 한 톨을 얻지 못하였소. 남편이 남긴 땅이 적지 않음에도 나오미는 모압인 며느리가 주워 오는 이삭 낱알로 오늘까지 연명하는 곤궁한 처지가 되고 말았소. 식구 중에 한 사람의 남자가 없도록 가세가 기울어, 나오미가 더는 버티지 못하고 엘리멜렉이 남긴 땅을 팔려고 내놓기에 이르게 되었소."

막 해가 뜨려고 강 건너 느보산 봉우리 이면이 발갛게 물들어 있었다. 저자 마당에서 걸음을 멈춘 성읍 주민들이 보아스의 모두진술(冒頭陳述)에 귀를 기울였다. 그는 연설을 계속했다.

"우리 선조의 전하신 율법에 이르기를, 토지는 영영히 팔 물건이 아니니 그것이 여호와의 것이기 때문이라 하였고(레 25:23), 어쩌다 형제가 가난하여 그 기업의 일부를 팔았으면 그의 근족이 동족의 판 것을 무를 것이라 하였소(레 25:25). 우리 집안의 책임 있는 사람 중에 하나인 내가 나오미의 사정을 먼저 알게 되었으므로, 이를 지체 없이 성읍의 장로님들과 유사 어른들과 성내 주민 여러분들 앞에 고하는 바이오. 우리의 전래 율법과 전통을 따르면, 재력이 있다 하여 아무나 타인의 기업을 살 수 있는 것이 아니오. 여러분들께서 익히 아시는 바, 땅을 사기에 최우선 권리를 가진 사람은 그 땅을 파는 사람과 제일 가까운 근족이오. 그리고 엘리멜렉과 가장 가까운 근족이라면 여기 좌정하신 내 아저씨 한 분뿐이시오. 나는 지금 여러분께서 듣고 보시는 중에 내 아저씨께 이 일을 고하며, 또한 아저씨께서 나오미가 내놓은 엘리멜렉의 땅을 사실 것을 권하는 바이오."

모두가 숨을 죽여 성문 광장은 물을 뿌린 듯이 고요했다. 주민들의 침묵 중에 여기저기서 날숨같이 긴 탄식들이 새어 나왔다. 나오미의 곤궁한 사정을 모르는 사람이 없고, 이스라엘의 토지법을 알지 못하는 사람도 없었다. 엘리멜렉의 패가(敗家)와 미망인의 기업 방매(放賣)를 질책하기보다 모여든 사람들은 그녀의 곤궁한 처지를 안타까워했다. 한 집안의 몰락이 남의 일로만 여겨지지 않기 때문이었다. 엘리멜렉의 땅을 매입할 우선권자가 누구라고 보아스가 거명을 하고, 공개적으로 그 기업을 인수하라 권유를 하는데도 익명의 친척은 한동안이나 가타부타 말이 없었다. 형제의 불행을 축재의 기회로 삼다니, 반길 일이 아니라 생각하는지도 모를 일이었다. 다시금 보아스가 입을 열었다.

"나는 증인 여러분 앞에서 거듭 내 아저씨께 말씀을 드리오. 아저씨께서 엘리멜렉의 토지를 사실 의향이 있으시다면, 그 뜻을 여기 많은 증인들 앞에서 말씀해 주십시오. 그것은 우리 법이 명시한 아저씨의 권한이며 의무이며 책임이오. 그러나 아저씨께서 주어진 권리를 행하지 않으실 작정이시라면, 그 또한 증인들 앞에서 그 땅을 사지 않으시겠노라고 분명히 밝혀 주십시오. 그 역시 율법이 정한 우선권자인 아저씨의 권리이며, 자신의 권리를 포기할 자유이기도 한 것이오. 한데, 아저씨 다음으로 그 권리를 가지고 책임을 져야 할 사람은 이 사람이오. 엘리멜렉의 기업이 우리 가문에 남아 있어야 한다는 것은 아저씨와 내가 같은 마음일 것이오. 그래서 말씀인데, 만일 아저씨께서 자신의 권리를 포기하신다면 그때는 이 사람이 나에게 위임된 권리와 책임으로 엘리멜렉의 기업을 사고자 하는 바이오."

보아스의 사건진술이 율법 상식에 어긋남이 없는 데다 언사가 조리 있고 차분하여 듣는 사람들이 모두 귀를 기울이되 누구 하나 문제를 지적하지 않았다. 장로들과 유사들의 시선이 보아스가 응시하는 그 근친에게로 쏠렸다. 사라, 말라 훈수를 두는 사람이 없었다. 광장에 모인 거민들까지 떠오르는 아침 해처럼 쏘는 눈길로 그를 응시하며 대답을 기다리느라 침묵했다. 이윽고 그 근족이 입을 열었다.

"과연 엘리멜렉과 가장 가까운 혈육은 나올시다. 내가 그의 기업을 무르도록 하리다."

사람들의 시선을 의식한 보아스의 아저씨는 자신의 권리행사보다 져야 할 책임을 지겠다는 듯 대답하는 태도가 일견 신중해 보였다. 그러나 그가 수락 의사를 밝힌 것은 혈족의 의리 때문이라고만은 할 수가 없었다. 모든 경우가 반드시 그런 것은 아니지만, 형제의 기업을 무르려면 그의 미망인과 계대결혼을 해야 한다는 것쯤은 누구나 알고 있었다. 보아스의 아저씨는 죽은 엘리멜렉의 기업을 매입하는 조건으로 그의 미망인과 계대결혼을 할 경우 자신의 재산 손익이 어떻게 변할지를 번개처럼 셈해 본 것이었다.

엘리멜렉의 땅을 사고 그의 아내 나오미와 수혼을 한다 해도, 그녀라면 이미 수태능력을 상실했으니 죽은 자의 후사를 보지 못할 것이라는 기막힌 이점이 있었다. 나오미가 아들을 낳지 못하는 이상 엘리멜렉에게서 산 기업을 아무에게도 되돌려주지 않아도 되는 것이었다. 그것은 좀처럼 얻기 어려운 횡재수였다.

엘리멜렉의 기업을 인수하리라는 근족 아저씨의 대답이 나오자 보아스는 아연 긴장하지 않을 수 없었다. 그것은 매도인 나오미와 매수인 아저씨 간에 단지 땅을 사고 파는 것으로 끝날 일이 아니었다. 나오미가 내놓은 기업을 인수한다는 것은 엘리멜렉 집의 여인을 취하여 그 집의 자손을 이어 주어야만 한다는 결정적인 문제가 따르는 것이었다. 그러므로 보아스의 아저씨는 두 세대의 여인들, 곧 나오미가 아니면 그녀의 자부 룻과 결혼을 해야 하는데, 그는 나오미와의 결혼을 생각하고 있을지도 모를 일이었다. 엘리멜렉의 유족 중에 후손을 생산할 수 있는 여인이 없다면 몰라도, 그 집의 며느리 룻이라는 가임 여인이 있음에도 수태 불능의 나오미와의 결혼을 염두에 두고 엘리멜렉의 유업을 사겠다고 말한 것이라면 그것은 계대결혼의 취지를 크게 훼손하는 일이 될 것이었다.

보아스의 초미의 관심은 땅의 소유권을 취득하는 데 있는 것이 아니라 젊은 미망인 룻의 향방에 있었다. 처음부터 근족 아저씨가 엘리멜렉의 토지를 무를 가능성은 가부간 절반이었다. 그런 만큼 보아스가 계대결혼으로 룻을 아내로 맞이할 확률도 절반밖에 되지 않았다. 보아스가 새벽같이 집안의 기업 무르기 문제를 들고나온 의도는, 근족으로 하여금 엘리멜렉의 기업을 무르도록 설득하려는 것이 아니라, 오히려 그의 권리를 포기하도록 하려는 데 있었다. 그런데 근족 아저씨가 그 기업을 사겠다는 의사를 공언한 것이었다. 일이 꼬여 드는 조짐이 좋지 않았다. 그가 만일 엘리멜렉의 기업을 살 것을 장로들과 유사들과 여러 주민들 앞에 서약한다면 보아스의 절실한 소망은 물거품이 되고 말 것이었다. 그동안 마음을 주었고, 남몰래 연모의 정을 쌓아 왔으며, 지난 새벽까지 함께 있으면서 사랑으로 속삭여 그려 본 꿈이 자신과 룻 사이에 허사로 끝나고 말게 될 것이었다.

장로들과 성읍 주민들은 그 근족에게서 엘리멜렉의 유업을 무르겠다는 대답을 듣자 안도하는 빛을 보였다. 그렇지만 보아스는 아직 포기할 생각이 없었다. 죽은 형제의 기업을 무르기가 농기구를 빌려 쓰다가 돌려주는 일이 아닌 데다가, 그와 룻에게는 여생의 행복이 걸린 중대사이기 때문에 근족 아저씨의 한마디 대답이 떨어진 것으로 흐지부지 논의를 완결시킬 수가 없었다. 어쩌면 아저씨가 엘리멜렉의 기업 무르기를 제대로 파악하지 못한 채 급한 마음으로 대답했을 수도 있는 일이었다.

그는 아저씨에게 지금까지 구체적으로 말하지 않았던 망자(亡子)의 기업 무르기의 실상이 무엇을 뜻하는지를 상기시키려고 다시 입을 열었다.

“내 아저씨께서 집안의 대사에 자신을 희생하시겠다는 어려운 결단을 내려 주셨소. 아저씨께서 지금 나오미의 손에서 엘리멜렉의 밭을 사리라 하셨으니, 그것은 곧 엘리멜렉의 아내 나오미와의 수혼을 겸해야 함을 뜻하는 것이오. 율법에 이르기를, 형제의 기업을 무르는 친족은 죽은 자의 기업과 함께 그가 남긴 미망인을 취하여 그 집의 후사가 끊어지지 않도록 해야 하며, 미망인에게서 새로 낳은 아들이 자라 성년이 되면 인수한 형제의 기업을 그 아들에게 되돌려 주어야 한다고 하였소. 그러므로 아저씨께서는 죽은 엘리멜렉의 밭을 사시고, 또 그의 아내 나오미를 아내로 취하여 아들을 낳으셔야만 진실로 기업 무르기의 책임을 다한 것이라 할 것이오.

그러나 엘리멜렉의 기업을 무른다 하여 그의 미망인 나오미를 수혼 아내로 취하는 것은 논의의 소지가 있는 문제요. 여러분께서 아시다시피 엘리멜렉의 기업은 이미 그의 아들들에게 유증(遺贈)되어 말론과 기룐의 기업이 되었기 때문이오. 또 설혹 나오미를 수혼 아내로 취한다 하더라도 나오미는 이미 늙어 자식을 생산할 수 없게 되어 있소. 자식을 볼 수 없는 수혼 아내와 계대결혼을 하는 것은 아무 의미가 없을뿐더러, 기업은 죽은 아들에게서 취하고 혼인은 망인(亡人)의 모친과 한다는 것은 율법에도 없는 일이거니와 인륜도덕에도 맞지 않는 일이라 할 것이오. 지금 여기서 우리가 살펴야 할 것은 엘리멜렉의 아들들의 문제요. 우리 모두가 아는 것처럼, 안타깝게도 엘리멜렉의 아들들조차 후사를 남기지 못한 채 모두 세상을 떠나 큰며느리 룻만 우리에게 있소. 그런 만큼 아저씨께서는 엘리멜렉의 처 나오미가 아니라 말론의 처 룻을 아내로 맞아 말론의 후사를 이어 주셔야 하는 것이오. 그렇게 해야만 지금 아저씨께서 사시겠다는 엘리멜렉의 유업, 곧 말론의 기업이 그의 이름으로 남아 그의 후손에게로 전해지게 될 것이오."

보아스의 이어진 설명은 익명의 친척의 허를 찌른 셈이었다. 사실 그는 재산이 보아스처럼 월등하게 많은 사람이 아니었다. 자신의 능력으로 엘리멜렉의 땅을 매입해야 하는 부담도 부담이려니와, 자식을 생산할 수 없는 나오미가 아니라 그녀의 젊은 며느리 룻을 아내로 맞이했다가 두 사람 사이에 하나 이상의 아들들이 난다면 그의 경제적 부담은 급속히 가중될 것이었다. 지금 함께 살고 있는 본처와 그 자식들 외에, 새 아내 룻에게 묻어온 시어머니를 봉양하며, 몇이나 날지 모를 아이들을 양육해야 함은 물론, 그 먼저 난 아들이 성인식을 치른 후에는 인수한 기업을 되돌려주고 그와 그의 어미를 함께 내보내야 할 것이었다. 그뿐만이 아니었다. 룻과 자식들이 분가함으로써 말론의 기업이 그들에게로 돌아가는 것은 당연할 뿐 아니라, 부양비를 크게 지출해 온 후에 그것을 만회할 노동력을 일거에 상실하게 된다면 경제적 손실이 적잖이 초래될 것은 뻔한 일이었다. 그리고 그에게 치명적으로 불리한 것은, 룻에게서 난 아들들 역시 그 근족이 낳은 친자식이기도 하므로, 그들까지 포함한 모든 자식들이 그의 원래 재산을 유산의 분깃으로 나누어 가지게 된다는 것이었다.

그는 자기의 고유 재산이 본처 자식들과 수혼 처 자식들의 유산으로 세분된다는 사실을 용납할 수가 없었다. 보아스의 구체적인 수혼법 설명을 들은 근족 아저씨는 그제서야 번쩍 정신이 드는 모양이었다. 그가 던진 수락 의사는 두려움을 느끼리만큼 경솔한 것이었다. 그가 나오미와 룻의 손에서 그들의 기업을 샀다가는 필시 막대한 재산상의 손해를 입게 될 것이며, 자식들도 유산을 토막토막 쪼개어 나가 가난을 면치 못할 것이 뻔해 보였다. 그는 경황이 없어 떨리는 음성으로 소리쳤다.

"여보, 족하님! 내가 룻과 결혼을 하는 것이 조건이라면, 내가 엘리멜렉과 말론의 기업을 무르고 그 유족들을 부양하기가 어렵겠소. 지금 나의 수락을 철회하는 바이오! 철회요!"

익명의 친척은 황급히 말을 바꾸었다. 그는 표나게 턱수염을 떨었다. 그가 엘리멜렉의 기업 무르기를 포기하는 이유가 반드시 재산상의 손실에만 있는 것도 아니었다. 그는 처음부터 이번 일에 개입하고 싶지 않다는 꺼림칙한 느낌이 있어 내심 흔들리는 마음을 걷잡지 못하고 있던 터였다. 엘리멜렉의 죽음과 말론과 기룐의 때이른 죽음으로 보아, 그들의 기업을 물렀다가 자칫 자신의 운명까지도 뒤집힐지 모른다는 괴이한 두려움이 그의 가슴을 옥죄었던 것이다. 어떻게 삼부자가 십 년 어간에, 그것도 아들형제는 그토록 젊은 나이로 거의 동시에 객지 죽음을 할 수가 있단 말인가? 그들이 병들어 죽었다면 그 병명이 알려졌을 것이고, 사고로 죽었다면 불가피했던 그 사고의 후일담도 떠돌았을 것이었다. 성읍 여인들의 끈질긴 물음에도 나오미 집 남자들의 죽음에 대해 들은 사람은 아무도 없었다. 그들 삼부자의 죽음에 어떤 비밀이 있을지도 모를 일이었다. 엘리멜렉이 이방 땅으로 나가 채 자리를 잡기도 전에 죽은 것은, 언약의 땅을 버리고 나간 자에게 내리신 하나님의 징벌이 아니었을까?

또한 말론과 기룐이 객지에서 요절한 것은, 그들의 이방결혼에 대한 하나님의 진노의 결과가 아니었을까? 엘리멜렉의 토지를 탐하여 룻이라는 모압 여인을 수혼 처로 들였다가, 그 역시 그들의 뒤를 따르게 될지도 모른다는 야릇한 두려움이 없지 않았다. 익명의 근친은 자기에게 미칠 물질적 손실 외에도 근거 없는 미신의 공포에 질려 그의 결심을 번복하지 않을 수가 없었다. **〈28〉 엘리멜렉과 아들들의 죽음**

그는 번복 선언만으로는 안심하지 못하여 자신이 그럴 수밖에 없는 이유를 설명하려고 다시 자리에서 일어섰다.

"내가 나오미와 룻을 부양하며 룻으로 자식들을 생산한다면 나의 부양 가족은 크게 불어나게 될 것이오. 또 말론의 후사가 되어야 할 내 아들을 양육한 후에는 내가 산 말론의 기업을 되돌려주고 엘리멜렉의 유족들을 그들의 본 기업으로 돌려보내야 할 것이오. 그러자면 반드시 나의 원 재산까지 크게 축나게 될 것이라 큰 손해를 입게 될 것이오. 여기 있는 내 집안 족하님과 많은 증인들 앞에서 다시 말하거니와, 나로서는 그토록 결정적인 희생을 감당하기가 어려우니 엘리멜렉이 남긴 말론의 기업을 무르지 못하겠다는 말씀이오. 그러니 나보다 가세가 월등히 여유로운 족하님이 내 권리와 책임을 떠맡아 주기를 바라오. 나의 이 말이 진실되고 다시는 번복이 없을 것임을 이 자리에 모이신 장로님들과 유사님들과 성읍거민들 앞에서 내 신을 벗어 서약하고자 하는 바이오." **〈29〉 신의 상징**

죽은 형제와 가장 가까운 근족이라 하여 반드시 고인의 미망인을 아내로 맞이해야 한다는 법은 없었다. 그 근족이 자신의 개인적인 이유로 미망인을 싫어한다면 그녀를 수혼 아내로 맞이해야 할 책임과 의무를 기피할 자유가 법으로 보장되어 있었다(신 25:8). 예컨대 미망인의 행실이나 인품이나 성적 매력 같은 주관적인 판단이 기피의 이유가 될 수도 있었다. 그러나 그가 수혼 거부권을 행사할 경우에는, 수혼을 거부당한 그 미망인이 장로들의 보는 자리에서 그에게 다가가 그의 발에서 신을 벗기고 얼굴에 침을 뱉어 공개적으로 그를 모욕하고, 벗긴 신은 그가 수혼 불이행자라는 증거물로 삼도록 했다(신 25:9). 그리고 사람들은, 이스라엘에 죽은 형제의 이름을 전하기를 거절한 그 책임 기피자와 가족을 '신을 벗기인 자의 집안'(the family of the unsandaled, the family of the man who had his sandal pulled off)이라 불러 히브리인 백성 공동체에서 두고두고 모욕을 당하도록 했다. 자신이 번복한 말에 인을 치듯 스스로 신을 벗어 줌으로써, 보아스의 아저씨는 어떤 모욕을 당하더라도 자신의 재산을 지킬 뿐 아니라 모름지기 비명횡사나 다름없는 말론과 기룐의 운명으로부터도 벗어날 심산이었다. **〈30〉 수혼 거부의 결과**

보아스는 집안 아저씨의 말끝에 터질 것처럼 가슴이 벅차올랐다. 솟구치는 기쁨을 억누르느라 성벽을 바라보며 한참 동안 아무 말도 할 수가 없었다. 어젯밤 타작마당의 침소를 찾아온 룻의 사랑스러운 모습이 떠올랐다. 보리밭 밀밭에서 부지런히 이삭을 줍는 그녀를 먼발치로 지켜보던 지난 날들이 꿈결처럼 뇌리를 스쳐갔다. 수혼의 최우선권을 가진 일가 아저씨의 존재를 뻔히 알면서도 룻을 아내로 취하고 싶다는 욕망을 버릴 수가 없었다. 하나님께서 손을 들어주시지 않는 한 자신이 룻을 아내로 맞을 기회를 얻지 못할 수도 있음을 모르지 않았다. 상대편의 재산손실에 대한 부담에 승부수를 건 그의 전략이 맞아떨어지기는 했지만, 절반의 승률로 룻을 취하려 했던 그의 시도는 매우 사행성 높은 도박이나 다를 것이 없었다. 아저씨가 엘리멜렉의 기업을 무르겠다 하여 기회를 놓치고도 기사회생하게 된 것은, 그야말로 하나님께서 도우신 천우신조(天佑神助)의 기적이었다.

결과적으로 소망을 이루게 된 보아스는 온몸을 스쳐가는 전율을 느꼈다. 그것은 룻이 타작마당의 침소를 찾아와 자신의 겉옷 아래서 속삭이던 그 청혼사를 듣던 때의 감격과도 같은 것이있다.

그는 기쁨이 넘칠 때일수록 진중해야 함을 알고 있기에 승자의 품위유지에 마음을 썼다. 그가 주춤거리는 사이에 수혼 언약이 일단락된 것으로 본 수장로(首長老)가 일어서서 입을 열었다.

“형제자매들이여, 나오미의 일을 선히 주관하셔서 합당한 결말을 주신 우리 하나님 여호와께 감사와 찬양을 드립시다.”

“여호와 하나님께 감사를 드리나이다!”

“주 하나님을 찬양하나이다!”

마당에 선 성읍주민들이 익숙한 언사로 화답했다. 송사사건을 판결한 것은 아니지만, 수장로는 보아스와 그 익명 근친의 의사 교환을 지켜본 증인의 대표자로서, 엘리멜렉과 말론의 기업을 무를 자가 누구인지를 주민들 앞에서 공식적으로 선포할 셈이었다. 그는 먼저 두 사람의 의견이 법대로 개진되었음을 입증하려고 수혼법의 취지를 말했다.

“율법에 이르기를, 한 형제가 죽은 형제의 아내 취하기를 원하지 않는다면, 그 미망인은 성문에 있는 장로들을 찾아가 내 죽은 남편의 형제가 남편의 이름을 이스라엘 중에 잇기를 싫어하여 나에게 그의 의무를 행하지 아니한다고 호소하라 하였소. 장로들은 의무 이행을 거절한 형제를 불러 사실 여부를 묻되 그가 말하기를 내가 형제의 미망인 취하기를 기뻐하지 아니한다고 하면, 미망인이 장로들 앞에서 책임을 기피하는 그 형제의 신을 벗기고 얼굴에 침을 뱉어 모욕을 주라 하였소(신 25:5-10).

이에 나는 성읍의 장로들과 유사들과 증인들 앞에서 말하는 바이오. 지금 여기 엘리멜렉의 근친 형제가 엘리멜렉의 유업 곧 말론의 기업 무르기를 원하지 않아 그의 권리를 보아스에게 양보하며 자신이 져야 할 책임 일체를 전가한다 하였으니, 이는 바람직하지 않은 일이나 율법이 그의 기피권을 인정한 바이기에 문제될 것이 없다 할 것이오. 그런즉 보아스는 엘리멜렉이 유증한 말론과 기룐의 토지를 모두 사고 말론의 처 룻을 자신의 아내로 맞이하여야 할 것이오. 보아스는 룻에게서 아들을 낳아 엘리멜렉과 말론의 이름을 이스라엘 중에서 끊어지지 않도록 할 것이며, 홀로 계신 룻의 시모 나오미를 죽을 때까지 공궤(供饋)하도록 하시오. 그리고 내가 이곳을 살펴본즉 나오미와 룻이 보이지를 않고 그들의 대리인도 보내지 않았으니 아무도 룻을 대신하여 저 근친 형제의 얼굴에 침을 뱉지는 말 것이오. 또한 저 형제의 신은 보아스 형제가 받아 오늘 일의 증표로 삼도록 하시오."

성문 마당에 선 주민들이 일시에 '와!' 하는 낮고 선명한 탄성을 터뜨렸다. 장로의 선언이 옳으며 자기들도 동감이라는 뜻이었다. 보아스도 하마터면 두 팔을 쳐들어 다소 경망스런 환호성을 지를 뻔했다. 당시에 수혼 거부자에게 침을 뱉고 신을 벗기는 관습은 어쩐 일인지 꽤나 완화되어 있었다. 보아스는 침통한 표정을 하고 있는 아저씨의 손을 잡아 위로하고 수염뿌리가 발갛도록 상기된 얼굴로 장로들 앞에 감사를 표했다. 그리고 돌 걸상 위로 올라가 광장을 메운 성읍 사람들에게 인사말을 했다.

"장로님들과 유사 어른들과 성읍의 내 형제자매 여러분, 여러분은 오늘 이 일 곧 엘리멜렉과 말론의 기업을 무르는 우리 집안 대사에 증인들이오. 증인 되신 여러분 앞에서 언약하거니와, 나는 엘리멜렉이 가지고 있던 모든 재산 곧 그의 아들 말론과 기룐이 유산으로 남긴 모든 것을 그들의 모친 나오미의 손에서 사기로 작정하며, 이를 어김없이 실행할 것을 여러분 앞에서 서약하는 바이오. 아울러 나는 말론의 처 룻을 나의 아내로 맞아들여 그녀의 전 남편 말론의 유산이 그의 이름으로 자손 대대에 전해질 수 있도록 할 것이오. 그리고 고인의 이름이 우리 성읍에서 잊혀지지 않게 하며 우리 일가친척의 자손들 사이에서 끊어지지 않도록 할 것을 여러분 앞에서 약속하는 바이오. 지금 내가 말하는 이 모든 일에 여러분이 증인이 되어 주시기를 바라며 아울러 감사를 드리오."

보아스는 그의 인사말이 점차 격앙되어 가는 줄을 알지 못했다. 그에게 있어서 엘리멜렉의 재산을 인수하는 것은 그다지 부담되는 일이 아니었다. 기업을 무르는 일은 원상 환원을 조건으로 삼는 것이었다. 그러므로 기업을 반환할 때는 맡았던 형제에게 재산상의 손해나 심정적 상실감이 있기 마련이었다. 재산을 늘린다기보다 무자한 형제의 후사를 위해 자신을 희생한다는 가족의 의리와 형제의 우애가 없이는 죽은 이의 유산을 맡아 주기가 쉽지 않은 일이었다. 그래도 대지주인 보아스에게는 말론의 유산 무르기가 크게 짐이 될 일은 아니었다.

그는 룻 앞에서 소심하기만 했던 전날의 자신을 씻은듯이 잊어버렸다. 지금 나오미의 손에서 토지를 사고 말론의 미망인 룻을 아내로 맞이할 수 있게 된 것은 재판만큼이나 까다로운 율법과 전통관습을 따라서 이룬 성과였다. 그리고 그것은 장로들과 성읍주민들의 입회 아래 공개적으로 성사된 일이었다. 그의 가슴은 지난밤 나오미와 룻에 의해 고무된 남자다운 용기로 충만했다. 고조된 감정에 소망을 이루었다는 자부심도 넘쳤다. 그렇게 상기된 보아스는 말론의 미망인을 자신의 아내로 맞이함으로써 고인의 이름이 베들레헴과 일가의 자손들 중에 끊어지지 않도록 하리라는 계대혼의 이상(理想)을 토로한 것이었다. 그가 선언한 서약에 대해 장로들과 백성들로 증인이 되어 주기를 청할 때, 그들은 입을 모아 보아스와 룻에 대한 축복으로 화답했다.

"우리가 당신의 증인입니다."

"여호와께서 당신의 집으로 들어가는 그 여인에게 복을 주시기를 축원합니다."

"우리 하나님께서 그 여인 룻을, 이스라엘 나라를 일으킨 두 부인 라헬과 레아와 같게 해 주시기를 빕니다."

"주께서 룻으로 하여금 당신에게 후사를 낳게 해 주시기를 원합니다. 당신의 자손을 다말이 우리 조상 유다에게 낳아 준 베레스의 자손과 같게 하시기를 원합니다." **〈31〉 라헬, 레아, 베레스의 자손들**

"여호와 하나님께서 보아스 당신을 에브랏에서 번성하게 하시고 베들레헴에서 이름을 떨치도록 하여 주시기를 축원합니다."

증인들이 그처럼 두 사람을 축복할 때, 보아스는 그와 룻에게서 태어날 4대 자손이 이스라엘의 가장 추앙받는 통일 왕이 될 줄은 알지 못했다. **〈32〉 다윗 약전** 또한 그 왕의 자손으로 '떡집' 베들레헴에 오실 '생명의 떡' 예수 그리스도로 말미암아, 하나님의 자녀들이 땅 위에 충만해지리라는 사실은 더더욱 알지 못했을 것이었다.

두 사람의 결혼으로 말론의 상속자가 태어난다는 것은 모든 사람들의 확신이었다. 하지만 그런 생각은 성급한 낙관(樂觀)일지도 모를 일이었다. 룻은 과연 수태할 능력이 있는 여인일까? 그런 의심이 불길한 망상에 지나지 않은 것일 수도 있지만 어쩌면 사실일 수도 있었다. 그녀는 모압에서 10년 동안 말론과 결혼생활을 하고도 임신을 하지 못한 여인이었다. 만일 그녀가 보아스와 동침을 하고도 아기를 낳지 못한다면 지금까지 성문에서 있었던 말의 향연은 아무 의미가 없게 될 것이었다.

하지만 그런 의혹은 보아스와 룻의 계대 책임이 너무나 엄중한 것이기에 품어 볼 수 있는 기우에 지나지 않는 것이었다. 룻이 모압에 있을 때 그녀의 동서 오르바 역시 배태를 하지 못했다. 두 동서가 함께 장기간 임신을 하지 못했다면 요절한 남편들 쪽에 문제가 있었을 수도 있었다. 남편들이 원래부터 약골이었다는 것은 알려진 사실이었다. 예언적 의도였는지는 몰라도 그들 형제의 이름의 함의가, 말론은 '병약'이며 기룐은 '낭비'였다. 부르는 사람도 듣는 사람도 침울하게 하는 이름들이었다. 그 이름값인지 남편들이 30세 미만에 세상을 떠났다는 것도 불임의 혐의를 아내들에게 둘 수 없는 이유가 될 수 있었다.

불임의 원인이 어느 쪽에 있었든지 룻이 결혼생활 10년 동안 자식을 낳지 못해 마음고생을 한 것만은 사실이었다. 그러나 그것은 어쩌면 룻의 이름을 높이시려는 수혼 계획에 따라 하나님께서 그녀에게 겪도록 하신 의도적이며 섭리적인 괴로움이었을 수도 있었다. 하나님께서 룻에게 주신 복은 10년 동안 닫아 두셨던 그녀의 태를 열어 주신 것이 아니었다. 그녀의 태는 닫혀 있었던 적이 없었으며 지금은 30세 초반의 건강한 가임 여인이었다. 하나님께서 그녀를 돌아보신 것은 그녀의 태의 문을 열어 주신 것이 아니라 그녀로 하여금 새 남편 보아스와 결혼할 수 있는 길을 열어 주신 것이었다. 씨를 남기지 못하고 죽은 전 남편의 후사를 이을 수 있도록 그녀를 보아스에게로 이끌어 주신 섭리야말로 하나님께서 그녀에게 내리신 최선의 복이라 할 것이었다.

창조주께서 베푸신 은혜의 복을 받음으로써, 멸시받는 이등족속의 딸 룻은 왕족지파 유다의 직계자손 보아스의 품에서 이스라엘 통일 왕의 증주 할머니가 될 수 있었다. 아니 만왕의 왕 예수 그리스도의 조상이라 불리는 이방인 최고의 영광을 얻게 된 것이다. 그것은 그녀의 눈물어린 고난과 불변한 지조와 헌신적인 순종에 대한 하나님의 가시적이고 지엽적인 작은 보상일 수도 있었다. 룻이 이방땅 모압에서 시어머니의 고향 베들레헴으로 이주한 날 수는 불과 3개월 여였다. 그토록 짧은 날에 그녀는 베들레헴의 저명한 부호 보아스의 아내가 된 것이었다. 그것은 나오미의 지혜로나 룻의 용기로나 보아스의 소망으로 이룰 수 있는 일이 아니었다. 그렇다고 오다가다 마주친 우연의 눈빛으로 맺어진 일은 더더욱 아니었다.

해가 바뀌었다. 검푸른 보리 잎이 무릎께로 자라 부드럽게 일렁이는 들판은 장관이었다. 보릿대 줄기 끝에서 볼록볼록 새 이삭이 패기 시작했다. 그 무렵 룻의 배도 보리 이삭처럼 도톰하게 불러 올랐다. 생산능력이 있을지 의심받아야 했던 사람이 늙은 보아스였다면 몰라도 룻은 아니었다. 복되게도 창조주께서 아직 보아스의 생식력을 거두어 가지 않으셨으므로 젊은 아내가 포태(胞胎)하기는 사뭇 쉬운 일이었다.

룻의 임신 소식은 성읍 아낙네들의 화제로 돌았다. 그녀의 근황을 탐지하느라 수다쟁이들은 농기구를 빌린다는 핑계로, 또는 임산부 입덧에는 살구가 제 맛이라 지껄이면서 설익은 풋살구 몇 알을 쥐고 은근히 보아스의 집을 찾았다. 10년 세월 내내 공허하기만 하던 룻의 태는 나날이 그 속을 채워, 지난 해 이고 지고 다니던 통보리 자루를 껴안고 있는 것만큼 무겁게 되었다.

성읍의 인심과 여론을 좌우지하는 억세고도 정다운 베들레헴의 아낙네들은 동산만하게 붕긋해진 룻의 배를 토닥거리며 기뻐들했다. 그녀들은 13개월 전에 성문을 들어서던 나오미를 첫눈에 알아보지 못했으며, 딸린 젊은 여인을 유난히 낯설어하던 여인들이었다. 객지생활에 지치고 쇠약한 나오미는 자신을 전능자의 징벌을 받은 마라라고 자조했다. 마라인 그 나오미가 며느리 룻의 배를 쓰다듬으며 기뻐하고 있는 이웃 아낙네들 가운데 있었다.

나귀 고삐를 잡고 우두커니 나오미의 뒤에 서 있던 그 모압 여인이 마침내 보아스에게 아들을 낳았다. 성읍 여인들은 내 일처럼 기뻐하며 너도나도 나오미와 룻과 신생아를 보려고 보아스의 집을 찾았다. 그녀들은 엘리멜렉과 말론에게 후사를 주시고, 나오미의 노리에 봉양자를 주신 하나님을 찬양했다. 여인들은 수고한 룻과 보아스는 물론, 마라인 나오미를 진정으로 축하하고 치사(致詞)하기를 멈추지 않았다.

"여호와 하나님을 찬양해요, 나오미."

"여호와께서 오늘 며느리로 나오미에게 기업 무를 자손을 낳게 하셔서 집안의 대를 잇게 하셨네요. 이 아이의 이름이 이스라엘에서 유명해지기를 원해요."

"이 아이는 마라의 생명의 회복자요, 나오미의 노년의 봉양자예요."

"이 아이야말로 시어머니를 공경하고 사랑하는 며느리, 아니 일곱 아들보다 귀한 며느리가 낳은 아이네요."

이웃 여인들은 룻이 생산한 아이를 지켜보고 기뻐하면서도 속으로는 자신들이 부끄러웠다. 몰락한 나오미에 대한 그녀들의 의례적인 호의가, 이방여인 룻의 효성에 비해 얼마나 하찮은 것이었던가? 은근히 이방인들을 멸시하는 그들의 전통적 편견이 진정 얼마나 낯부끄러운 것이었던가. 그래도 그녀들의 얼굴은 볕에 그을려 익은 대추색보다 짙어 있어서 화끈거리도록 얼굴을 붉혀도 겉으로 표나는 것은 없었다.

일곱 아들이 있는 가정은 복된 집이었다(삼상 2:5; 욥 1:2, 42:12-13). 하지만 베들레헴 여인들이 보기에 모압 여인 룻이야말로 나오미에게 일곱 아들보다 더 귀한 며느리였다. 나오미가 산파의 손에서 아이를 받아 안았다. 그녀는 마른 가슴에 껴안은 그 아이의 양육자가 되리라 마음으로 다짐했다. 여인들은 아이를 안은 나오미를 둘러싸며 다시금 저마다 한 마디씩 수다스런 덕담을 풀어 냈다.

"호호, 이 아이는 나오미가 낳은 아들이야요."

"그렇고 말고지. 아이 이름은 지어 두었나 모르겠네? 그 이름이야 그 이름이고, 나는 이 아이를 오벳이라 했으면 좋겠네요."

"오벳이라고? 하아, 그것 좋은 이름이네요."

"오벳이면 섬기는 자가 아닌가? 호호, 할머니를 섬기고, 여호와를 섬기는 종이네요?"

"그래요. 조금 전에 누가 축원했던가? 이 아이는 마라의 생명의 회복자요, 나오미의 노년의 봉양자라 했었지? 나오미는 이 아이로 인해 그렇게 될 것이에요. 나도 오벳이란 이름이 좋아요."

룻과 보아스가 미리 지어 둔 아이의 이름이 있었다 하더라도, 그 아이가 부모들이 지어 두었을지도 모를 그 이름으로 불려진 적은 평생 동안 한 번도 없었다. 나면서부터 성읍 아낙네들이 지어 부른 그 이름 '오벳'이 그가 죽을 때까지, 그리고 족보에까지 기록되어, 오고 오는 모든 세대들이 부르는 이름이 되었다. 오벳, 그는 과연 섬기는 자이며 하나님의 종이 될 것이었다.

보아스가 룻에게서 낳은 아들 오벳은 이새를 낳았다. 그리고 이새는 다윗을 낳았다. 그러니까 다윗 왕의 선대 조상들은 이러했다. 맨 처음 요단강을 건너온 일대 조상 아브라함은 이삭을 낳았고, 이삭은 야곱을 낳았고, 이스라엘이라 개명된 야곱은 유다를 낳았다.

유다는 다말에게서 베레스를 낳았고, 베레스는 헤스론을 낳았고, 헤스론은 람을 낳았고, 람은 암미나답을 낳았고, 암미나답은 나손을 낳았고, 나손은 살몬을 낳았고, 살몬은 라합에게서 보아스를 낳았다. **〈33〉 보아스는 살몬과 라합의 아들일까?**

그리고 보아스는 룻에게서 오벳을 낳았고, 오벳은 이새를 낳았고, 이새는 다윗을 낳았다. 다윗의 조상들 중에는 세 명의 이방여인들, 곧 다말과 라합과 룻이 있었다. 이스라엘 정통왕가의 창건자 다윗은 그의 조상 가운데 이방여인들이 편입된 것을 부끄러워하지도 부인하지도 않았다.

다말은 차례로 두 시동생 남편들의 미망인이 되자 당돌한 꾀로써 시아버지와 동침하여 쌍둥이 아들을 낳았다. 라합은 여리고 성의 기생(harlot, prostitute)으로서 정탐을 왔던 살몬과 가나안 전쟁 중에 결혼했다. 그리고 룻은 이스라엘이 깔보는 이등민족 모압 여인으로서 베들레헴의 유력자 보아스와 결혼했다.

룻의 특별한 점은 그녀의 평범함이었다. 그녀는 사사가 아니었으며, 선지자가 아니었고, 왕족도 아니었다. 보리 밀 이삭을 주워야만 목숨을 부지하고 시어머니를 모실 수 있는 곤궁한 여인이었다. 과부로서의 고독이 힘겨울 뿐 그녀는 신비롭고 경건한 신앙인이 아니며 거룩한 성녀도 아니었다. 그녀는 사람 사는 곳 어디에나 있기 마련인 얌전한 여인이었다. 그런 그녀를 부르셔서 이스라엘의 가장 위대한 왕의 조상이 되도록 하신 이는 언제나 그의 기뻐하신 뜻을 이루어 가시는 여호와 하나님이셨다.

덧말

1 율법의 의의

이스라엘의 가나안 정착과 더불어 세상은 철기시대로 진입하고 있었다. 창칼을 들고 전차를 굴리게 된 고대 근동의 여러 부족들은 보다 나은 정착지를 찾아 회오리바람처럼 이동하기를 시작했다. 거주지 이전이나 영토의 확보 확장을 위한 충돌이 불가피하여 민족과 나라들의 세력다툼은 치열할 수밖에 없었다. 그 혼란의 때에 야곱의 자손들 역시 430년간 애굽에서의 노예생활을 끝장내고(출 12:40-41, 51) 어스름한 역사무대에 그들의 이름을 올렸다.

그들은 출애굽을 기화로 한 민족국가로서의 외형을 갖출 필요가 있었다. 숙곳(이스라엘의 애굽 땅 마지막 숙영지)을 떠난 지 석 달 만에 모세가 이끄는 히브리인 무리는 지금까지 그 지리상의 위치를 알기 어려운 신비의 산에 이르렀다(출 19:1-2). 그들을 애굽에서 이끌어 내신 여호와께서 빽빽한 구름 가운데서 산으로 내려오셔서 친히 정하신 이스라엘의 국법을 내려 주셨다(출 19-31장). 하나님 앞에 지켜야 할 제사법(Ceremonial Law), 하나님과 사람에게 지켜야 할 영원한 도덕법 (Moral Law, Decalogue, Ten Commandments), 이스라엘의 생활양식을 규정한 시민법(Civil law)이 그것이었다.

아무리 백성과 영토와 주권이라는 나라 성립의 기본요건이 갖추어졌을지라도 그것을 효율적으로 경영할 국법이 없다면 그 나라는 세워질 수도 지탱될 수도 없을 것이었다. 열두 지파로 된 이스라엘은 하나님께서 택하신 백성이며, 그들 나라의 근본이 될 영토는 여호와께서 조상들과 맺으신 언약 가운데 이미 주어져 있었다(창 12:1-5, 13:14-18, 15:7, 18). 그리고 그 나라의 주권은 이스라엘을 자신의 백성으로 택하시고 기업의 땅을 주시기로 언약하신 여호와 하나님께 있었다. 그리하여 이스라엘은 주권자 하나님께서 경영하시는 신정국가로 그 모양을 갖추게 될 것이었다. 지금 막 애굽을 떠나온 이스라엘에게 필요한 것은 그들의 나라를 하나된 유기체로 묶어 생동하게 하는 활력, 곧 '법'이었다. 그것은 그 나라 주권자의 의지의 표상이기도 했다. 율법을 수여하신 일이야말로 여호와 하나님께서 이스라엘 신생 민족국가에 행하신 근원적이며 시발적인 포석이었다.

2 여호수아의 정복전쟁

약속의 땅을 선점하고 있던 가나안의 일곱 족속들(수 3:10)을 축출할 방도는 전쟁뿐이었다. 모세의 시종 여호수아가 가나안 정복의 수장으로 하나님의 택하심을 받았다. 요단강 동편의 모압 평지 싯딤에서 모세의 안수를 받은 여호수아는 주전 1405년(출애굽 주전 1446년-광야생활 40년-모압 평지에서 전쟁 준비 1년)에 몸을 일으켜 7년 동안 가나안 정복전쟁을 지휘하여 선주민 일곱 족속들을 패퇴시켰다. 양피지에 그린 선을 따라 이스라엘 각 지파에 땅을 배분하고, 율법에 명시된 대로 나라의 제도를 수립하기에 신명을 바친 그 위대한 지도자는 주전 1390년, 110세에 하나님의 부르심을 받았다(수 24:29-31).

이스라엘에게 가나안 전쟁의 승리 이상으로 감격적인 사건은 지파들이 그들의 영지를 분할받는 일이었다. 그것은 열두 형제 지파들이 하나로 뭉쳐 하나님께서 주권을 행하시는 신정국가(神政國家, Theocracy)를 세우게 됨을 사해(四海)에 선포하는 절정의 사건이었다. 이스라엘은 430년 동안 타국에서 노예생활의 고난을 겪어 온 비운의 민족이었다. 40년 동안 양식도 물도 없는 광야를 배회하다 그 황무한 땅에 부모 세대를 다 묻었다. 철제무기 하나 제대로 손에 잡은 것 없이 7년에 걸쳐 가나안의 일곱 거인족들과 혹독한 전쟁을 치른 민족이었다. 그런 그들에게 집을 짓고 땅을 가꾸고 가문을 일으켜 대대손손 안식을 누릴 정착생활의 숙원이 이뤄진 것이었다. 악기와 노래로 하나님을 찬양하며 어깨를 엮어 떼춤을 추지 않을 수 없는 감격의 나날이었다. 그보다 더한 기쁨이 이전에는 없었다. 그것은 여호수아가 하나님의 권능을 힘입어 생애 마지막 15년의 헌신으로 이루어 낸 가나안 정복전쟁의 진정한 전리품이었다.

여호수아의 죽음으로 이스라엘에 위기가 왔다. 하나님께서 모세에게 명하신 것을 하나도 행하지 아니한 것이 없으리만큼 여호수아는 가나안 공략과 신정국가의 제도를 세우기에 성심을 다했다(수 11:15). 하지만 정복전쟁을 완결하기도 전에 그가 늙고 쇠약해진 것은 애석한 일이었다. "여호수아가 나이 많아 늙으매 여호와께서 그에게 이르시되 너는 나이 많아 늙었고 얻을 땅의 남은 것은 매우 많도다"(수 13:1-7). 노장 여호수아는 큰 염려 중에(수 23:1-24:28) 그가 못다 이룬 가나안 정복과업을 이스라엘 지파연합체에 위임할 수밖에 없었다.

여호수아의 업적은 산지와 헤브론과 드빌과 아납과 유다 온 산지와 이스라엘의 온 산지에서 아낙 사람(Nephilim의 후손, 골리앗 같은 거인족, 창 6:4; 민 13:33)을 멸절시켜 이스라엘이 정착할 영토를 마련하고 국가의 제도를 수립한 것이었다. 기존의 가나안 성읍들을 진멸하여 이스라엘 땅에 아낙 사람이 하나도 남지 못하게 한 것은 그가 이룬 위업이었다(수 11:21). 넘치는 요단 강물을 밟고 서쪽으로 진군하던 그의 손에 서른한 명의 가나안 도성국가 왕들이 패망했다(수 12:7-24). 하지만 여호수아가 전쟁을 그치게 된 시점까지 기업을 얻지 못한 지파들이 있었으며, 하나님께서 정복하기를 명하신 땅 중에 아직도 평정하지 못한 지역 곧 "얻을 땅의 남은 것"이 적지 않았다(수 13:1-7).

원래 하나님께서 모세에게 일러 주신 언약의 땅 북쪽 경계는 시돈과 다메섹 북쪽에 있는 호르산(위치는 불확실하나 아론이 세상을 떠난 신 광야의 호르산과는 다른 산, 민 20:22-24 참고)과 스닷까지의 고산지대를 포함하고 있었다(민 34:1-12). 그곳들도 하나님께서 이스라엘에게 주신 땅인데, 여호수아는 시돈과 다메섹 이북의 산지를 아예 공격도 해 보지 못했다. 그와는 달리, 모세가 요단강 동부지역(Trans Jordan)을 르우벤과 갓과 므낫세 반 지파의 기업으로 주기로 약속했으므로, 여호수아가 그 부가지역을 두 지파 반 지파들에게 주어 '요단 동편' 땅까지도 이스라엘 영토로 편입시켰다(신 3:1-22; 수 1:12-15). 여호수아의 가나안 정복전쟁 결과는 하나님께서 그려 주신 원래의 지도와는 매우 다른 모양이 되었다.

여호수아의 정복전쟁은 가나안에 선주하는 칠족(七族)의 동맹을 와해시키고 그 배후를 쳐부수는 것이었다. 그가 가나안 지경에서 패망시키지 못한 족속은 하나도 없었다(수 10:40, 11:15-20). 하지만 그럼에도 가나안의 남서부(지중해 동부해안)에 자리잡은 블레셋의 도성들, 곧 가사와 가드와 아스돗에는 약간의 아낙 사람들이 남아 있었다(수 11:21-22). 블레셋 사람의 도성들이 하나님께서 정복하도록 명하신 약속의 땅 범위 내에 포함되어 있었으므로, 그곳의 거민들은 이스라엘이 반드시 멸절시켜야 할 대상이었다. 블레셋 성읍들만이 아니었다. 갈릴리 호수 남서지역에 산재한 벧스안, 므깃도, 게셀, 벧세메스 같은 상업과 전략 요충지 성읍들 역시 이스라엘이 정복해야 할 대상지역들이었다. 그러나 그 성읍들은 이스라엘과 결전을 치른 후에도 가나안 원주민들의 거점으로 버젓이 명맥을 보존했다(삿 1:27-36).

성경기자는 일견 모순 진술을 했다. 그러나 그것은 부분이 전체를 대표한다는 히브리인의 관념적인 표현방식이기에 그 불일치를 서술상의 모순이라 볼 일은 아니었다. 여호수아서 기자는 "이스라엘 자손의 땅 안에 아낙 사람이 하나도 남음이 없고 가사와 가드와 아스돗에만 약간 남았더라"(수 11:22)는 절묘한 표현을 구사했다. 여호수아가 선주(先住)의 이방족속들을 패망시키고 내쫓은 것은 사실이지만, 그 족속들 가운데 잔존자들이 얼마간은 남아 있었다는 말이니, 이 말도 저 말도 다 맞는 말이었다. 비유컨대 이스라엘 가운데 약간 남은 그 이방인 선주자들은 거둔 들판에 떨어진 이삭과도 같은 것이었다.

분배받은 기업의 땅으로 들어간 해당 지파와 그 영역에 잔존한 선주민들 사이에 공생관계가 이루어진 것은 어쩌면 불가피한 일이었다. 기브온 거민들은 촌극을 연출하여 가까스로 멸절의 위기를 모면하고 하나님의 집을 위해 나무 패고 물긷는 이스라엘의 종이 되었다(수 9장). 여호수아는 여부스(예루살렘의 이전 지명, 종족 명)의 왕을 죽이고도(수 10:23) 그 족속들은 섬멸하지 못했다(수 15:63). 에브라임 지파는 게셀에 사는 가나안 사람들을 쫓아내려 해보았으나 그들이 죽기살기로 저항하는 바람에 내버려두었다가 나중에 그들을 종으로 삼아 동거하기로 뜻을 굳혔다(수 16:10; 삿 1:29). 또 스불론 지파는 한때 지중해변까지 영지를 확장해 나갔지만 주변족속들의 연합세력에 밀려 더는 기를 펴지 못했다. 잇사갈과 아셀과 납달리는 그들 영지에 있는 끈질긴 가나안 사람들을 모조리 내쫓지 못하고 있다가, 어느새 그들에게 억눌려 지내는 처지가 되고 말았다. 대개의 지파들 가운데 살아남은 가나안 족속들은 그들의 정복자 이스라엘의 해당 지파들과 타협하여 공생하는 길을 찾았다(삿 1:19-36). 여호수아는 모든 전투에서 연전연승하고도 지파들의 정복지 구석구석에 기생하여 내일이면 화근이 될 쓴 뿌리까지는 뽑아 버리지 못했다.

가나안 선주민들의 그루터기가 남은 상태에서 이스라엘의 주권자이신 하나님께서 여호수아를 불러 가신 뜻이 무엇이었을까? 모세 같고 여호수아 같은 걸출한 지도자를 연달아 세워 주지 않으시고, 완전히 정복해야 할 이방인의 땅에서 서둘러 평화를 선포하게 하신 하나님의 뜻은 과연 무엇이었을까?

멸절 대상이면서도 아직 살아남은 이방족속들은 경우에 따라 이스라엘을 때리실 하나님의 채찍이 될 것이었다(신 7:16; 수 23:12-13). 자기 백성들에게 올가미와 덫이 되고, 옆구리에 감기는 채찍이 되고, 눈을 찌르는 가시가 되게 하시려는 것 외에 하나님의 다른 목적도 있었다. 그 첫째는, 자기 백성의 신앙절조를 시험하시려는 것이었으며, 그 둘째는, 전쟁 경험이 없는 후세대(가나안 정착 이후 세대)에게 전쟁이 진정 무엇인지를 가르치시려는 것이었다(삿 3:1-4). 여호수아의 성전(聖戰)을 알지 못하는 신세대들에게 전쟁을 가르치시되 사람이 고안해 내는 전략전술이 아니라, 어떻게 하나님 앞에서 하나님과 더불어 싸워야 하는가, 전쟁에 나서는 백성들의 하나님께 대한 신앙태도를 가르치시려는 것이었다. 그리하여 하나님께서 명을 붙여 두신 자들은 블레셋 다섯 성읍 거민들과, 가나안 칠 족속 잔존자들과, 시돈 사람과, 히위 사람(호리족 또는 기브온 사람이라고도 불림)들 등이었다. 그것을 알고 있는 여호수아는 이스라엘의 하나님에 대한 배반과 하나님께서 주신 율법의 탈선을 막기 위해, 자신의 애절한 염원과 간곡한 훈계를 율법책에 기록하고 돌비에 새겨 백성들과 이른바 〈세겜의 언약〉을 체결하고 세상을 떠났다(수 24장).

3 지파들의 불화와 분열

정착 초기에 세워진 신정국가의 율법기강은 백성들의 이방결혼으로 무너졌다. 사람들은 각기 제 생각에 옳은 대로 행했다. 지파들의 집단행동도 마찬가지였다. 하나님의 약속과 백성들의 이상이 하나의 목표를 지향하던 정복시기와는 달리 집과 성(城)과 토지와 더불어 이스라엘은 시내산의 단일 국가체제로부터 지파공동체로 분화하려는 조짐을 보였다. 그런 징조는 열두 지파들(요셉은 장자로서 므낫세와 에브라임, 두 지파의 기업을 받았기에 실제로 이스라엘은 열세 지파이다. 그러나 관용적으로 '이스라엘 열두 지파'라고 말하는 것은, 므낫세와 에브라임 지파를 '하나인 요셉 지파'로 보거나, 또는 각 지파에 흩어져 있는 레위 제사장 지파를 지파 계수에서 빼고 하는 말이다.)이 십일조와 헌물로써 레위 지파의 의식(衣食)을 보장해 주지 않는 바람에 두드러지게 드러나기 시작했다(신 10:9, 18:1-5). 형제 지파들이 레위 지파의 생활고를 외면하고 공동운명체로서의 책무를 등한히 함으로써 이스라엘의 영적 타락과 신앙생활의 탈선은 가속화되었다. 먹을 양식이 없게 된 레위인 중에 주림을 이기지 못해 떠돌이 생활을 하는 사람이 발생했다.

에브라임 산지에 사는 미가는 하나님께 봉헌한 은 2백 조각(냥)으로 드라빔 신상을 만들어 가족신당에 안치하고 자신의 아들을 제사장으로 삼았다. 이스라엘은 모세의 시내산 율법도 여호수아의 세겜의 언약도 무시하고 가나안 사람들에게서 배운 우상숭배의 죄악에 깊이 빠져들었다. 미가의 우상숭배는 새 기업을 찾아 북방으로 옮겨가던 단 지파에 의해(삿 17-18장) 후일 북조 이스라엘이 멸망하기까지 뿌리뽑지 못한 화근이 되었다.

제사장 지파인 레위 지파에도 문제가 없지 않았다. 어떤 레위인은 본처가 있음에도 첩을 두었다. 그럼에도 그는 돌에 맞아 죽거나 형제들의 비난을 받지 않았다. 정착생활이 시작된 사사시대에는 평민, 제사장 할 것 없이, 전체 이스라엘의 타락상은 가히 들추어 말할 정도가 아니었다. 그 레위인이 집 나간 첩을 찾아서 집으로 돌아오던 길에 베냐민 지파의 기브아 성 무뢰배에게 걸려 첩을 내어 주어야만 했다. 비류들은 처음부터 비역질(남색질)을 원했지만, 숙소 주인의 간곡한 만류로 레위인의 첩을 빼앗아 퇴각했다. 비류들의 손에 넘겨진 여인은 밤을 새운 윤간으로 목숨을 잃었다. 레위인은 집으로 돌아와 첩의 시신을 열두 토막으로 쪼개어 격문(檄文)과 함께 각 지파로 보냈다. 베냐민 지파에 속한 기브아 불량배들의 만행을 응징해 달라는 호소였다(삿 19:1-20:6).

베냐민 사람들은 자기 지파의 비류들을 지파연합회 재판정에 출석시키지 않았다. 연합형제들은 베냐민 지파의 오만한 태도에 격분하여 4십만의 응징 군대를 기브아로 보냈다. 출애굽 이후 처음으로 피붙이 형제 지파를 벌하고자 칼을 뽑은 것이었다. 연합군 형제들은 베냐민의 영유아들과 기·미혼의 여자들과 노인들과 각종 가축들을 도륙하여 베냐민의 씨를 말리고 그들에게 속한 모든 성읍들을 남김없이 파괴하고 불태웠다. 연합형제들은 이방 족속들을 멸절시킬 때보다 훨씬 잔혹한 칼을 휘둘러 '라헬의 슬픔의 아들 베노니'(창 35:18), 아니 '야곱의 오른팔의 아들 베냐민'(창 35:18), 아니 '물어뜯는 광야의 이리'(창 49:27)들을, 도망친 6백 명의 장정 외에 모조리 죽이고 그들의 기업을 쑥대밭으로 만들어 버렸다. 형제 지파를 멸절 수준으로 몰락시킨 분노의 동족상잔은 이스라엘에서 악을 제거한다는 의로운 명분으로 자행된 성전(聖戰)의 만행이었다(삿 19-20장). 하나님께서 자기 백성이라고 택하신 이스라엘이 그 영과 신앙과 도의에 있어 음란행위로 우상을 섬기는 가나안 족속들보다 나은 것은 사실상 하나도 없었다.

다른 지파를 돕기는 고사하고 한배형제 지파들이 서로 칼을 맞대는 사건도 있었다. 큰 용사 입다는 길르앗의 아들로서, 야곱-요셉-

므낫세-마길-길르앗의 계보를 잇는 므낫세 지파 소속 길르앗 가족의 서자로 태어났다. 가나안 정착 반세기 후에 암몬 족속(창 19:38)이 므낫세 영지 내의 길르앗 땅으로 쳐들어왔다.

'길르앗 땅'이란, 요단강과 암몬 영토 사이에 남북으로 펼쳐진 넓은 초원과 산지를 지칭했다. 그런데 그 땅은 입다의 출현 3백년 전, 곧 이스라엘의 가나안 진격 1년 전(주전 1406년)에 요단강 동편의 헤스본 왕 시혼과 바산 왕 옥을 멸망시키고(신 2:33-35, 3:1-11) 이스라엘이 취한 땅이었다. 모세는 이스라엘의 진군을 가로막는 두 왕국을 패망시키고, 그 빼앗은 땅을 갓과 르우벤과 므낫세 반 지파에게 그들의 기업으로 주었다(신 3:12-17; 수 13:24-31).

그런데 아모리인의 왕들, 곧 시혼과 옥을 멸망시킨 이후 300년이 지난 지금, 곧 이스라엘의 두 지파 반이 그 길르앗 땅에 살아온 지 300년이 지난 때에, 그 길르앗 땅과 무관한 암몬 왕이 자기들의 고토를 회복하겠다면서 므낫세 지파의 기업인 길르앗 땅으로 쳐들어온 것이었다. 이에 므낫세 지파에 속한 길르앗의 장로들은, 본처 형제들에게서 쫓겨나 돕 땅에서 잡류(雜類)들의 수장 노릇을 하고 있는 길르앗(인명)의 서자요 큰 용사인 입다를 찾아가 그들의 전쟁 주무장관으로 옹립했다. 그때 여호와 신께서 임하심으로 입다는 길르앗(지명)에서 사사가 되었다. 입다가 이끄는 잡류란, 비행을 저지르는 난봉꾼 무뢰배가 아니라 신분이나 여타 사정으로 주류사회에 들지 못하고 소외되어 있던 사람들이었다. 그런 사람들과 어울리고 있던 입다에게 암몬 군대는 격퇴되었다(삿 10:17-11:33). 그 길르앗 전투에 이스라엘 어느 지파도 므낫세 지파에 속한 길르앗의 입다를 지원해 주지 않았다.

응원은커녕 입다의 승리를 시기한 므낫세의 동복동생 지파, 곧 요단 강 서편에 자리잡은 에브라임 사람들이 입다에게 터무니없는 시비를 걸어왔다. 에브라임은 요셉 가문의 장자권을 내세워(야곱이 요셉의 차자 에브라임을 장자로 세움, 창 48:12-20) 입다가 속한 길르앗 가족(민 26:29-34)을 치려고 강을 건너 동쪽으로 출정했다. 까닭인즉 입다가 암몬과 싸울 때 자기들에게는 기별을 하지도 도움을 청하지도 않았다는 것이었다. 입다가 형제우애를 생각지 않고 독단적으로 전쟁을 치렀으니 집안의 장자로서 방자한 입다와 그의 집을 불사르는 벌을 주지 않을 수 없다는 것이었다(삿 12:1).

하지만 입다의 말은 달랐다. 개전(開戰)에 앞서 한배형제 에브라임을 찾아가 도움을 청했지만 그들이 들은 체 만 체하므로 부득이 길르앗 식구들만 데리고 암몬과 싸우되 하나님의 능력을 덧입어 승리하게 된 것이라고 그간의 경위를 밝혔다(삿 12:2-3). 그럼에도 에브라임은, 입다를 아모리인 기생에게서 난 천출이라 멸시하고, 길르앗 거민들까지 에브라임 지파에서 도망간 자들이라는 사실무근한 말로 자극했다. 도망자라면 대개 그 신분이 비천한 노예이거나 범법자들인지라, 요셉의 '생래적 장자 므낫세' 집안의 후손들인 길르앗 가족은 '언약상의 장자 에브라임' 집안의 모욕에 크게 분노했다.

동복형제 두 지파는 마침내 형제상잔의 칼을 뽑았다. 에브라임은 애굽 총리 요셉의 친자로서 귀족가문이라는 우월의식을 가진 데다 제법 강성하기도 하여 범사에 안하무인이었다. 게다가 전쟁영웅 여호수아와 걸출한 여사사 드보라를 배출한 지파여서 기고만장하기 그지없었다. 그런 에브라임이 볼 때, 므낫세의 길르앗 집안에서 난 첩의 자식이 큰 용사이며 사사라는 것과, 보잘것없는 잡류들을 주력군으로 세워 암몬 왕을 패퇴시키고 승리했다는 사실은 그들의 자존심을 있는 대로 짓밟는 일이었다. 그리하여 그들은 질투심 위에 공연한 분노를 더하여 길르앗 땅으로 쳐들어간 것이었다.

하지만 입다는 듣던 말 그대로 큰 용사일 뿐만 아니라 하나님께서 함께해 주시기로 약속하신 사사였다. 동복형제들의 충돌 일합(一合)에서 에브라임의 전열은 여지없이 와해되고 말았다. 예상치 못했던 참패에 혼쭐이 난 에브라임의 패잔병들은 똥 본 오리새끼마냥 주절대며 요단강을 향해 줄행랑을 쳤다. 입다는 강을 건너 서쪽의 본진으로 돌아가려는 에브라임 사람들을 잡기 위해 요단강 동편 나루터를 선점하고 그들이 나타나기를 기다렸다. 에브라임 사람들은 정체를 숨기고 배를 얻으려 했으나, 그들의 특정 단어에 대한 특이한 발음 때문에 본색이 노출되었다. 모욕에 치를 떨어 온 입다의 길르앗 형제들의 칼날에는 자비심이 없었다. 에브라임 사람들은 구슬픈 비명들을 내지르며 다시는 돌아오지 못할 요단강을 건넜다. 그 나루에서 죽임을 당한 에브라임 형제들만 4만 2천 명이었다(삿 12:4-6).

모세와 여호수아의 지도 아래서는 지파들이 상부상조하는 소위 품앗이전투를 했다(민 32:16-42; 수 1:12-18). 그러나 두 지도자들이 죽은 후에도 이스라엘이 형제 지파들의 정착을 위해 끝까지 전투품앗이를 한 것은 아니었다. 단 지파(the tribe of Dan)가 에브라임과 베냐민의 서쪽 땅을 제비 뽑았으나, 그곳의 아모리인들을 쫓아내지 못하여 북쪽의 라이스로 기업을 옮겨갈 때 어느 지파도 단 지파에게 지원군이나 물자를 보내지 않았다(수 19:40-48; 삿 18:1-12). 또한 요단강 동부 지파들은 서부 지파들과 거의 교류를 하지 않았으며, 서쪽 지파들은 그들대로 남북으로 나뉘어 담을 쌓다시피 하여 사울과 다윗의 공존 시기에 나라가 양분되는 기초를 쌓았다. 그런 탓으로 북부 지파들 가운데서 일어난 돌라, 야일, 입다, 압돈, 입산 같은 소위 소(小)사사들은 그들의 출신지역인 북부 지파들 가운데서만 제한적으로 활동했다. (소사사: 사사의 인격이나 업적을 낮게 평가하여 부르는 말이 아니라, 성경에 그 사사에 대한 기록 분량이 적은 사사를 일컫는 편의상의 호칭. 대사사: 소사사에 대한 상대적 호칭. 소선지서와 대선지서 구별 기준도 마찬가지임.)

4 사사 개인의 방종

기드온은 므낫세 지파에 속한 요아스의 아들인데 여룹바알(바알과 다툼)이라는 별명을 가진 이스라엘 5대 사사이다(삿 6:29-32). 그가 사사로 부르심을 받을 때 "보소서 나의 집은 므낫세 중에 극히 약하고 나는 내 아비 집에서 제일 작은 자니이다"(삿 6:15)라며 사사가 되기를 겸손히 사양했다. 끝내 부르심에 순종한 그는 하나님의 지시로 선발한 3백 명의 용사를 이끌고 미디안, 아말렉, 동부 사막 족속의 연합 대군을 격파하고, 그들의 왕 세바와 살문나를 죽였다. 백성들이 기드온에게, "당신이 우리를 미디안의 손에서 구원하셨으니 당신과 당신의 아들과 당신의 손자가 우리를 다스리소서"(삿 8:22)라고 청하자 기드온은, "내가 너희를 다스리지 아니하겠고 나의 아들도 너희를 다스리지 아니할 것이요 여호와께서 너희를 다스리시리라"(삿 8:23)고 대답하는 등 훌륭한 신앙 지도자로서의 품격을 보여주었다. 그가 미디안 전쟁에서 승리한 후로 이스라엘은 40년 동안 평안했다.

그러나 그는 점차 하나님의 말씀을 따르지 않고 자만심에 빠져 나중에는 그가 적들에게서 노획한 금으로 에봇(대제사장이 흉패 밑에 입는 민소매 조끼. 출 28장)을 만듦으로써 백성들이 그것을 음란하게 섬기도록 하는 과오를 저질렀다(삿 8:13-27). 또 그에게는 많은 부인들과 첩이 있었는데, 아들들만 70명이었다(삿 8:29-32). 그가 죽자 세겜에 사는 첩에게서 난 아비멜렉이 아버지의 아들 70명 중 막내아들 요담만 놓치고 모두(형제 68명)를 죽이는 만행을 저질렀다(삿 9장). 아비멜렉은 외가의 세겜인들을 선동하여 지지를 받고 이스라엘의 '자칭 왕'이 되었다. 하지만 하나님께서 그를 세우지 않으셨으므로 이스라엘의 왕이나 사사로 인정받지 못했다. 그는 더베스 망대를 불사르려 접근하다가 한 여인이 던진 맷돌 위짝에 맞아 두골(頭骨)이 깨어졌다. 여인의 손에 죽는 것이 수치스럽다면서 병기 든 소년으로 자기를 찌르게 하여 죽임을 당했다(삿 9:50-54). 기드온은 하나님의 부르심에 순종한 믿음의 지도자로 출발했으나 그의 신앙생활과 도덕적 삶은 갈수록 변질되었고, 70명의 아들들도 헛되어 급기야는 가문이 몰락하고 말았다. 하나님께서는 기드온의 부도덕한 사생활을 자식들의 참변으로 응징하셨으나, 그의 일탈을 이유로 이스라엘을 거국적(擧國的)으로 징벌하지는 않으셨다.

사사기의 마지막 사사 삼손 역시 그의 영적 도덕적 탈선행위로 비참한 최후를 맞은 불행한 영웅이었다. 그는 40년 동안 블레셋의 지배 아래 있던 소라 땅에서 마노아의 아들로 출생했다. 어머니가 불임녀였으나 기도로 삼손을 배태했으며, 아기는 태중에서부터 나실인(민 6:2-21)으로 구별되어 포도나무에서 난 모든 것과 부정한 것들을 멀리하고, 머리에 삭도를 대지 말라는 하나님의 지시대로 양육되었다.

그를 패망시킨 가공할 폭력행동은 블레셋 딤나 여인과의 결혼을 계기로 시작되었다. 피로연(酒宴)에서 블레셋 친구들에게 부질없이 수수께끼를 냈다가, 진 대가로 무고한 아스글론(블레셋의 성읍 중 하나) 사람 30명을 때려죽이고 겉옷 30벌과 속옷 30벌을 취하여 수수께끼를 푼 친구들에게 주는 만행을 저질렀다. 삼손은 아내를 통하여 수수께끼의 답을 알아낸 블레셋 친구들에게 화가 나서 연회가 끝나기도 전에 집(단 지파의 소라 땅)으로 가 버렸고, 장인은 딸이 삼손에게서 소박을 맞은 줄로 알고 블레셋 사람의 아내로 주었다(삿 14:8-20).

아내를 빼앗겼다고 여겨 크게 분노한 삼손은 딤나로 내려와 3백 마리의 여우를 생포하고 꼬리에 횃불을 매달아 블레셋 사람의 곡식밭과 감람원으로 몰아넣어 모든 농작물들을 불태워 버리는 복수를 했다. 딤나의 블레셋 사람들은 순환보복으로 삼손의 아내와 장인을 잡아 불태워 죽였다. 이에 또다시 격동된 삼손은 블레셋 사람들을 크게 도륙하고 에담 바위틈에 은신했다(삿 15:3-8). 블레셋 사람들이 삼손을 잡기 위해 유다 지파의 레히 거민들을 포위 공격하려고 집결하므로, 삼손이 에담 바위에서 나와 자진 출두 형식으로 레히로 갔다. 블레셋 사람들이 삼손을 보고 함성을 지르며 달려들자 삼손에게 여호와의 신이 임했다. 그는 그 자리에서 나귀의 새 턱뼈를 주워 들고 블레셋 사람 1천 명을 쳐죽였다(삿 15:9-20).

[맨손으로 사자를 죽이고, 여우를 이용하여 농지를 불사르고, 나귀 턱뼈로 1천 명의 적을 때려죽인 것은 삼손에게 휴대하고 다닐 변변한 철제무기가 없었기 때문이었다. 삼갈도, 한 번에 그랬는지 일생 동안에 그랬는지는 모르나, 소 모는 막대기로 블레셋 사람 6백 명을 때려죽였다(삿 3:31). 그때는 해양민족 블레셋 사람들만 철을 다루는 기술을 가지고 있으면서 철저히 기술유출을 막았기 때문에 여타부족들은 노획한 것이 아니면 아무나 철제무기를 사용할 수가 없었다. 블레셋의 철제기구 제작기술은 사울 왕 시대에도 전략적 기밀사항이었다(삼상 13:19-22).]

이후 가사로 간 삼손은 한 기생 집으로 들어갔다. 창녀와 동침하는 중에 블레셋 사람들에게 포위되었으나 성문을 부수고 한밤에 가사를 벗어남으로써 죽을 고비를 넘겼다. 그 민족의 힘과 명예를 상징하는 성문을 파괴한 삼손의 행위는 블레셋 사람들을 거듭 치욕스럽게 했다(삿 16:1-3). 그는 소렉 골짜기로 피신해 가서 들릴라라는 세 번째 여인을 보고 혹했다. 그녀에게 그의 괴력의 비밀을 발설함으로써 나실인의 머리털 일곱 가닥을 잘리고 눈이 뽑히는 수모를 당했다(삿 16:21). 힘을 잃은 그는 감옥에서 연자 맷돌을 돌리는 하찮은 노예로 전락했다. 그러나 그의 머리털은 자라고 있었다. 머리털이 자란 얼마 후에 다곤 신전으로 끌려가 조롱을 당하다가 석주(石柱)를 밀어 거대한 신전건물을 무너뜨렸다. 신전 지붕에 있던 3천 명의 블레셋 사람들과 함께 삼손 역시 무너지는 석재에 깔려 죽음을 맞았다. 그는 출신(出身) 이후 세 명의 여인들에게 빠져 나실인의 금기를 모두 깨뜨렸다. 강한 육체의 힘을 지닌 그는 관능적 욕망을 좇아 살았으며, 영적 도덕적 인격적으로 미숙한 유아적인 행동을 일삼았다(삿 16:4-31).

그의 행동은 불가사의했다. 그가 여러 번 블레셋 사람에게 괴력의 보복 폭력을 행할 수 있었던 것은, 그때마다 여호와의 신에 사로잡혔기 때문이었다. 그의 폭력 대상은 하나님께서 채찍으로 준비해 두신 이스라엘의 천적 블레셋이었다. 그리고 그의 과오나 공적은 항상 개인적인 것이었다. 그는 생애에 군대를 조직한 일이 없었고, 군을 지휘하여 적과 싸운 일이 한 번도 없었다. 이스라엘 민족 지도자로 활동한 일이 없으며, 백성들은 그가 사사인 줄을 알지도 못했다. 그가 에담 바위틈에 있을 때 유다 지파 사람 3천 명이 찾아와 '블레셋 사람이 우리를 관할'하는 줄을 모르느냐면서 그를 포박해 블레셋 사람에게로 보냈을 정도였다(삿 15:9-13).

그는 나실인의 서약을 모두 깨뜨리고 하나님께 항상 불순종하는 삶을 살았다. 성경에 언급된 곳이 없어 그가 언제 어떻게 사사로 부르심을 받았는지는 알 수가 없다. 만일 "소라와 에스다올 사이 마하네단에서 여호와의 신이 비로소 그에게 감동하"(삿 13:25)신 그 사건이 그의 사사 소명이었다면, 그는 사사가 된 이후로 줄곧 불순종적이며 부도덕한 생활에 탐닉해 온 것이었다. 그런데 더욱 이상한 것은, 그가 폭력적 비행을 하는 매 순간마다 성령의 능력을 덧입어 하나님의 목적 성취에 쓰임을 받았다는 것이다. 그것이 그를 더욱 비극적이며 영웅적인 사사로 기억하게 하는 점일지 모른다. 그의 사생활이 신앙적으로나 도덕적으로나 이스라엘이 본받을 귀감이 되는 것은 결코 아니었다. 그런데도 신약성경은 그를 위대한 믿음의 용사 반열에 올려 칭송하고 있다(히 11:32-34). 삼손의 인생 역정을 보면 로마서 11장의 송영을 떠올리게 한다. "깊도다, 하나님의 지혜와 지식의 부요함이여, 그의 판단은 측량치 못할 것이며 그의 길은 찾지 못할 것이로다. 누가 주의 마음을 알았느뇨? 누가 그의 모사가 되었느뇨"(33-34)?

5 사사시대의 연수

사사시대란 언제부터 언제까지이며 그 연수는 얼마나 될까? 여호수아의 퇴장은 이스라엘의 통치력 공백을 초래했다. 나라의 기강은 무너지고 백성들은 이방신들을 섬겨 하나님의 진노를 촉발시켰다. 그런 혼란을 틈타 메소포타미아 왕 구산 리사다임이 쳐들어와 8년 동안 이스라엘을 괴롭혔다. 자기 백성의 부르짖는 소리를 들으신 하나님께서 유다 지파 갈렙의 아우 옷니엘을 사사로 세우셔서 이스라엘을 구원하셨다(삿 3:8-10). 그러니까 사사시대란, 여호수아의 죽음(주전 1390년) 이후로부터 사울의 왕정이 시작되기까지(주전 1050년)의 340년 기간이다. 그런데 그 역사 기간이 사사기에 기록된 사사들의 시무 기간의 총합과 맞지 않기 때문에 문제가 된다.

사사기에 기록된 열두 사사들의 재임 기간은, 첫 사사 옷니엘로부터 마지막 사사 삼손까지 297년이다.

[사사기에 기술되지 않은 엘리와 사무엘과 두 사람의 아들들도 사사들이었다(삼상 4:18, 7:15-17, 8:1-2). 40년 동안 사사 직무를 겸했던 대제사장 엘리를 이어 사무엘 역시 특별한 사사로 40년간 활약했다. 엘리는 아론의 직계 대제사장이었으며, 사무엘은 최초의 선지자였다. 두 사사는 각기 대제사장과 전문선지자 직분으로 백성들에게 널리 알려졌으며, 사무엘은 사울이 왕이 된 후에도 왕의 고문(顧問)으로 일정 기간을 더 살았다. 엘리와 사무엘이 사사 직분을 가지기는 했지만 각각 중심적으로 대제사장과 선지자로 활동한 데다가, 사사기에는 그들의 이름과 행적이 언

급되지 않았으므로 여기서는 논외로 한다. 사도행전 13장 19, 20절을 보면 바울 사도도 '사사 사무엘'의 활동을 사사기에 기록된 사사들의 활동 기간에 포함시키지 않고 있음을 알 수 있다. 그러므로 사사기에 기록된 사사들, 곧 옷니엘로부터 삼손까지 열한 사사들의 재임 기간 296년에, 사사 취임 그 해에 죽은 것으로 추측되는 삼갈(삿 3:31)의 시무 기간 1년을 합하면 사사들의 전체 시무 기간은 도합 297년이었다고 볼 수 있다.]

그런데 '사사시대'의 기간에 사사들의 활동 연수만 포함되는 것은 아니다. 사사가 없이 외적들의 압제 아래 하나님의 징벌을 받던 고통의 기간들이 간헐적으로 여러 번 있었는데 그 기간들을 모두 합하면 110년이 되고, 그것을 사사들의 총 시무 기간 297년에 더하면 '사사시대'는 도합 407년이 된다. 이는 바울 사도가 언급한 〈사사시대 450년〉 설에 가까운 기간이다(행 13:19-20).

하지만 문제는, 여호수아의 죽음으로부터 사울 왕 등극까지의 역사 연도 간격이 340년밖에 되지 않는다는 점이다. 다시 말해 사사기에 기술된 사사시대 연수의 합이 407년으로서 실제의 역사연도 340년보다 67년이나 길다는 것이 문제인 것이다. 게다가 여호수아의 죽음으로부터 첫 사사 옷니엘의 등장까지 지도자 공백기가 있는데, 그 기간을 '알파 년'으로 본다면, 67년+α년의 편차가 생기는 것이다. 역사 기간 340년 동안에 사사들이 407년+α년을 시무했을 수 있을까?

이 난제는 사사기의 서술을 '해석'으로써 풀어낼 수밖에 없다. 곧 두 다른 사사가 각기 다른 지파 또는 지역들을 동시에 다스린 경우들이 있다는 것이다. 이는 율법에 비추어 하나의 추론을 가능하게 한다. 신명기 16장 18절에 "네 하나님 여호와께서 네게 주시는 각 성에서 네 지파를 따라 재판장과 유사(judges and officials)를 둘 것"이라고 했다. 이스라엘 가운데 복수의 사사가 동시에 존재할 수 있었을 가능성을 암시하는 말씀이다. 예컨대, 한 역사 기간 10년(one decade)에 두 다른 사사가 각각 일정한 지파들을 동시에 치리했다면, 그 두 사사들의 개별 시무 기간의 합은 20년이지만, 실제로 흘러간 역사시간은 10년뿐인 것이다. 그렇다면 '10년' 안에 '20년'이 존재할 수 있는 것이다. 그렇게 보지 않으면 위의 난제를 풀어낼 수가 없다. 그러나 아쉬운 것은 사사기의 기술로써는 어느 사사들이 각기 다른 지역에서 동시에 시무했는지를 정확히 말하기는 어렵다는 점이다.

우리가 기억할 것은, 여호수아의 죽음으로부터 사울 왕 등극까지 사사시대의 역사 기간이 340년이며, 사사기에 기술된 사사들의 활동 기간(297년)과 백성들의 범죄 및 징벌 기간(110년)의 총합은 407년이며, 거기에 여호수아의 죽음으로부터 초대 사사 엘리옷의 취임까지의 지도자 공백기, 곧 '알파 기간'이 따로 있다는 것이다. 그 'α기간'은 최단 1년에서 최장 합리적 추론이 가능한 시점까지의 연수일 것이다. (저자는 덧말33의 도표에서 그 '알파 기간'을 5년으로 계산했으나 최대 2, 30년까지는 확장될 수도 있을 것이다.)

6 엘리멜렉

엘리멜렉에 대한 성경기록이 룻기 외에는 어디에도 없다. 룻기에 기록된 것도 그의 이름과 출신지와 아내와 아들들의 이름이 나왔을 뿐이고, 보아스의 친족이라는 것 외에는 그의 가계나 특별한 행적에 관한 언급이 없다(1:2, 3, 2:1, 3, 4:3, 9). 우리가 그에 관해 알 수 있는 것은 베들레헴의 기근을 피하여 모압으로 이주했다가 그곳에서 세상을 떠났다는 것뿐이다.

그의 이름은 '나의 하나님이 (나의) 왕이시다', '하나님은 왕이시다' 등의 함의를 가졌다. '엘리'는 하나님이며, '멜렉'은 왕이라는 뜻이다. '멜렉'이란 말이 대개 뛰어난 사람들에게 붙여졌던 것으로 보아 그가 좋은 가문의 자손이며, 어느 정도 영향력과 재력이 있는 사람이었다는 것만은 짐작할 수 있다.

엘리멜렉이 보아스와 친족이었으니만큼(2:1, 3) 유다 계열의 후손인 것은 분명하지만, 그의 부친이 누구인지는 밝혀져 있지 않다. 그가 살몬의 형제라는 사람도 있고 나손의 후손이라는 사람도 있으나 그 역시 증명되지 않는 주장이다. 만일 그런 의견들을 수용한다면 실제로 엘리멜렉과 동시대를 산 나오미와 보아스와, 그들의 다음 세대인 룻과의 비상식적인 나이 차이를 설명하기가 어려울 것이다(덧말 33 참고). 엘리멜렉에 대하여 추리할 수 있는 것은, 베들레헴의 한 유복한 지주였다는 것과(1:21), 모압 이주 직후 그곳에서 아들들의 결혼 이전에 세상을 떠났다는 것 정도뿐이다(1:3-4).

룻기 저자는 그가 말하려는 중심 주제 이외의 주변적 사실에 대해 냉담한 침묵을 지켰다. 나오미와 룻의 배경에 관해서도 말한 것이 아무것도 없다.

7 룻기 등장인물들은 어느 때 사람들일까?

엘리멜렉과 나오미와 보아스 세 사람은 근소한 연령 차이가 있었겠지만, 이야기의 정황상 동일세대 인물들이라 볼 수 있다. 룻은 그들과 같은 시대를 살았지만 그들의 다음세대이다. 그런데 룻기 저자는 그들이 "사사들의 치리하던 때(1:1)"에 산 사람들이었다고 한다. 사사기에 기록된 사사들은 열두 사람이며, 그들이 치리한 기간은 최단 340년이며, 최장 407년 내지 그 이상(407년+α년)이었다는 것은 덧말5에서 말했다. 그런데 엘리멜렉과 나오미와 보아스는 어느 사사가 시무하던 때에 산 사람들이었을까? 그것을 알아보려면 전체 사사시대에 있었던 그 '흉년(1:1)의 때'에 시무한 사사가 누구였는지를 보면 될 것이다. 만일 그 흉년을 찾아낼 수가 있다면 그것이 사사기의 역사연대를 재구성하는 기준점이 될 수도 있다.

베들레헴의 기근을 언급한 데는 룻기 이외의 성경에는 보이지 않는다. 다만 사사기 6장 3-5절에, "이스라엘이 파종한 때면 미디안 사람, 아말렉 사람, 동방 사람이 치러 올라와서 진을 치고 가사(블레셋의 남부 도성들 중 하나)에 이르도록 토지 소산을 멸하여 이스라엘 가운데 식물을 남겨두지 아니하며 양이나 소나 나귀도 남기지 아니하니 이는 그들이 그 짐승과 장막을 가지고 올라와서 메뚜기 떼같이 들어오니 그 사람과 약대가 무수함이라. 그들이 그 땅에 들어와 멸하려 하니"라는 말씀을 볼 수가 있다. 사사기에 기록된 그 사건이 룻기 1장 1절이 말하는 "그 땅에 흉년이 드니라"의 그 흉년이라고 볼 수 있다.

미디안과 아말렉과 동방사람 연합군이 이스라엘을 침공하여 "토지 소산을 멸하여 이스라엘 가운데 식물을 남겨두지 아니하며 양이나 소나 나귀도 남기지 아니하"였고, 이스라엘을 "멸하려" 했다는 사사기의 기술은 중요한 역사 정보이다. 베들레헴 성에 경작지를 가지고 있었던 엘리멜렉과 나오미 부부가 이웃 나라 모압으로 이주할 결심을 해야 했을 만큼 베들레헴을 포함한 이스라엘 온 나라에 심한 기근이 닥쳤던 것이다. 또한 룻기 1장 1절의 그 기근재난이 사사기 6장 3-5절에 언급된 그 재난이라면, 그것은 자연재난이 아니라 인재(人災)였음이 분명하다. "그 땅에" 든 "흉년"이 이스라엘 영토 내에 있는 블레셋과, 이스라엘과 사해를 사이에 두고 있는 모압과, 그들과 국경을 접한 에돔 땅에는 조금도 영향을 미치지 않았던 것으로 보아, 그 흉년이 자연적인 기후재난이 아니었다는 것은 틀림없다.

가나안 왕 야빈을 물리친 사사 드보라의 죽음으로 백성들은 다시금 하나님 앞에 범죄하기를 두려워하지 않았고(삿 6:10), 그런 까닭으로 하나님께서 미디안을 일으키셔서 자기 백성 이스라엘을 치도록 하신 것이 룻기 1장 1절에 기록된 그 흉년의 원인이다. 아브라함과 그두라의 자손 미디안(창 25:1-2; 대상 1:32)은 아라바에서 요단 동편까지를 횡행하는 유목민인데, 그들이 아말렉과 동방사람들과 연합하여 이스라엘을 공격해 온 것이었다. 약탈자들이 낙타를 타고 쳐들어오는 광경은 마치 해를 가린 메뚜기 떼가 날아드는 것 같았다(삿 6:5). 양식과 짐승들을 모조리 빼앗겨 굶주림이 극도에 이르러서야 백성들은 여호와께로 돌아와 울부짖었다. 그리하여 하나님께서 백성을 구원하도록 세우신 사사가 기드온이었다(삿 6:1-16).

그렇다면 사사들이 다스리던 때에 이스라엘을 덮친 그 흉년은, 드보라가 죽은 후 기드온이 사사가 되기 전 7년 동안에 내리신 하나님의 형벌로서, 미디안 연합군의 약탈과 그들의 폐농전략으로 말미암은 기근재난이었다고 볼 수밖에 없다. 그 혹독한 굶주림과 고통 가운데서 미디안 연합군 약탈자들과 싸우도록 부르심을 받은 사사가 기드온이니, 그가 사사로 취임한 해는 미디안 연합군의 공격 7년 후인 주전 1171년이었다(덧말33의 도표 참고).

그리고 엘리멜렉이 미디안의 공격이 시작된 그 해, 곧 기드온의 사사 취임 7년 전인 주전 1178년에 모압으로 갔다가 10년 만에(1:4) 나오미만 홀로 남아 며느리 룻을 데리고 베들레헴으로 귀향했다면(주전 1168), 그때는 기드온이 이스라엘의 사사가 된 지 3년 후였다. 이로 보아 룻기의 등장인물들의 이야기는 주전 1178년의 미디안의 공격으로부터 주전 1168년의 나오미의 귀향과, 이듬해 보아스와 룻이 결혼하여 오벳이 태어나기까지의 11년 어간에 살았던 사람들의 실화였음을 확인할 수 있다.

8 발람의 저주

출애굽을 한 이스라엘은 가나안을 향하여 진군하는 중이었다. 길을 막는 아모리인 시혼의 왕국을 일거에 패망시켰다. 이스라엘의 동태를 지켜보고 있던 여리고와 모압과 미디안 족속들은 너나없이 두려움에 사로잡혔다. 모압의 발락 왕과 백성들은 그들이 다음 차례가 될 것이라고 생각했다(민 22:2-3). 애굽의 태양신을 제압하고 이스라엘 족속을 이끌어 온 여호와 신을 무서워하지 않을 수 없었다. 모압 왕 발락은 아모리인 장로들을 불러 대책을 물은 후, 메소포타미아의 유명한 거짓선지자(점술가) 발람을 초청하여 이스라엘을 저주하게 하려는 대책을 세웠다. 여호와께서 약속하셨으며, 만군의 하나님의 섭리 중에 목표를 향하여 진군하는 이스라엘 앞에서 발락은 그들을 저주하는 기괴한 주술책략으로 맞서려는 것이었다.

점술가 발람은 발락의 초청 수락여부를 하나님께 물었다(민 22:8). 응답하시기를, 발락의 사자(使者)들과 함께 가지도 말고 이스라엘을 저주하지도 말라시면서 그들은 복을 받은 자라고 하셨다(민 22:12). 발람은 사자들에게 발락에게로 갈 수 없다고 회보했다. 이에 발락은 더 높은 귀족들과 더 많은 보수를 약속하며 발람이 와 주기를 간청했다. 발람이 여호와께 다시 아뢰니, 이번에는 가라시면서 하나님께서 이르시는 말씀만 행하라는 조건을 다셨다. 하나님의 허락은 이스라엘을 저주하러 가라고 하신 것이 아니라 모압 왕 발락에게로 가라고만 하신 것이었다.

다음날 발람은 나귀를 타고 모압 길에 올랐다. 그런데 하나님께서 진노하시며 여호와의 사자로 칼을 빼어 발람의 길을 막아서도록 하셨다. 지난 밤에는 발람의 모압 행을 허락하셨으나, 술사의 숨은 목적을 꿰뚫어 보고 노하셔서 그의 길을 막으신 것이었다. 이때의 발람의 속내가 어떠했는지를 훗날의 베드로 사도가 말했다. "저희가 바른 길을 떠나 미혹하여 브올의 아들 발람의 길을 좇는도다. 그는 불의의 삯을 사랑하다가 자기의 불법을 인하여 책망을 받되 말 못하는 나귀가 사람의 소리로 말하여 이 선지자의 미친 것을 금지하였느니라"(벧후 2:15-16).

나귀가 여호와의 사자를 보고 길을 벗어나 밭으로 들어섰다. 발람은 나귀를 돌려세우려고 채찍질을 했다. 나귀는 포도원 사이 담장이 쳐진 좁은 길로 돌아 나오다가 길을 막아선 여호와의 사자를 보고 겁에 질렸다. 나귀는 발람의 발을 담장에 비벼 상하게 했다.

발람은 또다시 채찍으로 나귀를 때렸다. 피할 길이 없게 된 나귀는 발람을 태운 채 땅바닥에 엎드러졌다. 화가 난 발람이 이번에는 지팡이로 나귀를 때렸다. 이에 여호와께서 나귀의 입을 열어 말을 하도록 하시니 발람과의 대화가 이루어졌다.

"내가 네게 무엇을 하였기에 나를 이같이 세 번을 때리느뇨?"

"네가 나를 거역하는 연고니 내 손에 칼이 있었더면 곧 너를 죽였으리라."

"나는 네가 오늘까지 네 일생에 타는 나귀가 아니냐? 내가 언제 네게 이같이 하는 행습이 있더냐?"

"…없었느니라."

그 나귀는 사람에게 사람의 말을 하게 된 두 번째 짐승이었다(창 3:1). 그때 여호와께서 발람으로 여호와의 사자를 보게 하셨으므로 발람이 놀라 땅에 엎드렸다. 사자는 발람의 속셈과 행실이 패역하여 그의 모압 행을 막으러 나온 것이라 했다. 만일 나귀가 세 번이나 하나님의 사자를 피하지 않았다면 사자가 친히 발람을 죽였을 것이라 했다. 발람은 하나님의 사자를 몰라본 자신의 죄를 인정하면서 자신의 모압 행을 원치 않으신다면 브돌로 되돌아가겠다고 했다(민 22:21-35). 그러나 하나님께서는, 하라고 이르시는 말만 할 것을 재차 다짐받으시고 모압 행을 허락하셨다.

발람이 늦게 온 것을 발락은 불쾌해했다. 발람은, 자기가 오기는 왔지만 임의로 말할 수 있는 것은 없고 하나님께서 그의 입에 주시는 말씀만 할 수 있을 것이라고 했다. 그리고 두 사람은 이스라엘을 저주하기 위한 의식을 행하기 위해 기럇후솟(위치 미상)으로 갔다. 그곳의 바알 신당에서 이스라엘의 진을 보았다. 발람은 이방의 제사의식대로 일곱 단을 쌓고 제사를 드리면서도 여호와 하나님과의 관계를 끊지 않으려고 애썼다. 제사 후에 발람은 발락에게 자기가 이스라엘을 저주할 수 없음을 다시 말했다(민 23:1-12).

발락은 발람의 저주를 이끌어내기 위해 비스가 꼭대기로 장소를 옮겼다. 거기서 또 일곱 단을 쌓아 제사를 치르고 발람은 신탁의 말씀을 노래로 불렀다. "하나님은 인생이 아니시니 식언치 않으시고, 인자가 아니시니 후회가 없으시도다…내가 축복의 명을 받았으니 그가 하신 축복을 내가 돌이킬 수 없도다…"(민 23:19-24). 무척 실망한 발락은 또다시 발람을 끌고 이스라엘에 대한 저주가 가능할지도 모를 브올산 정상으로 옮겨갔다.

제사 장소를 옮기는 것은 왕과 발람의 이동 행보만이 아니라 제물과 화목과 부대시설을 운반하는 일 등 수많은 사람들의 고통이 따르는 일이었다. 한 장소에서 일곱 제단을 축조하여 일곱 수송아지와 일곱 수양을 바치기를 반복하면서 발람은 이스라엘을 저주하기보다 축복하기를 되풀이했다. "야곱이여 네 장막이, 이스라엘이여 네 거처가 어찌 그리 아름다운고…너를 축복하는 자마다 복을 받을 것이요 너를 저주하는 자마다 저주를 받을지로다"(민 24:5-9).

참고 참아 온 발락이 분노했다. 원수를 저주하라고 불렀는데 번번이 축복을 하기 때문이었다. 분기가 솟구쳤지만, 그를 축복하는 자가 복을 받을 것이며 저주하는 자가 저주를 받을 것이란 말에 모압 왕은 좌절하지 않을 수 없었다. 발락은 발람이 이스라엘을 저주할 수 없다는 것을 알고 한 푼의 보수도 주지 않은 채 쫓아 버리듯 돌아가도록 했다. 발람도 자신의 이름값이 있어서 이스라엘을 저주하려고 애를 써 보기는 했지만 끝내 발락의 소원을 이뤄 줄 수가 없었다. "발락이 그 집에 은금을 가득히 채워서 내게 줄지라도 내가 능히 여호와 내 하나님의 말씀을 어기어 덜하거나 더하지 못하겠노라"(민 22:18). 그가 술수를 행하는 사이비 선지자이면서도 그런 고백을 하지 않을 수 없었던 것은, 하나님의 권능이 그를 사로잡고 있었기 때문이다. 하나님께서 원하지 않으시는 일을 이룰 수 있는 자는 세상에 아무도 없다.

9 모압 왕 에글론을 암살한 에훗

초대 사사 옷니엘이 죽자 이스라엘에 40년 동안의 평화가 깨어지고 여호와 신앙도 오염되기 시작했다. 백성들은 우상숭배가 하나님의 응징을 초래한다는 통렬한 경험을 기억하지 못했다. 하나님께서 모압 왕 에글론을 일으키시고 암몬과 아말렉 자손들과 연합하여 이스라엘을 정복하도록 하셨다. 에글론은 요단강 서쪽 여리고에 눌러앉아 18년 동안 이스라엘을 강압 수탈했다. 뒤늦게 자기들의 죄악을 깨달은 이스라엘은 하나님 앞에 회개하면서 구원해 주시기를 빌었다. 그리하여 구원자로 부르심을 받은 2대 사사가 베냐민 지파 게라의 아들 에훗이다. 정복자 에글론이 차지하고 있는 여리고는 여호수아가 가나안으로 진입할 때 처음으로 무너뜨린 바로 그 도성이다.

에훗은 왼손잡이였다. 당시의 인식으로 왼손잡이는 장애인이었다. 사람들은 왼손잡이를 볼 때 왼손이 오른손보다 날렵하고 강하다는 것을 인정하려 하지 않고, 오른손을 잘 쓰지 못하는 장애를 가진 사람으로 보고 무시했다. 하지만 야곱의 '오른손의 아들' 가운데서 하필 왼손잡이를 구원자로 삼으신 하나님의 해학은 신랄하다. 하나님께서는 사람을 강하게 하실 수가 있으시지만 특정인의 강함을 보고 쓰지는 않으신다(삼상 16:7). '오른손의 아들' 지파인 베냐민의 기브아 거민들 가운데 물매로 돌을 던져 백발백중시키는 소위 '왼손잡이 장애인'들이 칠백 명이나 있었다(삿 20:15-16). 하나님께서는 사람으로 한 번 유쾌히 웃게 하시고는 곧장 엄숙하게 하시니 해학의 원조이신 것도 같다.

하나님의 구원하심을 부르짖던 이스라엘은 하나님께서 뽑으신 '장애인'을 불평 없이 그들의 지도자로 받아들이고 신뢰했다. 마침 에글론에게 공물을 바칠 때가 되어 백성들은 가축과 금은과 값비싼 생활용품과 특산물을 취합하여 에훗에게 맡겼다. 그 기회에 에훗은 에글론을 죽이기로 작정하고 직접 단검을 만들어 오른쪽 넓적

다리에 숨겨 찼다. 공물을 바치고 돌아가다가 길갈 채석장에서 수행원들을 다 돌려보냈다. 홀로 여리고로 되돌아간 그는 왕에게 은밀한 말을 전하고 싶다는 전술적 거짓말을 했다. 왕은 몹시 비둔하여 여름궁전 다락방에 앉아 있다가 에훗의 극비 정보를 얻고자 주위를 모두 물렸다. 에훗이 하나님께서 명하신 말씀이라 하자 에글론 왕이 힘들여 앉은자리에서 일어섰다. 그 순간 에훗은 오른손보다 날렵하고 강한 그의 왼손으로 단검을 뽑아 왕의 출렁거리는 배를 찔렀다. 단 한 번이었다. 다시 찌르기 위해 검을 뽑을 필요가 없었다. 그리고 그는 에브라임 산지로 가서 군사 징집(徵集) 나팔을 불었다(삿 3:12-30).

10 이스라엘과 모압의 역사적 친소관계

창세기 19장에 모압 족속의 기원이 자세히 기록되어 있다. 그들이 세상에 이름을 드러내기 시작한 것은 출애굽 이스라엘이 광야생활을 끝내고 언약의 땅으로 들어가기 위해 북상하던 때이다. 이스라엘의 위용에 겁을 먹은 모압 왕 발락은 발람을 초청해 이스라엘을 저주하려는 계책을 세웠다. 저주의 효험으로 이스라엘이 와해 직전에 이를 때에 달려가 섬멸한다는 주술전략을 구상한 것이었다(덧말8 참고). 모압 왕 발락의 어리석은 전략은 이스라엘을 보호하시는 여호와에 의해 처음부터 계속 빗나갔다. 오히려 모압은 암몬과 함께 여호와의 총회에서 쫓겨나는 영구한 형벌을 자초했다(신 23:3).

모압 왕 에글론은 정치수완이 있는 인물이었다. 이스라엘을 치기 위해 암몬과 아말렉(출 17:8-13)을 끌어들여 연합군을 조직하고 일거에 성벽이 없는 여리고를 정복했다. 여호수아가 난공불락의 이중 벽 여리고 성에 입성한 후에 선언하기를, 누구든지 여리고 성을 재건하는 자는 여호와 앞에서 저주를 받을 것이라 했다. 그리하여 여호수아 이후로 여리고에는 성벽이 재건되지 않았다(수 6:26). 이스라엘은 아무런 방벽도 없는 상태에서 모압 암몬 아말렉 연합군에 패했고, 베냐민 지파와 에브라임 지파 일부가 18년 동안 모압 왕 에글론에게 조공을 바쳐야 했다.

그러나 덧말8에서 말한 것처럼, 베냐민 지파 사람 왼손잡이 에훗이 사사가 되어 에글론을 죽인 후로 이스라엘은 모압의 지배를 벗어나 이례적으로 80년간의 평화를 누렸다. 삼갈과 드보라 사사가 시무한 41년 기간과 5대 사사 기드온의 취임 전후 기간에 두 번의 큰 외침이 있었는데도(가나안 왕 야빈과의 전쟁, 삿 4-5장. 미디안 연합군과의 전쟁, 삿 6-8장) 모압과 이스라엘 양국 간에는 평화가 지속되었다. 엘리멜렉 가족이 기근을 피해 다른 나라가 아닌 모압으로 피난을 갈 수가 있었고, 상인들의 왕래와 혼인도 묵인되었다. 말론과 기룐의 모압 여인들과의 결혼이 양국 간의 화평관계 사례 중 하나였다. 그리고 말론의 처 모압 여인 룻이 이스라엘 사람 보아스와 재혼하는 데 아무 법적 제재나 관습적 저항이 없었다.

후일 이스라엘이 왕정을 시작하고부터는 양측의 애증(愛憎)이 한층 깊어졌으며, 주로 이스라엘이 모압을 지배하는 입장이었다. 사울 왕은 취임 초기에 에돔, 모압, 암몬 등 친척국가들을 비롯하여, 소바, 블레셋, 아말렉과 싸워 이겨 이스라엘 백성들을 구원했다(삼상 14:47-48). 그러나 다윗은 사울에게 쫓길 때 그의 부모를 모압 왕에게 맡기고 보호해 주기를 청할 정도로 모압 왕실과 우호적이었다(삼상 22:3-5). 다윗이 모압 왕과 돈독한 우의를 나누고 있었던 것은 그의 증조모 룻이 모압 사람인 까닭도 있었다. 하지만 그가 왕위에 오른 후에는 증조모로 인한 외척 모압을 잔혹한 방식으로 지배했다. 곧 모압인들을 줄지어 엎드리게 하여 일정한 줄로 두 번 잰 길이에 든 사람들은 죽이고, 한 번 잰 길이에 든 사람은 살리는 방식으로 공포심을 조장하여 증조모의 친정나라를 일개 조공국으로 복종시켰다(삼하 8:2). 그리고 솔로몬은 모압 왕의 딸을 7백 명의 후비 중 하나로 삼을 정도로 모압과는 비교도 안 되는 국력을 과시했으며, 분열왕국시대의 북조 이스라엘 역시 왕조가 바뀌어도 모압을 지배하기는 매한가지였다.

11 엘리멜렉이 고향을 떠난 것이 죄일까?

성경 연구자들과 설교자들이 엘리멜렉의 객지 죽음에 대하여 말하기를, 그의 갑작스러운 죽음은 그가 하나님의 뜻을 외면하고 자행자지하여 결국 이기적인 도피를 한 데 대한 하나님의 징벌이었다고 한다. 까닭인즉, 그는 하나님께서 복을 주시기로 약속하신 땅 가나안을 버리고 우상을 섬기는 이방인의 땅으로 갔으며, 기근이 이스라엘을 심판하기 위해 하나님께서 주신 것인 만큼 그 고통을 겸허한 태도로 감수하면서 회개를 해야만 했는데도, 그는 오직 자신과 가족의 안녕을 위해 하나님의 징벌을 피해 나갔기 때문이라는 것이다. 그의 모압 이주를 비판하는 그러한 해석을 성경신학에 비추어 과연 옳다고 할 수 있을까? 아브라함이 기근으로 인하여 약속의 땅을 벗어나 애굽에서 목숨을 부지한 일과, 야곱이 하란으로 가서 거부가 되어 귀향한 일도 하나님의 진노를 초래한 일이었던가? 엘리멜렉의 모압 이주가 과연 자기 이익을 좇아 행한 기회주의적인 행동이었을까?

엘리멜렉과 그의 가족들은 하나님의 택하심을 받은 사람들이다. 그가 베들레헴에 머물러 있었다면 틀림없이 이스라엘 중에서 며느리를 얻었을 것이다. 자신과 아들들이 그처럼 일찍 죽지 않았을지도 모른다. 하지만 엘리멜렉이 모압으로 가지 않았더라면 그와 그의 가족은 다윗의 조상 가운데 이방인을 불러들이시려는 하나님의 뜻을 이루어 드리는 일에 쓰임을 받지 못했을 것이다. 룻기의 가장 선명한 메시지 중 하나는, 다윗 왕의 조상 중에 이스라엘이 멸시하는 이방여인이 끼어든 것이 우연이 아니라 하나님의 의도적인 섭리의 결과라는 점이다. 그리고 하나님의 섭리는 이 세상의 상식으로 다 설명되지 않는다. "그의 판단은 측량치 못할 것이며, 그의 길은 찾지 못할 것"(롬 11:33)이기 때문이다.

엘리멜렉이 기근의 고통을 모면하고 보다 나은 삶을 찾아서 이방나라 모압을 선택한 것이라는 비판은 옳지 않다. 그리고 그 죗값으로 자신도 죽고 두 아들도 죽는 하나님의 징벌을 받았다는 식의 정죄는 하나님의 원대하신 뜻을 살피지 못한 인본주의적 이해이다. 성경의 모든 이야기를 우리의 현재의 삶에 적용하려는 무리한 영해적(allegoric) 도덕적 해석은 성경의 진의를 말하기보다 해석자의 주관적인 견해를 주장하기 쉽다. 그가 양식이 있는 타국객지를 피난지로 선택할 때, 타지에서 겪어야 할 수다한 어려움을 모르지 않았을 것이다. 친척도 친구도 없는 객지에서 고독하게 될 것이며, 뜻하지 않은 희생과 고통을 받을 수 있다는 사실을 알고 있었을 것이다. 그럼에도 엘리멜렉과 나오미는 그들에게 닥친 기근을 계기로 모압 이주를 결행한 것이다. 그렇다면 그들 내외의 이주 결단을 나만 살고 보겠다는 이기주의적 행동이라고 볼 수도 없을 것이다. 그들의 모압 이주에는 엘리멜렉과 가족의 의지만이 아니라, 모압 땅에 살고 있는 이방여인 룻을 '그의 백성' 가운데로 부르시려는 하나님의 주권적 섭리가 개입하고 있었다.

모압에서 가족을 다 잃고 유일하게 살아남은 나오미에게 너무나 큰 심정적 육체적 고통이 있었을 것이다. 하지만 집안 남자들의 죽음으로 받게 될 괴로움과는 비교할 수 없는 영광이 엘리멜렉 가족들에게 예비되어 있었다. 나오미도 죽은 남자들도 하나님의 목적과 섭리를 그들의 현재시간 가운데서 깨닫지 못했을 뿐, 그들의 판단과 결정과 삶과 죽음의 과정에는 하나님의 크신 계획이 함께하고 있었다. 엘리멜렉 가족은, 다윗 왕가의 조상이 되며 그리스도의 조상이 될 이방인 룻을 얻기 위해 세 남자가 목숨을 버리기까지 하나님의 쓰임을 받는 영광을 얻고 있었던 것이다.

그뿐만 아니라 룻이 선민시대의 이방인으로서 하나님의 구원에 편입된 것은, 장차 그리스도를 통한 이방세계에도 구원의 여망이 실현될 것이라는 하나님의 오래된 계시의 빛이기도 했다. 이방인이 선민의 무리에 가입할 수 있다는 사실은 룻기가 전하는 놀라운 메시지 중의 하나이다. 그런 관점에서 엘리멜렉 가족의 모압 이주를 구속사의 점진적 발전을 이루어 가시는 하나님의 섭리의 결과라고 보지 않을 수 없다.

엘레멜렉의 모압 이주를 그의 약삭빠른 재난탈출극으로 보고 그것으로 도덕적 교훈을 지어내기에 급급한 해석 태도는 복음신앙에서 배격되어야 한다. 우리는 성경의 모든 이야기에서 우리의 현재적 삶에 적용할 교훈의 재료를 찾으려고만 할 것이 아니라, 나의 삶을 주권적인 섭리로 이끌어 가시는 하나님의 뜻이 무엇인지를 명상하고 기도하며 깨닫기를 우선적으로 바라야 한다. 기근사건 전부터, 아니 만세 전부터 하나님께서는 룻이라는 한 이방여인을 점찍으셨다. "여호와께서 그 조화의 시작 곧 태초에 일하시기 전에 나를 가지셨으며 만세 전부터, 상고부터, 땅이 생기기 전부터 내가 세움을 입었나니"(잠 8:22-23) 지혜자는 그렇게 읊었다. 하나님께서는 그의 구속사에 주권적인 계획과 목적을 가지고 계신다. 그 뜻을 이루시려는 필연의 섭리를 만세 전부터 행하여 오심과 같이 지금도 행하고 계신다. 하나님의 무궁하신 섭리의 전개 과정에서 엘리멜렉의 모압 이주가 결행되었다는 사실을 보지 않는다면, 룻기는 고대 설화문학의 고부전(姑婦傳)이나 흔한 러브스토리의 고전 중 하나에 지나지 않게 될 것이다(마 10:29 참고).

12 이방인 결혼은 어디까지?

이스라엘이 가나안 땅에 들어가기 전 그곳에는 일곱 족속이 살고 있었다. 그들은 모두 거인들이었으며 세력도 강했다. 모세는 가나안 땅으로 들어가는 이스라엘을 향하여 하나님의 말씀을 전하기를, 그곳 가나안 족속들과 언약을 맺지 말며, 그들을 불쌍히 여기지 말며, 그들과 혼인을 하지 말 것을 강조했다. 그리고 그 땅에 들어가거든 가나안 사람들의 단을 헐며, 주상을 깨뜨리며, 아세라 목상을 찍으며, 조각한 우상들을 불사르라는 것이었다(출 34:10-17; 신 7:1-5).

이스라엘이 가나안 사람과 언약을 맺지 말고 결혼을 하지 말아야 할 까닭은 대개 다음과 같은 이유 때문이었다.

첫째, 가나안의 일곱 족속들은 인구가 많고 강함에 비해 이스라엘은 모든 민족 중 가장 수효가 적고 미약하다(신 7:4, 7). 그러므로 이스라엘은 그 일곱 족속의 신앙과 관습의 영향을 받을 수밖에 없어 필경 가나안 사람들의 우상을 섬기게 되고 여호와를 배반하게 될 것이다.

둘째, 이스라엘이 가나안 사람들과 동거하게 된다면 그들의 여호와 신앙과 관습에 혼합의 변질이 일어날 것이다. 신앙의 부분적 변개나 희석은 하나님에 대한 전적인 배신과 다름이 없다. 혼합과 변개는 참 신앙을 파괴하는 것이기에, 하나님께서는 여호와 신앙의 오염 혼합주의자들에게 반드시 저주를 내리실 것이다(신 5:32-33, 28:15-68).

셋째, 이스라엘이 가나안 사람들과 공존할 때, 그들과의 혈육의 혼합이 일어나게 되어 그들을 축출하는 데 돌이킬 수 없는 장애요인이 될 것이다(출 34:16). 멸절시키거나 하나님의 언약의 지도(地圖) 밖으로 물리쳐야 할 대상과 가족관계를 맺게 된다면 이스라엘은 그 혈연의 올무를 벗어나지 못하여 마침내 대적들에게 패망하게 될 것이다.

그런 까닭으로 모세는 신앙적 혈연적 측면에서 이스라엘을 패망시킬 수 있는 '가나안 사람'과의 결혼을 금지시켰다. 그것은 도처에 존재하는 '이방 사람'과의 결혼을 금한 것이 아니었다. 이스라엘이 '가나안 사람'과 결혼을 하지 말아야 하는 근본적인 이유는, 그들이 '이방인'이어서가 아니라 강한 영향력으로 여호와 신앙을 소멸 변질시킬 수 있는 힘을 가진 족속들이기 때문이었다. 율법에는 이스라엘을 둘러싼 이방의 이교 신 숭배자들, 곧 모압, 암몬, 에돔, 블레셋, 애굽인 등과의 결혼을 금한 조항이 없다.

일상적인 교류가 없는 나라와 나라의 관계에서는 신앙의 혼합이나 일방적인 흡수 소멸이 일어나지 않는다. 그렇다면 '가나안 사람'이 아닌 '이방 사람'과의 결혼을 구태여 율법으로 금할 필요도 없다. 한마디로, 이방신을 섬기는 족속이 많고 강한데도 그들과 한 지역 내에서 산다면 약체 이스라엘이 자신들의 정체성을 잃어버릴 수도 있겠지만, 그 반대의 경우라면 굳이 이방 결혼을 막을 이유가 없다. 나오미가 이방 땅 모압에서 두 아들을 그곳 여인들과 결혼시킨 사실을 베들레헴의 친척들이나 이스라엘 모든 지파 중에서 비방하거나 정죄한 사람은 사실상 없었다. 그리고 이방인 룻이 선민 보아스와 결혼하게 된 것을 성문의 장로들과 유사들과 군중들은 기뻐하고 축복하고 결혼의 증인이 되어 줄 것을 서약했다.

다음 표는 이름 있는 이스라엘 사람들의 결혼사례를 정리해 본 것이다. 주목할 것은, 상당한 이스라엘 사람들이 가나안 여인을 포함한 이방여인들을 아내로 맞이했다는 점이다. 하지만 그것이 율법 전수 이전 이후를 막론하고 법적으로나 여론상으로나 아무런 문제를 일으키지 않았다. 당시의 이스라엘 민족이나 결혼 장본인(이스라엘 사람)이 결혼 대상자(가나안인, 기타 이방인)의 신앙이나 정신세계를 압도하고 지도할 수 있는 영향력을 가진 입장에 있었기 때문일 것이다. 그러므로 이스라엘이 '이방결혼'을 무조건 거부해야 하는 것이 아니라, 결혼대상자인 이교도를 영적, 물리적, 제도적으로 영향을 미쳐 여호와 신앙으로 개종시킬 수 없다고 판단될 때 그 결혼을 금했던 것이라고 볼 수 있다.

시대	결혼인	결혼 대상자	가부	성경
족장 시대	아브라함	데라의 딸 사라 (이복누이)	가	창 20:12
	이삭	브두엘의 딸 리브가 (5촌)	가	창 22:23
	야곱	라반의 딸 레아, 라헬(외4촌)	가	창 28:2, 29:18
율법 시대	전체 이스라엘	가나안 사람	불가	신 7:3
	전체 제사장	창녀, 이혼녀	불가	레 21:7
시대 불문	시므온	가나안 여인, 성명 미상		창 46:10
	유다	가나안 여인, 수아의 딸		창 38:2
	요셉	애굽 제사장의 딸, 아스낫		창 41:45
	모세	미디안 여인, 십보라		출 2:21
	살몬	가나안 여인, 기생 라합		마 1:5
	말론과 기론	모압 여인, 룻과 오르바	가	룻 1:4, 4:10
	보아스	모압 여인, 룻		룻 4:13
	다윗	헷사람 우리아의 처 밧세바*		삼하 11:3
	솔로몬	애굽 여인 외 다수 외국 여인		왕상 3:1, 11:3, 4
	아합	시돈 왕의 딸 이세벨		왕상 16:31
	삼손	블레셋 딤나 여인과 들릴라		삿 14:2–10, 16:4

※ 헷(Heth, Hittites)은 주전 1800년 이후 소아시아 전역을 지배했던 왕국인데, 주전 1200년경에 멸망했다. 사무엘하 11장 3절에 밧세바

가 "헷 사람 우리아의 아내"라고 한 진술이 나온다. 그러나 그 말만으로는 그녀를 헷 사람인 '이방인'으로 보기가 석연치 않다. 헷 사람의 아내라고 다 헷 사람인 것은 아니기 때문이다.

헷 제국의 멸망으로 그 족속은 남하하여 수리아와 이스라엘 등지에 분산 거주했다. 우리아가 다윗의 용사로 복무한 사례를 보듯, 헷 족속 일부는 다윗의 등극까지 200년 세월에 걸쳐 이스라엘에 동화되어 왔던 것으로 볼 수 있다. 밧세바의 아버지는 엘리암이고, 엘리암의 아버지는 다윗의 뛰어난 모사 아히도벨이다. 아히도벨은 다윗을 모반한 왕자 압살롬에게 붙었다가 모반이 실패하자 자결했다(삼하 15-17장).

그런데 밧세바의 조부 아히도벨은 길로(에 사는) 사람인데(삼하 23:34), 길로는 유다 지파의 남서지역 산지에 있는 촌락이다. 아히도벨과 엘리암이 우리아와 같은 헷 족속이었다 하더라도, 그들의 선조는 그들의 헷 왕국의 멸망을 계기로 남하하여 유다 지파의 길로에 정착한 것으로 추정할 수 있다. 그리고 그들은 다윗 시대에 이르러 이스라엘의 신앙과 관습에 동화되어 있었을 것이다. 그 증거로 아히도벨, 엘리암, 그리고 그의 사위 우리아가 다윗의 37용사 명단에 들어 있음을 들 수 있다(삼하 23:34, 39).

그러므로 200년에 걸쳐 이스라엘에 정착하여 동화되어 온 아히도벨의 손녀요 엘리암의 딸인 밧세바를 "헷 족속 우리아의 아내"라는 증언 한마디로 '이방인'이라 단정하는 것은 무리가 있어 보인다. 성경은 단지 밧세바가 '헷 족속 우리아의 처'였음을 말하고 있을 뿐이다. 그녀의 부친 엘리암, 조부 이히도벨까지 헷 족속이있다는 말은 성경에 없다. 설령 그녀의 부친과 조부가 우리아와 같은 헷 족속이었다 하더라도, 밧세바는 조상들과 다르게 이스라엘 사람이나 다름없는 헷 사람(the Hittite-Israelite), 곧 이스라엘 귀화인으로 보는 것이 더 자연스러울 수도 있다. 요컨대 밧세바를 룻이나 라합이나 다말과 같은 종류의 '순전한 이방인'이라고 보기는 어렵다는 것이다. '이방인'이라는 구별기준이 신앙과 관습과 정신문화에 따른 것이라면, 밧세바가 비록 헷 사람의 혈통적 자손이라 할지라도 단순히 그녀를 '이방인'으로 보는 것은 적절치 않을 것이다.

13 욥의 고난과 복

욥은 설화적 인물이 아니라 역사적 실존인물이다. 에스겔 14장 12-20절에, 욥은 노아와 다니엘과 함께 거명되고 있다. 주님의 육신의 동생 야고보도 욥의 인내를 본받으라고 교회를 훈계한다(약 5:11). 욥기에 출애굽 사건이나 율법에 관련된 언급이 없는 대신, 하나님께 드린 예배형식과 관습이 족장시대의 것과 유사하게 언급되어 있음을 보아, 욥은 최소한 모세 이전의 족장시대에 살았던 사람으로 추정할 수 있다. 그가 재난을 당하던 때의 연세가 밝혀지지 않았지만 그의 고난이 끝난 이후에 산 연수만 140년이었다(욥 42:16).

고난 이전에 이미 열 명의 자식이 있었던 것으로 보아 그가 고난을 받을 때의 연세를 60-70세 전후로 추정할 수 있고, 고난 이후에 산 햇수가 140년이었으니 그의 수명은 200세 이상이었을 것이다. 그때 아브라함은 175세까지, 그의 아버지 데라는 205세까지 살았다. 몇몇 한글성경 창세기 46장 13절에 나오는 '욥'이 야곱의 아들 잇사갈의 소생이라고 되어 있는데, 그 욥은 욥기의 욥이 아니라 '야숩'이다. 그러니까 욥기의 욥은 야곱의 손자가 아니라 아브라함과 동시대를 산 사람이었을 것이다. 욥의 거주지 우스는 팔레스틴과 유프라데스강 사이 아라비아 광야의 모처이다.

그는 순전하고 정직하고 하나님을 경외하며 악에서 떠나 영적, 도덕적으로 거의 완벽한 사람이었다. 7남 3녀에, 양 7천, 약대 3천, 소 5백 겨리(1천), 암나귀 5백 마리에 많은 종들이 있어 동방사람 중에 으뜸가는 부호였다. 하나님께서 사탄에게 욥을 칭찬하시니(욥 1:8), 사탄이 항변하기를, 하나님께서 그에게 심히 큰 복을 주셨기에 그런 것이지, 그가 자식과 재산을 다 잃게 된다면 하나님을 욕할 것이라고 했다. 하나님께서 사탄에게 그를 시험해 보라 허락하시니 사탄이 욥에게 사람으로서 견디기 어려운 시련을 주었다(욥 1:13-19). 그는 하루 아침에 가축과 종들과 열 명의 자식들까지 다 잃었다. 겉옷을 찢고 머리털을 밀고 슬픔으로 울부짖다가, 마음을 가다듬고 땅에 엎드려 하나님을 경배했다. "내가 모태에서 적신이 나왔사온즉 또한 적신이 그리로 돌아가올지라. 주신 자도 여호와시요 취하신 자도 여호와시오니 여호와의 이름이 찬송을 받으실지니이다." 그 일로 욥은 범죄하지도 않았으며 하나님을 원망하지도 않았다(욥 1:21-22).

사탄이 다시 욥을 괴롭혔다. 이번에는 그의 생명을 제외하고 뼈와 살을 쳐서 사람으로서 견딜 수 없는 고통을 받게 했다. 발바닥에서 정수리까지 심한 악창(惡瘡)이 났다. 흐르는 진물을 주체하지 못해 잿간에 앉아 기와 조각으로 살을 긁었다. 그런 남편을 본 아내가, "당신이 그래도 자기의 순전을 굳게 지키느냐? 하나님을 욕하고 죽으라"(욥 2:9)고 소리쳤다. 아내가 그런 말을 하다니, 욥의 충격은 이만저만이 아니었다. 아내의 저주 어린 막말은 그가 온 몸으로 당하고 있는 고통보다 더한 아픔이었다. 욥은 대답했다. "그대의 말이 어리석은 여자 중 하나의 말 같도다"(욥 2:10).

욥의 처는 원래 그처럼 교양 없고 동정심 없고 신앙심이 없는 사람이 아니었다. 그녀는 남편과 어울리리만큼 신앙과 덕망이 있는 여인이었다. 그리도 요조 현숙하던 아내가, 재산과 자식들을 다 잃고 괴질로 괴로워하는 남편에게 위로의 말은커녕 욕설보다 더한 막말, 곧 "어리석은 여자 중 하나의 말 같"은 말을 하기에 욥은 충격이 컸던 것이다. 욥의 심정의 고통은 지난날의 아내의 현숙함 때문에 받은 것이며, 그처럼 아름답던 아내도 고난 앞에서는 무너지고 만다는 사실을 인식함으로써 받는 아픔이었다. 세상에 욥의 아내보다 나은 여인이 있을까? 많은 소유와 금쪽같은 열 명의 자식들을 다 잃고도 하나님을 욕하지 않을 정숙한 믿음의 아내가 과연 있을까? 욥은 성인이 아니고서는 할 수 없는 말로 가만히 아내를 나무랐다. "우리가 하나님께 복을 받았은즉 재앙도 받지 아니하겠느뇨"(욥 2:10).

하나님께서 알고 계신 대로 욥은 악랄한 사탄의 시험을 이겼다. 그리고 시험을 받기 전보다 갑절이나 하나님의 복을 받았다. 양 1만 4천, 약대 6천, 소 1천 겨리(2천 마리), 암나귀 7천을 두었고, 그에 상응하는 토지를 늘리고 종들을 더했을 것이다. 그리고 다시 한번 7남 3녀를 낳았는데 세상에서(전국에서, in all the land) 욥의 딸들(여미마, 긋시아, 게렌합북)만큼 "아리따운 여자가 없었다"(욥 42:15). 용모가 아름다웠다는 말에는 그 딸들의 심성과 교양과 행동거지의 아름다움까지 포함되었을 것이다.

남편과 두 아들을 타국객지에 묻고 빈손으로 귀향하는 나오미의 심신의 고통은 어느 정도였을까? 가히 욥의 고난에 견주어 보기는 어렵다 해도 누군가가 욥의 아내처럼 그녀를 타매(唾罵)하지는 않았을까? "너 살자고 고국 고향을 떠나지 않았더냐? 남편, 아들 다 죽이고 너만 살아왔느냐? 어째서 하나님을 욕하고 그 땅에서 죽지 못했느냐?" 나오미는 스스로 '마라'로 불리기를 원한 여인이었다. 전능자께서 그녀에게 고통을 주신 것이라고 간결하나마 그녀는 자신의 절망적 실상을 토로한 바가 있었다(룻 1:20).

14 히브리 족속

히브리인(The Hebrews)은 셈족이 아람 지파의 일문(一門)으로 추정된다. 아람 지파의 히브리인은 아라비아 사막 북방 언저리를 두르고 있는 소위 초승달 지대에서 목축을 했다. 아람 족의 피는 아브라함의 자손들에게 계속 유입되지 않았지만, 그들의 조상은 아브라함을 비롯한 아람 족속이었다. 아브라함이 아들 이삭의 아내로 밧단아람에서 아브라함의 동생 나홀의 손녀요 브두엘의 딸인 리브가를 데려왔다(창 24:10, 47, 25:20). 밧단아람은 비옥한 메소포타미아 평원 북부지역이며, 그곳에 수도(首都) 격의 도성 하란이 있었고, 아람 족이 거주하고 있었다. 야곱도 아내 라헬과 레아를 그곳 밧단아람에서 얻었다(창 29:28). 그러니까 아브라함과 그의 부인 사라와, 이삭과 야곱의 아내들은 셈족의 아람 지파에 속한 히브리 가문 사람들이었다.

셈족 아람 지파의 히브리인 아브라함은 하나님의 소명을 받기 전에 바벨론 남단과 페르시아만 사이에 위치한 고대의 문화도시 우르에 살았다. 그곳은 수메르 문명의 중심지였으며, 아담이 창조된 에덴으로 추정되는 곳이었다. 그가 부르심을 받고 아버지 데라와 함께 우르를 떠나 메소포타미아 북서쪽에 있는 밧단아람의 하란으로 이주했다. 그리고 그의 가족(아내 사라, 조카 롯, 수 명의 종들)과 함께 남쪽의 가나안으로 내려갔다(창 11:27-12:5). 후일 가나안에 정착한 히브리인들은 아브라함을 그들의 조상이라 했다. 아브라함의 가나안 입경

이후로 '히브리'(Hebrew)라는 명칭은 타 종족들에 의해 '강을 건너온 자'라는 비하의 뜻으로 불렸으며, 아라비아 사막과 메소포타미아 평원에 점재(點在)하는 여타의 원적지(原籍地) 히브리인과 구별되었다.

아브라함, 이삭, 야곱 족장들은 그들의 순혈을 지키기 위해 노력했음에도, 실제로는 "열국의 아비"(창 17:4-5)가 되어야 할 아브라함에 의하여 아브라함 때부터 피의 혼합이 시작되고 있었다. 아브라함은 애굽 여인 하갈에게서 이스마엘을 낳았으며(창 16:1-16), 아라비아인 그두라에게서 아들 다섯을 낳았다. 그들의 자손들은 나중에 야곱의 자손들과 혼혈을 이루었다.

요셉의 처 아스낫을 통하여 애굽인의 피도 유프라테스강을 건너온 히브리 족에 유입되었다. 므낫세와 에브라임은 요셉이 애굽인 처에게서 낳은 혼혈 자식들이며(창 41:50-52), 그들은 출애굽 이후 가나안 땅에 들어올 때 큰 기업들을 받았다.

모세도 미디안(에돔과 홍해 사이 지역) 여인 십보라에게서 게르솜과 엘리에셀을 낳았고(출 18:1-4), 구스(에디오피아) 여인도 취했다(민 12:1). 그 외 모세의 장인(십보라의 아버지)이 속한 미다안의 겐 족속도 히브리인의 가족으로 흡수되었다(삿 1:16, 4:11). 이처럼 '강을 건너온 자 히브리인'은 처음부터 피의 순수성을 고수해 온 족속이 아니었다.

그런데 '히브리인'(Hebrew)과 '이스라엘인'(Israelite)과 '유대인'(Jew)은 의미상 어떤 차이가 있을까? '히브리'가 인류의 분화과정에서부터 지켜 온 가족 계열의 혈통과 관습 일반의 정체를 나타내는 인종적 명칭이라면, '이스라엘'은 그 명칭의 기원이 야곱 개인에게 있으며, 하나님께서 내리실 복의 언약에 대한 신앙 측면에서 주로 명명되있다.

야곱이 밧단아람에서 가나안으로 돌아가던 중 얍복강가에서 하나님의 사자와 씨름을 하다가 환도뼈가 이골 나는 치명상을 입었을 때(창 32장) 하나님께서 야곱에게 새 이름을 지어 주셨다. 그 야곱의 새 이름이 '이스라엘'이었다. 그것은 변화를 지향해야 할 야곱 개인의 이름일 뿐 아니라, 장차 그의 자손이 번성하여 이루게 될 민족과 나라를 일컫는 명칭이기도 했다(창 32:28, 35:10-13). 그러므로 '히브리인'과 '이스라엘인'이라는 명칭은 대개 동일한 뜻으로 사용되었지만, 전자는 종족의 계통적 정체를 드러내는 데 후자는 하나님의 복의 약속에 대한 백성들의 믿음을 표현하는 데 사용되었다.

또한 '이스라엘'이란 이름은 같은 히브리인 형제국들과 구별되는 일족(一族)임을 의미하기도 했다. '강을 건너온 자로서의 히브리인' 중에는 야곱의 자손인 이스라엘만 있는 것이 아니라 에서의 후손인 에돔과 롯의 자손인 모압과 암몬이 존재했다. 그 네 지파 종족이 동일한 '히브리인'이기는 하지만(그들은 모두 아브라함이 강을 건너온 후 가나안 땅에서 형성되었다), '이스라엘'은 신앙 면에서 그들과 배타적으로 구별되는 선민의식을 그들의 민족 명칭에 내재시켰다.

위 두 명칭 '히브리인'과 '이스라엘인' 외에 '유대인'(Jew)이란 호칭도 있다. 이것은 단순히 '유대 지방에 사는 사람, 유대에서 온 사람, 유대 사람'이라는 뜻이다. 이 이름은 히브리인 이스라엘의 바벨론 유수(幽囚: 주전 597, 586, 581년) 때에 쓰였으며, 포로귀환 후에는 '히브리인'도 '이스라엘인'도 아닌 '유대인'이란 명칭이 세계 도처에서 일색으로 사용되었다. 여러 차례의 민족 이산(離散)으로 애굽의 알렉산드리아, 유럽, 소아시아, 코카서스, 러시아 등지로 흩어져 나간 '아브라함의 자손들'은 그들이 영락없는 히브리인이요 이스라엘인이기는 하지만, 공통적으로 '유대인'이라 불렸다. 신약성경에도 '유대인'이란 이름의 격변화(格變化) 형이 빈번히 나온다. 이산 유대인들이 시오니즘 운동으로 고토(故土)로 돌아가 1948년에 새로이 세운 그들 국가의 명칭은 '이스라엘'인데, 그 국민들은 '유대인'이라 불려지고 있다.

15 수혼(嫂婚)

형제 중 하나가 아들을 낳지 못하고 죽으면 살아 있는 형제가 형수(또는 제수)에게 들어가 아들을 낳아 죽은 형제의 대를 잇는 제도를 수혼(嫂婚, 繼代婚, Levirate Marriage)이라 한다. 그러한 결혼제도는 모세 율법 이전부터 하나님께서 인정하시는 이스라엘의 관습으로 지켜져 왔는데, 창세기 38장에 그 사례가 기술되어 있다.

수혼은 히브리인만의 관습이 아니라 고대세계인 공통의 관습이었다. 할례도 족장시대 이전부터 여러 족속들이 집단의 결속과 정체성을 강화하고, 위생관리, 성인식 통과의례 등의 절차로 행하던 관습이었다. 하나님께서는 할례를 아브라함과 그 자손들과 맺으신 언약의 표지로 삼으셨다(창 17:9-14). 성경이 고대 인류의 일반적인 관행을 도입하여 이스라엘의 율법으로 제도화시킨 것들이 있는데, 그 대표적인 것이 할례와 수혼이다.

유다는 엘과 오난과 셀라 3형제를 낳았다. 장남 엘이 다말과 결혼했으나 하나님 앞에 악을 행하여 죽임을 당하는 바람에 자식을 남기지 못했다. 차남 오난이 관습을 좇아 형수 다말에게 들어갔으나, 죽은 형에게 아들을 낳아 주고 싶지 않아 땅에 설정(泄精)했다. 오난의 행위가 악하여 그 역시 하나님의 손에 죽임을 당했다. 다말의 시아버지 유다는 삼남 셀라까지 죽을까 염려되어 그가 아직 어리다는 핑계로 다말을 친정으로 보냈다. 그러한 형사취수(兄死娶嫂) 관습은 출애굽 이전부터 근동과 중앙 아시아 지역에서 널리 지켜진 풍속인데, 이스라엘의 출애굽 이후에 모세의 율법으로 성문화되었다(신 25:5-10).

후대의 유교(儒學) 문화권에서는 수혼을 사회적으로 용납할 수 없는 패륜으로 여겼다. 형제의 미망인이 합당한 절차를 따라 일가친척 외의 다른 가문으로 재가(再嫁)할 수는 있지만, 죽을 때까지 독신 수절(守節)하는 것을 친가와 시가와 본인의 명예로 여겼다. 그리고 죽음과 상관없이, 아들을 낳지 못하거나 나을 소망이 없는 형제(또는 근친)가 있을 경우에는 가장 가까운 형제(또는 근친)가 그의 아들 중 하나를 무자(無子)한 그 집으로 보내 대를 이어 주는 양자제(養子制)를 따랐다. 이스라엘의 수혼제와 같이 형제(근친)의 대를 이어 준다는 취지는 같아도 수혼제와 양자제의 방식은 확연히 달랐다.

수혼법(The Levirate Law)은 강한 구속력을 가지고 있었다. 수혼을 해야 할 권리와 책임과 의무를 지고 있는 형제(근친)가 자신의 입장이나 개인적인 취향 때문에 그의 책무 행하기를 거절할 수도 있는데, 그럴 경우에는 공개적으로 그에게 모욕을 주었다. 장로들이 입회한 장소에서, 책임을 기피하는 그 형제의 얼굴에 형수(또는 제수)가 침을 뱉고, 그의 발에서 신을 벗기며, 그에게 '신을 벗긴 자'라는 낙인을 찍어 그의 명예를 실추시켰다(신 25:9-10). 그렇게 하는 까닭은 책임을 져야 할 자가 그것을 기피함으로써 이스라엘 민족공동체의 번영에 그만큼 해를 끼친 셈이기 때문이었다.

수혼법은 예수님께서 지상에 계시던 때까지 유대인 사회에서 지켜졌다(마 22:24-33). 부활을 부인하는 사두개인 하나가 예수님을 곤경에 빠뜨리려고 일곱 형제의 연속적인 수혼 사례를 들고 나와 물었다. 맏형이 죽어 여섯 동생들이 차례로 맏형수를 취했는데 부활 때에 그 맏형수는 어느 형제의 아내가 되느냐는 회심의 함정질문이었다. 예수님께서는 "부활 때에는 장가도 아니 가고 시집도 아니 가고 하늘에 있는 천사들과 같으니라"(마 22:30)는 대답으로 의기양양해 하던 사두개인의 무지를 나무라셨다.

또 수혼과는 별개일 경우도 있는 "기업 무르기 법"이 시행되었다. 기업이란 수익을 얻게 해주는 토지를 지칭했다. 이스라엘이 토지를 영영히 팔지 말아야 하는 것은, 그것이 하나님이 소유이기 때문이었다(레 25:23). 이스라엘은 나그네요 그 땅에 잠시 우거하는 객일 뿐 절대적이며 영원한 땅의 소유권자가 될 수 없었다(레 25:23). 그런데 그 토지를 기업으로 받은 자가 가난하게 되어 불가불 타인에게 땅을 팔게 되는 경우가 발생하기도 하는데, 그때에는 그 기업을 판 자와 가장 가까운 근족이 동족이 판 토지를 도로 사서 판 자의 집안에서 그 토지가 상실되지 않도록 해주어야 했다. 그렇게 근족의 기업을 도로 사 주는 사람을 "고엘"(구속자, redeemer, kinsman)이라고 했다(4:1).

고엘은 수혼을 할 수도 있지만, 형편에 따라 수혼이 필요하지 않은 경우도 있었다(레 25:23-28). 그런데 만일 기업을 물어 줄 고엘이 없다면 토지를 판 그 사람은 안식년이나 희년이 되기까지 기다려야 했다. 안식년과 희년에는 돈을 주고 산 것들, 곧 토지나 종에게까지 자유 해방이 선포되어 원상태로 되돌아가기 때문이었다(덧말19 참고).

그런데 수혼의 결과에 대한 한 가지 의문을 제기하지 않을 수 없다. 수혼의 목적은 '무자한 형제의 후사(後嗣)를 이어주는 데' 있다. 수혼으로 태어난 아들은 자손이 끊어진 그 집의 법적 자손이 된다. 말론에게 후손이 없었기에 그의 미망인 룻이 보아스와 수혼을 하여 아들 오벳을 낳았다. 오벳을 낳은 생물적 아버지는 보아스이지만, 아이의 법적 아버지는 말론이다. 그런데 오벳의 족보에는 법적 아버지 말론의 이름이 없고, 생부 보아스의 이름이 나온다(4:18-22; 마 1:3-6). 그러니까 족보에는 수혼법의 취지가 무위화(無爲化)되어 있는 것이다.

신명기 25장 5-6절에 수혼법의 목적이 명확하게 나와 있다. 수혼법의 법리를 따르면, 오벳은 당연히 말론의 아들이어야 하고, 오벳의 손자인 다윗의 조상으로 말론과 엘리멜렉의 이름이 족보에 실려야 했다.

그런데 족보에 오벳의 법적 아버지 말론은 없고 생부인 보아스가 나온다는 것이 의문의 요지이다. 보아스와 룻이 서로 사랑한 점도 있지만, 두 사람이 실제로는 수혼법을 따라 결혼을 한 것이기에 엘리멜렉 가문의 계대 문제는 수혼법대로 처리되어야 했을 것이다.

보아스는 성문에서 수혼 승인 서약을 하는 중에 이런 말을 했다.

"말론의 아내 모압 여인 룻을 사서 나의 아내로 취하고 그 죽은 자(말론)의 기업을 그 이름(말론의 이름)으로 잇게 하여 그 이름(말론)이 그 형제 중과 그곳 성문에서 끊어지지 않게 함에 너희가 오늘날 증인이 되었느니라."

보아스는 자식을 낳아 그 아이로 하여금 '말론의 아들이 되도록' 할 것임을 스스로 공언했다(4:10). 그뿐만 아니라 오벳이 태어났을 때 성읍 여인들도 나오미에게 말하기를 "찬송할지로다. 여호와께서 오늘날 네게 기업 무를 자가 없게 아니 하셨도다"(4:14) 하였고, "이는 네 생명의 회복자며 네 노년의 봉양자라"(4:15)고도 했다. 여인들이 오벳을 두고 나오미에게 그런 말을 한 것은 그녀들이 분명히 신명기 25장 6절의 수혼 법규를 알고 있었으며, 그 법대로 향후의 모든 일이 처리될 줄로 알고 있었기 때문일 것이다.

한편 그와는 반대로 성문에 모인 주민들은, "여호와께서 이 소년 여자로 네게(보아스, 당신에게) 후사를 주사 네 집(보아스의 집)으로 다말이 유다에게 낳아 준 베레스의 집과 같게 하시기를 원하노라"(4:12)라고 했다. 그들의 축복에 나타난 어의는, '룻에게서 난 아이는 보아스의 후사'라는 것이었다.

보아스와 베들레헴의 여인들은 오벳이 말론의 아들임을 말하고, 성문에 모인 주민들은 오벳이 보아스의 아들이 될 것임을 말했다. 그렇다면 과연 오벳은 누구의 기업을 이을 누구의 아들인가? 이 점에 대해 성경은 답이 되는 설명을 하지 않은 것으로 보인다. 족보에 '말론의 증손자'로 기록해야 할 다윗을 '보아스의 증손자'로 기술한 성경 저자의 참 뜻이 무엇일까? 저자가 과문 무지하여 잘 알지 못하나, 이는 아마도 하나님의 선택의 주권에 속한 일인 것 같다.

보아스와 룻이 수혼법대로 결혼하여 오벳을 낳았기 때문에 오벳이 말론의 법률적 상속자가 되어야 하는 것은 법에 비추어 분명히 옳은 일이다. 그런데 오벳은 말론의 기업을 무를 자이면서도 동시에 생부 보아스의 상속자이기도 한 것이다. 오벳은 말론의 기업과 보아스의 기업을 공히 물려받아 양가의 기업을 함께 보존해야 할 의무를 가진 '두 집의 상속자'인 것이다. 그런 까닭으로 하나님께서 룻기의 저자로 하여금 오벳을 생부 보아스의 상속인으로 족보에 올리도록 영감으로 지도하신 것이 아닐까? 그리고 하나님께서 이방인 룻을 불러들이셔서 이스라엘 왕가의 조상으로 삼으려 하셨기에, 룻으로 아들을 낳게 한 보아스를 다윗 왕가의 조상으로 택하신 것이 아닐까?

유사한 문제는 예수님의 족보에도 나타난다. 성경에는 "다윗의 자손 예수"라는 말이 여러 번 쓰였고, 또 예수님의 가계(家系)를 보면 예수님께서는 다윗의 자손 요셉의 아들이신 것으로 암시되어 있다. 그러나 예수님께서는 요셉의 부정(父精)으로 나신 것이 아니라, 처녀 마리아에게 임하신 성령님의 능력으로 잉태되시고 탄생하셨다. 다윗의 후손 요셉은 예수님의 탄생과는 절대 무관하다(마 1:18-25). 심지어 다윗 자신마저 후대에 오실 예수님을 그의 "주"라 칭했고(마 22:41-46), 세상에 오신 예수님께서도 "다윗이 그리스도를 주라 칭하였은즉 (내가) 어찌 그의 자손이 되겠느냐"(마 22:45)라고도 하셨다. 그럼에도 성경에는 사람의 족보에 예수님의 탄생을 기술하되 "아브라함과 다윗의 자손 예수 그리스도의 세계라"(마 1:1)라는 서언을 붙였을 뿐만 아니라, 수많은 유대인들이 예수님을 "다윗의 자손 예수 그리스도"라고 불렀다(복음서).

예수님께서 '다윗의 자손'이 아니신 것은 주님께서 완전 충만 영원하신 신성(神性, divinity, eternal power and divine nature)을 소유하신 하나님 자신이시기 때문이며, 그와 달리 족보에 다윗의 28대손으로 등재된 것은 야곱의 예언이 성취되었음을 뜻하기 때문일 것이다. 일찍이 야곱은 유다를 향하여 예언하기를 "홀이 유다를 떠나지 아니하며 치리자의 지팡이가 그 발 사이에서 떠나지 아니하시기를 실로가 오시기까지 미치리니 그에게 모든 백성이 복종하리로다"(창 49:10)라고 했다. "실로"이신 만왕의 왕 예수 그리스도께서 왕족 지파 유다의 자손, 곧 왕의 가문에 나실 것이 예언되었으며 그런 의미에서 예수님께서는 '다윗의 자손'이신 것이다. 그러므로 '다윗의 자손 예수'라는 말이 '요셉의 부정(父精)으로 태어나신 예수님'을 뜻하는 것은 아니며, 또한 예수님께서 성령님의 권능으로 마리아를 통하여 탄생하셨음을 부정(否定)하는 것도 아니다.

16 선대(善待)

1장 8절에 선대(善待, 히 Hesed)라는 말이 두 번 나온다. "나오미가 두 자부에게 이르되 너희는 각각 어미의 집으로 돌아가라. 너희가 죽은 자와 나를 선대한 것같이 여호와께서 너희를 선대하시기를 원하며…."

'선대', 우리말로는 '잘 대접하다'의 뜻이나, 이에 해당하는 히브리말 헤세드(Hesed)는 보다 질량감 있는 고상한 함의를 가졌다. '충직한 헌신, 희생적인 사랑, 생명을 개의치 않는 충성'의 뜻으로 쓰인다. 그리고 이 말, '선대'는 룻기의 등장인물들이 그들의 입장에서 보여주는 아름답고 감동적인 행동으로 나타난다. 두 며느리 룻과 오르바가 그녀들의 생활력 없는 남편들과 시어머니를 어떻게 희생적으로 섬기고 사랑했는지는 시어머니의 증언을 통하여 짐작할 수 있다. 나오미는 자부들의 헤세드를 잘 알고 있었기에 이별의 슬픔 중에도 하나님의 헤세드가 그녀들에게 주어지기를 기원했다.

예측하지 못한 헤세드는 고부들이 갈라서는 자리에서 다시금 룻의 굳은 결심으로 나타났다. 그녀는 시어머니의 나라와 백성들에게로 갈 것과, 죽음 외에는 시어머니와 헤어질 일이 없을 것임을 말했다. 그리고 실제로 그녀는 예상되는 고생을 개의치 않고 시어머니를 따랐다. 시어머니의 나라로 가서도 이삭을 주우면서까지 룻은 그녀의 효도와 헌신의 서원을 지켜 나갔다.

룻의 헤세드는 시어머니를 향한 것만이 아니었다. 그녀는 보아스의 야외 침소에서 그의 감탄 어린 칭찬을 들었다. '그대가 새 남편감을 고른다면 돈이 많고 적음을 개의치 않고 젊은 사람을 택할 법하건만 나같이 늙은 사람이라니, 그대의 헤세드가 죽은 남편과 시어머니께 바친 것보다 나에게 베푸는 것이 더 크구나'(3:10 취지 해석). 룻의 헤세드에 감동한 보아스는 그 자신이 룻과 나오미를 위한 헤세드를 다짐했다. "내 딸아 두려워 말라. 내가 네 말대로 네게 다 행하리라"(3:11). 보아스는 상당한 어려움이 있을 줄을 알면서도 룻과 나오미를 위해 자기를 희생할 마음을 굳혔으며 지체 없이 실행했다.

헤세드에 관한 사례라면 다윗의 후기 3용사의 충성 일화를 말하지 않을 수 없다. 다윗은 강적 블레셋과 전쟁 중이었다. 블레셋은 예루살렘에서 베들레헴으로 이어진 르바임 골짜기에 진을 쳤고, 그들의 영채는 점령한 베들레헴에 있었다. 다윗은 베들레헴에서 1백 리 가량 떨어진 아둘람의 산성에 포진하고 있었다. 그는 고향 베들레헴이 적의 수중에 떨어진 것을 탄식하며 소년 시절의 추억에 잠겼다. 만감이 교차하여 자신도 모르게 중얼거렸다. "베들레헴 성문 곁 우물물을 누가 나로 마시게 할꼬…"(삼하 23:15). 무심코 하는 왕의 혼잣말을 들은 세 용사는 주저치 않고 베들레헴 성문가에 있는 우물을 향하여 뛰었다. 편도 백 리 길이며 블레셋 군대가 요소요소의 길목을 지키고 있었지만 그들을 멈춰 세우지 못했다. 용사들은 죽음을 무릅쓰고 적들과 충돌하면서 성문 곁 우물까지 나아가 물을 길었다.

용사들이 왕을 위해 베들레헴 성문 곁 우물물을 길으러 떠났음을 알게 된 다윗은 심히 자책하며 밤새워 용사들의 안위를 염려했다. 세 용사들은 천신만고 끝에 만신창이가 된 몸으로 돌아와 그들의 왕이 소년시절에 마시던 그 우물물을 바쳤다. 다윗은 그 물을 마시지 않고 울면서 여호와의 제단에 부어 드렸다. 그것은 물이 아니며 제주(祭酒)가 아니었다. 왕은 용사들에게 보이지 않았던 울음으로 하나님 앞에 서원했다. "여호와여, 내가 결단코 이런 일을 하지 아니하리이다. 이는 생명을 돌아보지 아니하고 갔던 사람들의 피니이다"(삼하 23:17).

그 세 용사들이 요셉밧세벳과(삼하 23:8; 대상 11:11), 엘르아살과(삼하 23:9-10), 삼마(삼하 23:11-12)라고 단정적으로 말하기는 어렵다. 아마도 다윗 통치 후기의 3용사, 아비새와 브나야와 공이 많고 유명하나 그 이름이 숨겨진 한 사람일지도 모른다. 하여간 그 세 용사들이 드리는 헤세드로 왕은 만년에 직면한 내부 반역과 가족 우환의 곤경을 벗어날 수 있었을 뿐더러 이전의 권위까지도 회복할 수가 있었다

17 오르바

오르바는 기룐과 결혼했으나 남편이 일찍 세상을 떠남으로써 큰동서 룻과 함께 청상과부가 되었다. 그녀의 이름 '오르바 Orpah'는 '사슴', '영양', '완고한 목' 등 여러 가지 뜻이 있다고 한다. 시어머니 나오미와 큰동서 룻과 함께 한동안 한집에서 살았다. 동서와 마찬가지로 소생을 두지 못했다. 남편이 죽고 양육하는 자식이 없는데도 친정으로 돌아가지 않았다. 시어머니를 섬기기에 며느리로서의 신의를 지켰으며, 시어머니와 남편으로부터 여호와 하나님을 섬기는 법도를 배우기도 했다.

시어머니가 고향 베들레헴으로 돌아갈 때 큰동서 룻과 함께 따라나선 것은 시어머니를 몇 마장 전송해 드린다는 체면치레가 아니었다(1:7). 시어머니가 돌아가는 곳이 비록 타국일지라도 끝까지 따르며 며느리로서의 도리를 다할 생각이었다. 나오미가 룻과 오르바에게, 친정으로 돌아가 새 남편을 얻고 평안히 복되게 살라는 애정 어린

권면을 했다. 그것은 인간적이고도 따뜻한 시어머니의 진심이었다. 감격한 오르바는 울음을 터뜨리면서 그래도 시어머니를 따라가리라는 굳센 마음을 토로했다(룻 1:10).

나오미가 가련한 며느리들에게 돌아가기를 재차 권하며, 자기를 따라와도 여인으로서 가질 소망이 없다는 사실을 조리 있는 말로 설득했다. 오르바는 거기서 흔들렸다(1:14). 시어머니는 늙었고, 자식을 생산할 수 없는 단산 상태이며, 가난으로 고통 받고 있는 현실이 눈앞에 보인 것이었다. 오르바는 룻과 함께 여호와 신에 관하여 듣고 배웠으나 마음이 열리지 않았고 믿음이 들지는 않았다. 타국일지라도 시어머니를 따라가리라 다짐하기는 했지만, 까다롭고도 융통성 없는 이스라엘 사람들 가운데서 부대끼며 살아갈 미지의 앞날이 두렵기도 했다. 마침내 오르바는 시어머니의 권면대로 마음을 고쳐먹었다. 아픈 마음에 흐르는 눈물을 삼키며 발길을 돌렸다.

성경 독자들은 룻이라는 고아한 여인에게 호감을 가진 나머지, 상대적으로 오르바를 그녀의 진상(眞像) 이하로 혹평하거나 백안시할지도 모른다. 인격이 천박하며 어딘지 이기적이고 배반을 잘하는 여인이라고 비판할 수도 있을 것이다. 하지만 그렇게 그녀를 비하하는 것은 편견일 것이다. 오르바는 큰동서 룻과 함께 부덕이 있고 겸손했으며 남편의 신을 섬기기를 거부하지 않았다. 그녀는 시어머니의 인정을 받으리만큼 죽은 남편과 시어머니를 선대했으며, 범사의 도리를 알고 예절과 신의를 지켜 온 여인이었다(1:8, 10). 남편은 세상을 떠났고 딸린 자식도 없어 손쉽게 재가할 수가 있었을 텐데도 친정으로 돌아가기는커녕 홀로된 시어머니께 효성을 다했다. 여인으로서의 용모나 행실도 룻에 버금가도록 아름다웠을 것이라 추상해 보는 것이 잘못은 아닐 것이다.

다만 그녀는 현실을 중시하여 모압인으로 남는 길을 택했다. 그것은 그녀의 심중에 여호와 하나님을 참되게 모셔 들이지 못하고, 선민의 가치를 제대로 깨닫지 못했기 때문일 것이다. 오르바가 큰동서 룻과 근본적으로 다른 한 가지 사실은, 그녀에게 "어머니의 하나님이 나의 하나님이 되"(룻 1:16)실 것이라는 전향적인 결단이 없다는 점이었다. 여호와를 떠나 그모스를 경배하는 고향 백성들에게로 돌아가는 그녀의 선택은 후일 예레미야가 말한 멸망국가의 화염 속으로 되돌아감을 의미하는 것이었다(렘 48장).

세상에는 오르바같이 인간의 훌륭한 품성과 능력과 매력을 지닌 사람들이 많다. 구원의 문 한 걸음 앞에서 자신이 숭배하던 옛 그모스의 불의 제단으로 뛰어드는 아까운 사람들을 슬퍼하지 않을 수 없다(눅 13:23-28). (그모스: 모압인이 섬기는 신, 아이를 불태워 희생제물로 바침)

18 나오미의 귀향이 회개의 표시일까?

하나님의 오래 참으심을 증거하고 죄인들의 회개를 촉구하는 성경 말씀은 많다(사 55:6-7; 욜 2:12, 13; 눅 15:17-19). 회개는 기독교 복음의 요체이다. 죄의 용서를 받기 원하는 죄인들은 반드시 회개의 과정을 거쳐야 한다. 자기 죄를 하나님 앞에 고백하고 죄를 떠남으로써 하나님의 무한하신 은혜로 용서를 받게 된다. 세례 요한은 개구 일성으로 백성들의 회개를 외쳤으며, 죄 사함을 얻게 하는 '회개의 세례'를 전파했다(마 3:2; 눅 3:3). 회개는 아무리 강조해도 모자라는 복음의 불변진리이다.

그렇다고 모든 성경 말씀이 회개의 메시지를 전하는 것은 아니다. 성경 말씀들이 회개와 같은 특정 진리의 주제와 연관되도록 해석되어야 하는 것도 아니다. 성경의 모든 말씀은 일반문학과 다름없이, 서술된 문의 맥락에 반하지 않도록 해석되어야 한다. 그러므로 엄밀히 말해 어떤 특정한 성경 말씀도 한 가지 뜻 외에는 다른 의미를 전하지 않는다. 표면적으로 아무리 은혜로운 해석을 할지라도 그것이 기록된 그 말씀의 맥락에 부합되지 않으면 그것은 잘못된 해석일 수밖에 없다.

모압에 10년 가량을 산 나오미의 베들레헴 귀향을 그녀의 회개행위라 해석하는 이들이 적지 않다. 나오미의 귀향이 그녀의 회개의 표현이라면, 먼저 그녀가 베들레헴의 집을 떠난 것이 죄 된 행위였어야 하고, 모압에서의 10년 생활이 하나님 앞에서 범죄한 삶이었거나, 또 뭔가 하나님의 뜻을 거역하고 자행자지한 심신의 과오(자범죄)들이 있어야 한다. 그러한 전제를 충족시키기 위해 어떤 이들은, 엘리멜렉과 나오미 가족이 하나님께서 주신 언약의 땅을 버리고 떠난 것이 죄 된 행동이며, 하나님의 백성들과 함께 살기를 거부하고 우상을 섬기며 음행을 하는 자들과 어울려 산 것이 죄라고들 한다. 듣기에는 그럴듯하고 은혜롭지만, 그런 해석이 나오미의 귀향 이유를 설명한다고는 볼 수 없다.

엘리멜렉과 나오미는 고향을 떠날 때부터 귀향을 염두에 두고 있었다. 또 모압 생활 중에 여호와 신앙을 버리고 모압인들의 신앙풍속을 따라 산 정황을 찾아볼 수가 없다. 그들은 '잠시' 모압으로 가서 기근을 피하려 했을 뿐이었다(1:1에 대한 새번역- "모압 지방으로 가서 임시로 살려고", KJV- "went to sojourn in the country of Moab", NIV- "went to live for a while in the country of Moab"). 그들이 고향을 떠난 까닭은 기근 때문이었고, 돌아온 것도 고향에 기근이 풀렸다는 소식을 들었기 때문이었다(1:1, 6). 나오미는 모압에 체류하는 동안 언제나 고향에서 좋은 소식이 들려오기를 기다리고 있었다. 하나님께서 고향에 양식을 주셨다는 소식을 듣고 주저 없이 귀향 결정을 했다는 것이 증거다(1:6).

그리고 나오미는 모압인 자부들에게 여호와 하나님을 소개하고 가르치기를 멈추지 않았음이 확실하다. 1장 8절에, "여호와께서 너희를", 9절에, "여호와께서 너희로"라고 하여, 말마다 여호와 하나님을 언급하고 있는 나오미의 언어습관을 볼 수 있다. 그런 점을 고려하면 나오미가 모압에서 자부들에게 항상 여호와 신앙을 가르쳤을 뿐 아니라, 자신도 이방 땅에서 여호와 신앙을 지키고 행했으리라는 것을 짐작할 수 있다. 나오미가 모압인의 그모스 신을 숭배하거나 유사행위를 했다는 진술이나 암시는 성경 어디에도 없다. 그런 나오미가 모압에 잠시 살았다 하여 우상숭배와 같은 죄 된 생활을 가상하여 그녀를 죄인시하는 것은 부당하며, 서술된 이야기의 문맥에도 맞지 않는다.

나오미의 귀향은, 그녀 자신이 비록 온전히 깨닫지 못했다 할지라도 하나님의 섭리에 따른 행동이었다고 볼 수밖에 없다. 나오미의 모압 이주와 귀향을 과정적으로 그려 보면 하나님께서 나오미에게 행하시는 일이 무엇인지를 룻기의 문맥에 비추어 알게 된다. 엘리멜렉 가족의 모압 이주-엘리멜렉의 죽음-말론과 기룐의 결혼과 죽음-나오미가 이스라엘에 기근이 풀렸다는 소식을 들음-나오미가 곧장 귀향길에 오름-룻이 시어머니를 따라 감-룻이 보아스와 결혼함-보아스와 룻이 오벳을 낳음-오벳의 손자로 다윗 왕이 남-다윗 왕의 족보에 이방인 룻이 조상으로 등재됨.

이 과정에서 보게 되는 특이점은, 하나님께서는 다윗의 조상으로 '이방인 룻'을 불러들이셨다는 것이다. 하나님께서 그러한 자신의 뜻을 이루어 가시는 섭리 과정에서, 엘리멜렉과 나오미와 말론과 보아스와 룻 같은 다수의 사람들을 들어 쓰셨다. 룻기에서 가장 놀랍고 의미 있는 사건은 나오미의 귀향길에, 친정으로 돌아갈 수도 있었던 '이방인 룻'이 자기 목숨을 걸고 시어머니를 따라가기를 원했고 그렇게 했다는 점이다(1:17). 룻이 시어머니를 따라 전에 알지 못하던 이스라엘로 가게 된 일이야말로 하나님께서 주권적으로 행하신 위대한 섭리의 사건이라 보지 않을 수 없다.

나오미가 귀향 결심을 하게 된 것은, 부지불식간에 하나님의 섭리적 이끄심을 따른 것이지, 무엇인지도 모르는 자신의 죄를 깨닫고 회개하는 마음으로 고향으로 돌아가려 했다고는 보기가 어렵다. 1장 6절의 문장 환경에서 '회개'를 귀향의 사유로 뽑아내려는 것은 문맥을 무시한 억지 해석이다. 요셉이 주의 사자의 지시대로 헤롯의 칼을 피해 아기 예수님을 모시고 애굽으로 피신했다(마 2:13). 왕이 죽은 후에 주의 사자가 다시 요셉에게 말하기를, "아기와 그 모친을 데리고 이스라엘 땅으로 가라. 아기의 목숨을 찾던 자들이 죽었느니라"고 하므로, "요셉이 일어나 아기와 그 모친을 데리고 이스라엘 땅으로 들어"갔다(마 2:19-21). 나오미의 귀향 사유도 그와 같다. 다만 나오미는 주의 사자의 지시를 귀로 듣지 못했을 뿐이다.

그러나 성령님은 꿈이나 환상이나 언어 외적인 수단으로도 얼마든지 그의 메시지를 전하실 수가 있으시다. 성경독자들이 나오미의 귀향 행동에서 뭔가 문자 이상의 은혜를 깨닫기를 원한다면, 그것은 '회개'가 아니라 차라리 '순종'이어야 하지 않을까? 예나 지금이나 모든 것을 다 잃어버린 사람만큼 귀향을 하기가 괴롭고 힘든 사람은 없을 것이다. 나오미는 모든 것을 다 상실하기까지 여호와의 징벌을 받은 상태에서(1:20-21) 귀향 결심을 했으니, 사람으로서 행하기는 실로 어려운 일이었다.

19 이스라엘의 월력

달력은 처음에 농사와 수렵에 이용되다가, 교역의 증대에 따른 계약상의 필수 요소로 사용되었으며, 복잡해지는 행정 기록의 보존과 재판 업무에도 필요하여 마침내 여러 지방에서 나름대로 표준화되기에 이르렀다. 고대의 대표적인 달력으로 바벨론력, 유대력, 마게도냐력, 율리우스력(수정본 그레고리력)이 있고, 메소포타미아력, 가나안력, 애굽력, 헬라력, 로마력 등이 존재했다.

구약성경에 나오는 유대인의 새로운 달력은 출애굽 사건을 기화로 처음 사용되기 시작했다. 그것은 하나님께서 제정해 주신 것인데, 출애굽 직전에 행한 유월절이 든 달을 한 해의 첫 달로 삼았다. "이 달로 너희에게 달의 시작 곧 해의 첫 달이 되게 하고"(출 12:2-3). 유월절이 든 한 해의 첫 달을 '니산월'(Nisan, 1월)이라 부르고, 유월절 절기는 니산월 10일부터 준비를 시작하여 14일에 유월절 제사를 드리고, 그날부터 이레가 되는 날, 곧 니산월 14일부터 21일까지의 무교절을 유월절과 겸하여 지켰다. 그러니까 하나님께서 이스라엘을 애굽에서 건져 내신 그 달을 한 해의 정월(니산월)로 삼으신 새 달력 제도를 주신 것이다.

유대인은 그들의 새 달력을 기준으로 농사일을 했다. 다음 표에 언급된 농사 일정은 표준적인 것일 뿐 모든 지역에서 반드시 그 달에 행하는 것이 아니며, 경작지의 표고와 기후에 따라 지역마다 상당한 시일의 차이가 있었다.

유대력	율리우스 (그레고리)력	기후 및 주요농사
1월, Nisan 니산	3–4월	늦은 비. 보리 추수 시작
2월, Iyyar 이야르	4–5월	건기 시작. 보리, 아마 추수
3월, Sivan 시반	5–6월	밀 추수. 조생 무화과 익음
4월, Tammuz 타무즈	6–7월	조생 포도 익음
5월, Ab 압	7–8월	포도, 무화과, 감람열매 익음
6월, Elul 에룰	8–9월	포도 수확
7월, Tishiri 티쉬리	9–10월	이른 비. 기경
8월, Marchesvan 마체스반	10–11월	올리브 수확. 보리, 조생 밀 파종
9월, Kislev 키슬렙	11–12월	포도, 늦은 밀 파종
10월, Thebeth 테벳	12–1월	겨울 엄동. 보리밭 밀밭 밟기
11월, Shebat 쉐뱃	1–2월	아몬드 개화. 보리밭 밀밭 밟기
12월, Adar 아달	2–3월	복숭아 개화. 감귤류 추수

20 희년

레위기 25장에 희년법이 기록되어 있다. '희년'이란, 히브리어 '요벨'(yovel, 숫양, 숫양의 뿔, 양각나팔)을 영어로 음역한 'Jubilee'를 번역한 말이다. 중심 뜻은 자유와 해방의 선포이다. 출애굽 이스라엘이 언약의 땅 가나안에 들어가 정착한 때로부터 일곱 번째 안식년(49년)을 지나고 맞이하는 해, 곧 50년이 되는 해가 희년이며, 매 50년마다 지키도록 되어 있다.

희년법은 모세오경 외 구약성경 어디에도 언급되어 있지 않으며, 이스라엘 역사에서 희년이 지켜진 실례를 성경에서는 찾아볼 수가 없다. 이스라엘이 왕국시대에 들어 안식년법을 지키지 않았다는 것은 명백한데, 아마도 안식년을 지키지 않으면서 희년도 지키지 않았던 것 같다(레 26:34-35; 대하 36:20-21; 렘 34:8-16).

희년은 한마디로 조건 없는 재산권 회복과 히브리인 종의 해방을 공포하는 대사면의 해이다. 팔린 토지와 주택을 원주인에게 값없이 돌려주고, 종이 될 수밖에 없었던 동포 형제를 해방시켜 주며, 그 외 모든 얽매인 것을 풀어 준다. 하나님께서 애굽에서 이스라엘을 데리고 나오실 때 그들은 애굽인을 섬기던 종이었다. 이스라엘은 그때의 처지를 생각하며, 약속의 땅을 기업으로 받던 그 감사와 감격으로 고난받는 형제를 원상회복시킨다는 것이 희년 대사면의 취지이다. 희년의 사면 대상은 다음과 같다.

[토지]

땅의 주인은 하나님이시기에 사람으로서는 아무도 땅의 주인이 될 수 없다. "토지를 영영히 팔지 말 것은 토지는 다 내 것임이라"(레 25:23) 하셨으니 이스라엘은 다만 자신이 기업으로 받은 땅의 관리자요 경작자일 뿐이다. 이스라엘은 어떻게든 자신의 기업을 지켜야만 하는데, 잃은 소유권을 회복할 능력이 없는 형제는 희년을 기다렸다가 없앤 토지를 되찾아 와야 한다. 땅을 되찾아야 할 이유는 그것이 하나님으로부터 자신의 기업으로 값없이 받은 것이기 때문이며, 또한 이스라엘은 모두가 출애굽의 경험자들이기 때문이다. 직접 출애굽을 겪지 않은 자녀세대들도 교육을 통하여 부모세대의 경험을 공유하였으므로 이스라엘은 대대손손 영구한 출애굽 경험자들이다. 그처럼 타인의 종 된 역사를 가진 그들이 하나님의 은혜로 그 사용권을 위임받았으니만큼, 누구나 차별 없이 그 권리를 자신의 후손에게 물려줄 책임을 져야 하는 것이다.

혹이 가난하게 되어 땅을 팔게 되더라도, 그것은 땅 자체를 파는 것이 아니라 그 땅에서 날 산물을 미리 파는 것이다. 예컨대 다음 희년이 오기까지 농사지을 햇수가 많이 남았으면 매매할 땅값이 미래의 예상 농산물 가치만큼 높고, 얼마 남지 않았으면 그만큼 적다. 땅을 산 사람은 희년이 되면 그 땅을 판 사람에게 되돌려주어야 하기 때문이다. 이는 곧 그 땅에서 나오는 소출의 값이 땅값이라는 뜻이다. 그러므로 판 땅을 원래의 경작자나 그의 근족이 무르고자 할 때는, 다음 희년까지의 예상 농산물 대금을 지불하고 경작권을 되찾아올 수 있다.

[집]

레위기 25장 29-31절에 일반인의 주택 무르기에 대한 규정이 나와 있는데, 토지 무르기와 대동소이하다. 다만 성벽 안에 있는 집을 팔았을 때 일 년 이내에는 그 집을 무를 수가 있지만, 그 기한 내에 무르지 못하면 그 집은 영영 산 사람의 소유가 되어 그의 자손에게로 넘어간다. 그처럼 성내의 주택만큼은 매매 1년 후에는 희년이 되더라도 본래의 소유주에게 반환되지 않는다. 하지만 성곽 바깥의 촌락에 있는 집은 토지와 같은 개념으로 취급되어 판 사람이 언제든지 무를 수 있고, 원주인이 그 집을 도로 살 능력이 없거나 근족도 물러 주지 못할 때는, 희년까지 기다렸다가 값없이 되돌려받을 수 있다.

한 가지 예외 규정은 레위인의 주택 매매에 관한 법이다(레 25:32-34). 레위인은 하나님께서 그들의 기업이 되시므로 땅을 분배받지 못했다. 대신 그들은 각 지파의 기업 가운데 있는 총 48개의 성을 받고(민 35:1-8; 수 21:1-42), 그 성에 속한 주택을 그들의 기업으로 받았다. 그러므로 레위인은 성내에 있는 자신의 집을 팔더라도 언제든지 다시 무를 수가 있다. 돈이 없어 무르지 못하는 경우에도 희년이 되면 그가 판 집을 값없이 돌려받을 수가 있다. 성읍과 주택 외에는 레위인이 가진 재산이 없기 때문에 그들로 하여금 주택만은 소유할 수 있도록 배려한 예외법이다.

[이자]

가난하게 된 형제에게 이자를 받기 위해 돈을 빌려주거나, 이익을 얻기 위해 식물(食物, 음식이나 그 재료)을 꾸어 주어서는 안 된다. 이스라엘은 출애굽 직후 시내산에서 그러한 정신이 담긴 유사 규례를 받은 바 있다. "네가 만일 너와 함께한 나의 백성 중 가난한 자에게 돈을 꾸이거든 너는 그에게 채주(債主, 빚쟁이)같이 하지 말며 변리를 받지 말 것이며…"(출 22:25).

레위기 25장 35-38절의 채권 규례는 이스라엘이 시내산에서부터 지켜 온 일상의 규례와 같다(출 22:25-27). 즉 특별히 희년법이라고는 할 수 없다. 그러나 그 일상의 규례는 희년의 정신과 같기 때문에 이스라엘의 각성을 촉구하기 위해 매 50년마다 지켜져야 할 희년법에서도 강조된 것으로 보인다. 모세가 시내산 율법을 받은 때로부터 이스라엘이 가나안에 정착하여 첫 희년을 맞을 때까지의 연수는 98년이다.(광야생활 40년 + 싯딤에서 가나안 공격준비 1년 + 가나안 정복전쟁 7년 + 정착부터 첫 희년까지의 50년). 그 1세기 기간에 사람마다 재산의 개인차가 생기게 된다. 이스라엘은 가난하게 된 동족이 재기하도록 돌보아 주되, 돈을 빌려주었더라도 그 이자나 다른 이익을 챙겨서는 안 된다.

양식도 원리는 같다. 먹을 것이 거의 바닥나는 파종기(춘궁기)에 보리 한 말을 꾸어 주고, 몇 개월 뒤의 수확철에 말 반을 챙기는 장리(長利)는 하나님 앞에 범죄하는 짓이다. 이스라엘은 어떤 경우에도 자신들이 노예생활을 했으며 출애굽을 경험한 자들임을 회고해야 한다. 노예생활의 이력을 가진 그들에게 하나님께서 젖과 꿀이 흐르는 약속의 땅을 값없이 주셨다. 출애굽기 22장 27절의 "…그가 내게 부르짖으면 내가 들으리니 나는 자비한 자임이니라"라는 말씀이나, 레위기 25장 38절의 "나는 너희 하나님이 되려고, 또는 가나안 땅으로 너희에게 주려고, 애굽 땅에서 너희를 인도하여 낸 너희 하나님 여호와니라"라고 하신 말씀들은 하나님께서 자비로우시다는 사실을 일깨워 주시는 말씀임과 동시에, 하나님의 자비를 입은 자의 무자비한 소행을 결코 좌시하지 않으실 것임을 암시하는 무서운 말씀이기도 하다.

한때 남의 종이었던 나에게 자비를 베푸셔서 출애굽을 하게 하신 하나님이시라면, 고난당하는 형제에게는 어찌 자비를 베풀지 않으실까? 하나님께서 돈이나 식물을 꾸어 간 어려운 형제를 자비로 돌보시는 날, 무자비한 언행으로 형제에게 빚쟁이 행세를 하던 부유한 형제는 자비로우신 하나님의 무자비하신 진노를 맛보게 될 것이다.

[종의 해방]

살다가 스스로 의식(衣食)을 해결할 수 없을 만큼 곤궁해진 사람은 어쩔 수 없이 자신을 팔게 된다. 그렇게 이스라엘 중에서도 주종관계가 발생하게 된다. 안타깝지만 율법은 그러한 현실을 예견하고 인정하고 있다. "네 동족이 빈한하게 되어 네게 몸이 팔리거든, 너는 그를 종으로 부리지 말고, 품꾼이나 우거하는 자같이 너와 함께 있게 하여 희년까지 너를 섬기게 하라"(레 25:39-40). 히브리인 종의 존재를 인정하는 대신, 그를 '종처럼' 부려서는 안 된다는 것이 희년법의 정신이다.

이스라엘의 종에 대한 인식 역시 그들의 하나님과의 관계에서 비롯되었다. 아무리 가난할지라도 하나님의 종으로서 사람의 종이 될 수 없다는 것은, 토지와 주택 무르기와 같은 희년사상의 발로이다. 히브리인 형제가 종이 되거나 속량(贖良)을 받는 법이 레위기 25장 42-55절에 자세히 나와 있다.

히브리인 종의 해방에 대한 율법은 출애굽 직후 시내산에서 안식년법으로 이미 발표되었다. 동포로서 형제를 섬기는 종 노릇은 아무리 길어야 6년이다. "네가 히브리 종을 사면 그가 육 년 동안 섬길 것이요 제 칠 년에는 값없이 나가 자유할 것이며"(출 21:2). "네 동족 히브리 남자나 히브리 여자가 네게 팔렸다 하자 만일 육 년을 너를 섬겼거든 제 칠 년에 너는 그를 놓아 자유하게 할 것이요"(신 15:12).

이처럼 안식년법이 제대로 시행되기만 한다면 50년 주기로 돌아오는 희년법을 따라 사면을 받아야 할 종은 존재할 수가 없게 된다. 마침 희년 7년 전에 종으로 팔린 사람이 있다 해도, 그가 안식년법으로 해방이 될 7년째가 희년보다 1년 먼저 와서 이미 해방이 됐을 것이기에, 그 다음 해에 오는 희년법으로 재차 종의 해방을 다룰 필요가 없게 된다. 안식년법과 희년법이 토지와 주택과 종의 해방을 말하고 있는데, 두 법의 정신은 근본적으로 같다. 안식년과 희년의 사면은 그 이유와 목적과 사상이 동일하지만, 양자가 어떤 관계인지, 그 차이점이 무엇인지, 두 사면 일의 주기 외에는 성경에서 알아볼 정보가 없다. 그러므로 서두에서 말한 바, 왕정시대에 이르러 안식년 규례가 지켜지지 않으면서 자연히 희년법도 지켜지지 않게 된 것으로 볼 수 있다.

그런데 선지자 예레미야가 이스라엘의 죄악상을 지적하면서 안식년을 지키지 않은 죄, 곧 동족노비를 해방시키지 않은 이스라엘의 죄상을 하나님의 눈으로 지적하고, 그것이 결국 유대인의 바벨론 포로의 원인이 되리라는 예언을 하게 된다. 예레미야 34장 8-16절을 보면 이스라엘이 안식년법을 지키지 않았다는 사실을 확실히 알 수 있다. 다음에 그들이 안식년법을 지키지 않게 된 경위와 그 결과가 어떠했는지를 간단히 살펴본다.

바벨론 왕 느부갓네살이 예루살렘을 공격해 왔다. 위기 중에 예레미야가 유다 왕조의 마지막 왕 시드기야를 설득했다. 왕이 예루살렘 백성들과 언약을 맺되, 그들이 소유한 히브리인 종들에게 자유를 주겠다는 약속을 받고, 그들에게 실제로 자유를 주도록 하라는 압박성 권면을 한 것이었다. 예루살렘 함락이 임박한 위급상황 중에 필사적으로 하나님의 자비를 구할 수밖에 없게 된 왕과 백성의 지도자들(내시들, 제사장들, 그 외 노비를 가진 유력자들)은 각자 남종과 여종들을 풀어 주고 다시는 그들을 종으로 삼지 않기로 하나님 앞에서 언약을 맺었다. 송아지를 잡아 둘로 쪼개고 그 사체가 갈라진 사이를 지나가는 엄중한 맹세의식을 치렀다. 만일 그들이 하나님 앞에서 체결한 언약을 깨뜨린다면 그들 자신이 쪼개진 송아지처럼 될 것이었다.

바벨론이 예루살렘에 접근하여 공격을 시작할 때 애굽 군대가 바벨론의 배후를 치려고 올라왔다. 바벨론은 작전상 포위를 풀고 물러났다. 예루살렘과 주변 성읍들은 이미 크게 파괴되어 재건을 해야 했으며, 왕과 고관들과 유력자들은 많은 노동력이 필요했다. 그들은 어쩔 수 없이 하나님께 지키기로 맹세한 언약을 파기하고, 그들이 해방시킨 노비들을 다시 불러들여 부리기를 시작했다. 이스라엘은 바벨론이 퇴각하여 그들의 생활이 잠시 정상으로 돌아오자 제일 먼저 하나님께 대한 그들의 언약을 깨뜨렸다.

애굽군이 되돌아가자 바벨론 군대가 다시 공격해 왔으며, 시드기야 11년 4월 9일 예루살렘 성읍은 불살라졌다(렘 37:5-10, 39:2). 하나님께서 안식년법 희년법을 지키지 않고 불순종하는 이스라엘을 어떻게 처벌할 것인지를 예고하신 그대로 되었다(렘 34:17-22). 남의 종이었던 자가 궁핍한 형제를 무기한 종으로 삼으려는 이스라엘의 무자비한 탐욕의 결과로, 이스라엘은 바벨론 유수(幽囚)라는 민족사적 수치와 고난을 당하지 않으면 안 되었다.

21 유다의 가계와 유다 왕국

유다는 야곱이 레아에게서 낳은 네 번째 아들이다(창 29:35). 분별력과 형제우애와 의협심이 남달랐으며, 야곱의 열두 형제들 중 지도력이 가장 뛰어난 인물이었다. 형제들이 요셉을 죽이려 할 때, 그의 피를 흘려 숨기기보다 아이를 대상(隊商)에 파는 것이 낫다고 형제들을 설득해 요셉의 생명을 건져 주었다(창 37:26-27). 후일 애굽 총리(요셉)가 베냐민을 데려오지 않으면 양식을 팔지 않겠다고 하자 유다는 자신의 목숨을 담보하여 베냐민을 내놓지 않으려는 아버지를 설득했다(창 43:3-10). 또 베냐민이 총리의 은잔을 도둑질한 범인으로 지목되었을 때 막내 동생을 변호하는 감동적인 연설로 총리를 울려 그의 본색을 드러내게 했으며(창 44:16-34), 애굽 이주 중 아버지의 대리인으로 총리를 상견할 사자로 발탁되기도 했다(창 46:28). 야곱은 임종을 앞두고 열두 아들을 불러 예언과 축복을 했다(창 49:8-12). 넷째 아들 유다에 대한 예언 축복은 이러했다.

"유다야 너는 네 형제의 찬송이 될지라. 네 손이 네 원수의 목을 잡을 것이요 네 아비의 아들들이 네 앞에 절하리로다. 유다는 사자 새끼로다. 내 아들아 너는 움킨 것을 찢고 올라갔도다. 그의 엎드리고 웅크림이 수사자 같고 암사자 같으니 누가 그를 범할 수 있으랴. 홀이 유다를 떠나지 아니하며 치리자의 지팡이가 그 발 사이에서 떠나지 아니하시기를 실로가 오시기까지 미치리니 그에게 모든 백성이 복종하리로다. 그의 나귀를 포도나무에 매며 그 암나귀 새끼를 아름다운 포도나무에 맬 것이며 또 그 옷을 포도주에 빨며 그 복장을 포도즙에 빨리로다. 그 눈은 포도주로 인하여 붉겠고 그 이는 우유로 인하여 희리로다."

그러한 야곱의 축복에 근거하여 유다 지파는 '왕족 지파'로 알려졌다. 역대상 2-4장에 유다의 가계보가 실려 있다. 유다로부터 다윗왕까지만 보면, 유다-며느리 다말에게서 베레스-헤스론-람-암미나답-나손-살마(삼마)-여리고 기생 라합에게서 보아스-모압 여인 룻에게서 오벳-이새-그리고 다윗으로 이어진다. 초대왕 사울이 하나님의 버리심을 받고, 그를 이어 다윗이 남북조(南北朝)의 통일 왕이 된다.

유다 지파는 가나안 땅에 들어가 여부스(예루살렘) 남쪽의 땅을 기업으로 받았다. 북쪽으로 단 지파와 베냐민 지파를, 서쪽으로 지중해에 면한 블레셋을, 동으로 사해를, 남으로 미약한 시므온 지파와 경계했다. 가나안 중북부에 자리잡은 다수의 지파들과 유다 사이에 가나안의 여부스 족이 버티고 있어 유다 지파와 중북부에 위치한 이스라엘 형제 지파들 사이에 어느 정도 지리적 단절과 심리적 거리가 있었다. 초기의 남유다가 블레셋의 지배를 받게 되었을 때 다른 지파들이 유다를 지원하지 못한 것은, 중북부 지파들과 남부의 유다 지파를 갈라놓는 여부스인들 때문이었다. 사사시대를 이어 사울 시대에 이르기까지 이스라엘의 지파동맹이 굳건하지 못했던 데다가, 시므온과 베냐민 지파를 거의 흡수하다시피 한 유다는 여부스 족의 성읍을 경계로 가나안 남부에 떨어져 나와 있는 셈이었다.

그리하여 다윗은 헤브론에서 남 유다의 왕으로 기름부음을 받았다(삼하 2:4). 사울 왕이 길보아 전투에서 세 아들들과 함께 전사하자 사울 왕가의 실권자 아브넬(사울의 사촌)이 사울의 남은 아들 이스보셋을 배반하고 헤브론의 다윗 왕에게 귀순했다. 이 일로 다윗은 주전 1003년 헤브론에서 이스라엘 열두 지파를 다스리는 왕으로 다시 한 번 기름부음을 받음으로써 남북을 통합한 이스라엘의 통일 왕이 되었다(삼하 5:3). 이에 다윗은 가장 먼저 남북 지파들을 분단시키고 있는 난공불락의 여부스 성을 정복하여 그곳을 통일왕국의 도읍지로 삼고 '다윗성'이라 불렀다(삼하 5:9). 이후로 다윗이 주전 970년까지 재위했으니, 헤브론 시대의 7년 반을 합하면 그가 왕으로 재위한 햇수는 총 40년 반이었다(삼하 5:4-5).

다윗의 통일왕국은 아들 솔로몬 왕에게 물려졌으나 솔로몬의 아들 르호보암 때에 중북부 10지파의 수장 여로보암이 반역함으로써 다윗의 통일왕국은 남조 유다와 북조 이스라엘로 다시 분열되었다.

22 룻과 보아스의 만남은 우연일까?

룻이 이삭을 줍기 위해 보리를 베는 밭을 찾아 나섰는데 '우연히' 보아스의 밭으로 갔다고 한다. 개역한글성경은 "룻이 가서 베는 자를 따라 밭에서 이삭을 줍는데 우연히 엘리멜렉의 친족 보아스에게 속한 밭에 이르렀더라”(룻 2:3)고 썼다. 인과관계(因果關係) 없이 어떤 현상이 발생함을 뜻하는 말이 ‘우연’이라면, 성경 서술이나 인간사에 있어서 그 말은 쓸 수가 없고 써서도 안 되는 말이다. 그럼에도 성경이 그 말을 쓴 것은, 룻과 보아스의 보리밭 사이에 사전 연결점이 없는 상태에서, 양자의 뜻하지 않은 조우가 이루어졌음을 인간의 가견적(可見的) 입장에서 표현한 말이라고 보아야 할 것이다. 그러므로 인용한 말씀에 쓰인 ‘우연히’라는 용어는 성경의 오류의 실례라기보다, 룻과 보아스의 보리밭 사이에 어떠한 선(先) 연관이 없었음을 강조한 말이라 하겠다.

복음진리 안에서는, 인간사나 물질 물상의 세계에 ‘우연’이란 결코 존재할 수가 없다. 하지만 우연 발생에 대한 복음 외적인 신념은 세상에 널리 퍼져 있다. 인류의 참 지식을 호도(糊塗)하는 진화론이야말로 우연을 전제하지 않으면 설명이 되지 않는 황당한 가설이다. 존재하는 모든 것은 인과관계를 형성하며 필연의 법칙하에 있다. 예수님께서 가르치시기를 “참새 두 마리가 한 앗사리온에 팔리는 것이 아니냐. 그러나 너희 아버지께서 허락지 아니하시면 그 하나라도 땅에 떨어지지 아니하리라”(마 10:29)고 하신 바 있다. 모든 현상은 하나님의 주권적 개입 곧 하나님의 섭리(攝理)의 결과라는 것이다. 하나님께서는 만물을 창조하시고, 피조물을 섭리의 권능으로 다스리시며, 그의 무궁하신 지혜대로 주권적 목적을 이루어 가신다(롬 11:33-36). 하나님의 섭리는 그의 위대하신 창조만큼 지혜롭고 능력이 넘치는 영원한 현재진행의 사역이다. 그러기에 '우연'은 기독교 복음 신앙과 신학의 근본이 되는 하나님의 섭리를 부정한다.

룻이 이삭을 줍기 위해 그 밭으로 가게 된 것은 하나님께서 그의 뜻을 이루시려고 그녀를 이끌어 가신 섭리의 과정이다. 다만 그녀는 그 사실을 깨닫지 못하고 있었을 뿐이다. 보아스가 룻을 보자마자 자신의 위상과는 어울린다고 할 수 없는 한 이방여인에게 친애하는 마음을 품고 파격적인 혜택을 제공하게 된 것 역시 그의 자비롭고 관대한 인성을 움직이신 하나님의 섭리의 결과이다. 보아스와 룻의 만남만 그런 것이 아니다. 아브라함의 종 엘리에셀이 이삭의 아내가 될 리브가를 만나는 과정에 하나님의 개입하심이 있었고, 야곱이 밧단아람 '양들의 우물'에서 라헬을 만난 사건도 그러했다. 애굽으로 팔려 간 요셉이 형들에게 한 말은 하나님의 섭리의 실상, 곧 그 지혜와 능력이 어떠하심을 보여준다. "하나님이 큰 구원으로 당신들의 생명을 보존하고 당신들의 후손을 세상에 두시려고 나를 당신들 앞서 보내셨나니 그런즉 나를 이리로 보낸 자(나를 상인들에게 팔도록 하신 이)는 당신들이 아니요 하나님이시라. 하나님이 나로 바로의 아비를 삼으시며 그 온 집의 주를 삼으시며 애굽 온 땅의 치리자를 삼으셨나이다"(창 45:7-8). 남녀가 부부로 짝지워지는 것은 예외 없는 하나님의 주권적 섭리의 결과이며(막 10:9), 주님께서 가르치신 바, 하나님의 허락 없이는 참새 한 마리도 땅에 떨어지는 법이 없다.

하나님의 섭리는 그의 기뻐하신 뜻을 이루어 가시는 전지하신 지혜와 전능하신 힘의 작동이다. 엘리멜렉이 모압으로 기근 피난을 간 일, 말론이 모압 여인과 결혼하고 후사 없이 죽은 일, 목숨 걸고 시어머니를 모시겠다며 모험 길에 오른 룻의 의로운 효성, 보아스가 엘리멜렉의 근족으로 존재하고 있었다는 사실, 시어머니 나오미가 계대결혼을 할 수 없게 된 사정, 이방인 과부 룻이 저명인사 보아스와 결혼을 하게 된 떠들썩한 사건 등이 과연 우연의 연속이었을까? 매 사건들이 사람의 눈에는 우연한 일로 보일 뿐이다. 그러나 그 모든 일들은 하나님의 주권적이며 전지전능하신 섭리하에 진행된 일이며, 그의 기뻐하신 목적을 이루어 가시는 선하신 능력에 의하여 된 일이다.

하나님께서 모든 피조물을 보존하시며, 우주간에 생성소멸하는 모든 일에 개입하시며, 만물을 그가 세우신 뜻대로 이끌어 가시는 섭리사역이 이 순간에도 진행되고 있기에 인간사에 우연이란 있을 수가 없는 것이다(시 135:6; 마 10:29; 롬 11:33-36; 엡 1:11). 룻기에서 가장 잘 보여주고 있는 하나님에 관한 지식 중의 하나는 하나님의 섭리이다.

23 팔레스틴의 보리와 밀

창세기에서 계시록까지 보리와 밀에 관한 기사가 드문드문 나온다. 인류로 하여금 수렵 방랑생활을 그치고 정착 농경생활을 하게 한 중요한 원인자가 된 곡물이 보리와 밀이다. 여러 종류의 보리와 밀이 있으나 이삭에 맺힌 씨앗의 줄(條)에 따라 2조 종과 6조 종으로 구별된다. 보리의 원산지는 애굽과 홍해연안 등 서남아시아, 코카서스, 티베트, 중동 등지로 알려져 있으며, 지중해 동부와 메소포타미아에서 보리는 석기시대에, 밀은 이른 청동기시대에 재배되기 시작한 것으로 알려져 있다.

팔레스틴에서 보리의 파종과 추수는 밀보다 대개 한 달 정도 빠르다. 세계적으로 가을에 파종하여 파랗게 난 잎을 겨울철 서릿발이 솟은 경작지에 버려두었다가 초여름 경에 수확을 한다. 몇몇 채소와 함께 보리와 밀은 월동작물이다. 덧말18의 표에서 보인 바, 그 파종과 수확의 시기가 달력과 반드시 일치하는 것은 아니다. 밭의 위도와 표고, 곧 지리에 상응하는 기후 조건에 따라 파종과 수확의 시기가 큰 차이를 보이는데, 고원이나 한랭지대일수록 늦어진다.

이스라엘이 출애굽할 때 하나님께서 애굽 땅에 일곱 번째 재앙으로 우박과 달리는 불덩이와 뇌성을 내리셨는데, 그 우박에 짓이겨진 애굽의 중요 작물이 보리였다(출 9:31). 그때 보리는 이삭이 나와 있었다. 그리고 그때는 하나님께서 새로 정해 주신 달력으로 니산월(1월) 하순경, 곧 첫 번 유월절과 무교절이 지켜지던 중이었으니 이른 보리 거두기가 시작될 즈음이었다. 그리고 재미있는 것은, 나오미가 룻과 함께 베들레헴으로 돌아올 때가 마침 보리 수확을 시작할 때였다(룻 1:22). 이스라엘이 출애굽을 하던 해로부터 275년째가 되던 해였다(출애굽 주전 1446년-나오미의 베들레헴 귀향 주전 1171년).

보리는 같은 면적에서 밀보다 0.5배 정도 증수된다. 고대에는 보리가 상시의 주식이었으나 문명의 발달과 함께 밀이 점차 주식의 자리를 차지하게 되었다. 왕정시대 솔로몬의 1일분 식물은, 가는 밀가루가 삼십 석이며 굵은 밀가루가 육십 석이었고(왕상 4:22), 보리는 꼴과 함께 나귀 노새 말 등의 사료로 밀려나고 말았다(왕상 4:28). 하지만 오늘날에 이르러 보리는 열량이 낮고 인체에 필요한 영양소가 있다고 알려져 일부 사람들에게는 건강식품으로 선호되고 있다.

24 초

이스라엘과 근동 사람들이 떡을 찍어 먹는 초는 신 포도주와 기름을 섞어 만든 양념 소스이다. 시원하고 달콤하여 더위와 노동에 지친 사람들의 심신의 피로를 가시게 해준다. 로마 군인들은 피로회복을 위해 포도주를 삭힌 독한 식초를 물에 타 마셨다. 제자들도 최후의 만찬을 나눌 때 예수님께서 찢어 주시는 떡을 초 소스에 찍어 먹었음이 틀림없다. 그 자리에서 예수님께서 자신을 팔게 될 배신자를 말씀하시면서 "내가 한 조각을 찍어다가 주는 자가 그니라"(요 13:26) 하시고, 떡을 친히 초에 찍으셔서 시몬의 아들 가룟 유다에게 주시니, 유다는 그것을 받아들고 슬그머니 만찬장을 빠져나갔다. 떡을 (초에) 찍어 주신 것은 "네 하는 일을 속히 하라"(요 13:27) 하신 뜻이셨을까? 초와 기름을 섞은 소스에 음식을 찍어 먹으면 믿을 수 없을 정도로 새 힘이 솟는다는 것을 육신을 입으신 주님께서 어찌 모르셨으랴. 주님의 말씀도 때로는 신랄 시니컬한 데가 있었다(마 7:6, 15:24-26; 눅 13:13-32). 오늘날의 아랍인들은 이 소스를 즐겨 먹으며, 손님에게 떡을 권할 때 기름식초, 곧 '초'에 찍어서 준다고 한다.

25 볶은 곡식

'맛'이라는 것이 매우 주관적으로 평가되는 것이기는 하지만, 일반적으로 '볶은 곡식'은 별미라 할 수 있다. 솥이나 냄비에 콩, 밀, 보리, 쌀, 참깨 등의 알곡을 넣고 가열하여 볶아 낸 곡식을 '볶은 곡식'이라 한다. 삶거나 찐 것과는 달리 고소한 맛과 향이 더하여 곡식 종류가 무엇이든 불에 볶아 낸 것이라면 한 맛 더 있다는 것은 사실이다.

그런데 룻기에서 말하는 '볶은 곡식'(parched grain, roasted grain)은 그 요리(?) 방식으로 솥이나 냄비를 사용한 것이 아니다. 아주 세지 않은 불길에 타작하지 않은 곡식 이삭을 통째로 그슬리다가 그 껍질만 지긋이 태우고 비벼서 알곡을 키로 까불러 낸 것이다. 우리나라의 옛 세대 시골 소년들이 밀, 보리, 콩 서리를 하여 모닥불에 익혀 먹던 방식과 흡사하다(저자가 자란 고장에서는 그것을 '인하' 또는 '이나'라고 했는데, 다른 지방에서도 같은 말을 쓰는지, 우리 고장만의 방언인지는 알지 못하고, 그 어원에 대해서도 알아 볼 길이 없다.)

하여간 저자는 '볶은 곡식'이 풋보리나 덜 야문 밀을 불에 그을려 익힌 것이라 보고, 그것이 어떻게 만들어지며, 얼마나 맛난 것인지를 소년적 체험을 근거로 말해 본다.

보리나 밀의 경우, 낟알이 잘 들고 아직 딱딱하게 야물지 않은 이삭 밑동을 베어서 두어 줌 크기로 대충 단을 묶는다. 보릿대 밀대를 멀찍이 잡고 이삭 부분을 모닥불 불꽃 끝에 실실 돌려 수염을 태워 없애고, 껍질만 까맣게 타기까지 지긋이 익힌다. 모가지가 타서 이삭이 툭툭 불구덩이로 떨어지면 먹기에 적당하도록 굽힌 것이다. 소년들은 모닥불 가운데 떨어진 이삭을 집게 손가락으로 뱀 대가리 잡듯 재빠르게 집어내 모닥불 가에 모은다. 한마당 굽기가 끝났나 싶게 소년 하나가 '묵자!' 소리치면 모두가 까만 이삭을 손바닥에 올려 비빈 다음, 타다 남은 껍질을 훅 불어내고 노릿하게 익어 토실토실 부푼 낟알을 입안 깊숙이 털어 넣는다. 오도독 소리를 내며 보리알 밀알들이 씹힌다. 입안 가득 고소한 풍미가 감돈다. 그 맛과 향내와 보리알 터지는 소리라니! 한 입만으로도 밭주인에 대한 공포심은 깡그리 사라져 버린다. 한참 정신 없이 이삭을 비벼 먹은 후에야 모닥불 건너편에 앉은 동무의 입가와 코쭝배기가 검댕이 칠이 된 꼴을 본다. 서로 손가락질을 하면서 까무러치게 웃고 후속되는 장난질로 한마당 보리, 밀 서리, '인하'를 끝낸다.

보리는 통으로 먹든지 가루로 먹든지 감치는 맛을 내는 곡물은 아니다. 하지만 불길에 익힌 쫄깃한 풋보리의 향미는 기똥차도록 색다르다. 농어촌 산촌에서 소년용사로 자란 노옹들의 추억 속에는 아직도 그 고소하고 향기로운 일미의 여운이 살아 있을 것이다. 아무튼 그것은 옛 유대 땅 베들레헴의 유력자 보아스 집의 알라까르테(a la carte)였으며, 효부 룻이 절반을 남겨 시어머니께 가져다 드린 희귀한 특식이었다. 보아스가 '볶은 곡식'을 룻에게만 주었는지, 일꾼들 모두에게도 주었는지는 알 수가 없다. 그의 관대한 심성으로 보면 모두에게 조금씩은 주었을 것으로 짐작되지만, 확실히 룻에게는 '베냐민 분깃'을 주었을 것이다.

26 나오미와 보아스는 남매일까?

성경은 살몬이 보아스를 낳았다고 한다(4:21; 대상 2:11; 마 1:5, 살마=살몬). 그런데 탈무드 학자들은 나오미가 살몬의 딸이라고 한다. 양자의 증거를 다 받아들인다면, 보아스와 나오미는 친남매라는 말이 된다. 그러나 두 사람이 남매라는 설은 한두 가지 난점 때문에 수긍하기 어렵다.

첫째는, 성경기록상의 문제인데, 나오미와 보아스가 남매관계임을 암시하는 대목은 성경 어디에도 없다는 점이다. 성경의 여러 가계보에도 나오미와 보아스가 남매라는 사실을 말한 데는 없으며, 나오미의 조상이 야곱의 어느 계열에 속한 누구인지도 밝혀져 있지 않다. 무엇보다 나오미는 보아스에 대하여 "그 사람은 우리의 근족"(2:20)이라 했다. 그 말은 '그 사람은 나의 오라버니나 남동생이다'는 말이 아니다. 그렇다면 나오미가 살몬의 딸이라는 탈무드 학자들의 주장은 받아들이기 어렵다. 성경에 "살몬이 보아스를 낳았다"라고 한 진술에 대하여는 덧말33에서 자세히 설명했거니와, 나오미가 살몬의 딸이라는 주장은 성경을 근거로 하는 말이 아니라 설화적 흥미로 한 말인 것으로 보인다.

둘째는, 윤리적 문제인데, 살몬의 친딸인 나오미가 과연 그녀의 며느리 룻을 친오빠(또는 남동생) 되는 보아스의 아내로 줄 수 있었을까 하는 점이다. 만일 나오미가 그렇게 했다면 며느리였던 룻이 시어머니였던 나오미의 올케가 되는 것이다. 이는 미개 시대의 수혼 관행이라 할지라도 납득하기 어려운 일이다. 룻이 딸과 동침하여 자식을 낳았지만, 그가 술 취하지 않았다면 친딸과의 동침을 분명히 거부했을 것이다. 왜냐하면 아버지가 맑은 정신으로는 딸과의 동침을 거부할 줄을 딸들이 명백히 알고, 계획적으로 아버지를 만취하게 하여 "그 딸의 눕고 일어나는 것을 깨닫지 못하"도록 한 상태에서 동침을 했기 때문이다(창 19:33, 35). 아버지와 딸의 동침이 용납되지 않는 세상이었다면, 며느리도 남형제의 아내로 변신하는 것이 윤리적으로 문제가 되지 않을 수 없었을 것이다. 그럼에도 나오미가 실제로 며느리를 보아스에게 시집을 보냈다는 사실은 무엇보다도 나오미와 보아스가 친남매가 아니었음을 방증한다고 볼 일이다.

〈룻기〉는 〈나오미기〉가 아니다. 나오미는 룻기에서 매우 중요한 인물이지만 그녀의 근본에 관하여는 아무것도 알려진 것이 없다. 나오미의 남편 엘리멜렉도 마찬가지다. 룻의 시부모인 그들은 대체 누구일까? 허탈할 정도로 그들은 베일에 가려져 있다. 보아스와 룻이 엘리멜렉과 나오미 집의 상속자가 될 오벳을 낳아 주었는데, 오벳은 실제로 엘리멜렉과 나오미 가문의 기업을 잇지 않았다(덧말15 참고).

족보를 보면 오벳은 보아스의 대를 잇고 있다. 보아스와 룻의 수혼이 원래의 목적에 부합되지 않게 되어 있다. 엘리멜렉은 자기 가족을 이끌고 모압 땅에 들어가기까지, 그리고 나오미는 모압에서 며느리 룻을 데리고 나와 그녀를 보아스와 재혼시키기까지만 존재하고, 이후로는 이스라엘 역사무대에서 종적을 감추어 버린다. 그들 내외는 단지 이스라엘이 '하등민족'으로 치부하는 모압 사람 룻을 그들 선민공동체 안으로 끌어들인 일밖에는 어떤 흔적도 남기지 않았다.

룻기의 저술 목적이, 왕족지파의 시조 유다로부터 이어 온 다윗왕의 왕권의 정통성을 밝히며, 이스라엘 정통 왕가에 이방인의 피도 흐른다는 사실을 증거하는 데 있기 때문일 것이다. 비유컨대 나오미는, 그리스도이신 예수님을 드러내기 위해 군중 가운데 한 번 폭풍처럼 나타났다가 사라져 버린 세례 요한의 명멸(明滅)과도 같다. 하나님 나라를 위해 쓰임을 받는다는 것은, 한번 일어나 사명을 다한 후에 영원히 자신의 존재를 감추어 버리는 일일 수도 있다.

27 보아스

사사시대는 사사기 17장 6절과 21장 25절에 반복된 말씀처럼 "그 때에는 이스라엘에 왕이 없으므로 사람마다 자기 소견에 옳은 대로 행"한 시대였다. 하지만 사사시대라 하여 백성들이 하나님을 배역하고 타락한 생활을 지속한 세월만은 아니었다. 덧말5에서 말한 것처럼, 사사들이 직무를 행하던 평안의 시대에는 너나없이 여호와 하나님을 경배하고 믿음의 법도를 지키며 살았다. 그런 하나님과의 화평 기간이 백성들의 이방신 숭배와 타락과 징벌의 시간보다 압도적으로 길었다. 보아스는 이스라엘의 배반의 시기, 곧 전임 사사 드보라의 죽음으로부터 후임 사사 기드온이 등장하기까지의 배도와 징벌 기간에도 여호와에 대한 신앙을 지킨 소수 중 한 사람임을 알 수 있다.

그의 이름 '보아스'(Boaz)의 중심 뜻은 '유력자'이다. 베들레헴이 유다 지파에 속한 헤브론, 브엘세바, 벧세메스, 드빌에 비하여 작은 도성에 지나지 않지만 그는 그곳의 유력한 지주였다. 그가 룻을 만나기 전에 결혼한 이력이 있는지, 자식들이 있는지는 룻기만이 아니라 성경의 다른 책도 말하지 않으므로 알 길이 없다. 나이로 보아 그가 상처(喪妻)한 홀아비라 하더라도 재혼을 원했다면 얼마든지 자신의 '유력함'에 어울리는 배필을 골라 구할 수 있었을 것이다. 그는 신앙적으로나 인격적으로 성읍 주민들의 존경을 받는 사람이며 재산도 많은 사람이었다. 그럼에도 그는 모압 출신의 미천한 이방인 과부 룻을 사랑하고 그녀와 결혼하기를 원했다. 하나님께서 두 사람을 짝지워 주신 것이라는 섭리신앙을 감안하고도, 그가 인격을 겸비하고 이타정신이 남다르며 계대결혼에서 보듯 책임의식 또한 강한 사람임을 알 수 있다.

보아스의 인간 됨됨이는 그의 일상생활 가운데 드러난 덕성으로 충분히 가늠할 수 있다. 보리를 벨 때 음식을 가지고 밭으로 나가 일꾼들을 축복하고 격려하는 언행은 오히려 지주답지 않아 보이는 미덕이라 하지 않을 수 없다(룻 2:4, 14). 이방여인 룻이 이삭 이상의 곡식을 가지고 가게 배려할 뿐 아니라, 점심까지 함께 먹을 수 있도록 그녀를 불러들이며, 일꾼들로 그녀를 괴롭히지 말 것을 지시하는 섬세한 호의는 단순히 그가 부자라서 할 수 있는 일만은 아니었을 것이다(룻 2:8-16). 타작마당 임시 침소에서 그의 겉옷 아래 누워 있는 룻을 발견하고 계대결혼과 기업 무르기에 대한 조건부 책임을 약속했으며, 지체 없이 성문으로 나가 그 문제를 공론화시킨 행동은 그의 진정과 성실성을 보여주기에 족하다(룻 3:11-13, 4:8-10). 기업 무르기는 책임을 져야 하는 쪽에 상당한 경제적 부담이 발생할 수밖에 없다. 그런데도 그는 근족에 대한 책임과 의무를 중히 여겨 기꺼이 룻 측의 요청을 수락한다. 연구자들은 룻기에서 보아스가 후일에 오실 예수 그리스도, 만백성을 위한 구속자의 모형으로 그려졌다고들 한다.

28 엘리멜렉과 아들들의 죽음

신앙생활을 인간의 행불행의 관점에서 설명할 수 있을까? '나'의 행불행을 기준으로 신앙의 가치를 인식하면 그것은 이기적 자기체면이나 정신현상으로 퇴락하고 만다. 신앙의 궁극목적은 하나님의 영광에 있다. 주님이 가르치신 기도의 서두 부분도 그것을 말한다. "하늘에 계신 우리 아버지여 이름이 거룩히 여김을 받으시오며 나라이 임하옵시며 뜻이 하늘에서 이룬 것같이 땅에서도 이루어지이다." 이는 실로 기독교 신앙의 위대한 정수이며 소망이며 간구이다.

하나님께서는 하늘에 계신다. 하늘에 계신 하나님께서는 우리의 아버지이시다. 하나님께서는 원래 거룩하시므로 인류를 비롯한 우주만물과 삼라만상은 하나님의 거룩하신 이름을 진실로 거룩하시다 인정하고 경배를 드려야 한다. 하나님의 존재와 성호를 그의 거룩하심에 맞도록 높여 드려야 한다. 그리고 하나님을 믿는 신앙인은 하나님께서 그의 뜻을 하늘에서 이루신 것처럼 땅에서도 이루시도록 간구해야 한다. 하나님께서 지으신 우주만물은 마귀의 이름으로 지배될 수 없다. 이 땅은 오직 만물의 주이신 여호와 하나님께서 지배하시고 경영하시는 하나님의 나라로 새로워져야만 한다. 그것을 간구하는 것이 우리 기도의 모든 것이며 우리 신앙의 목적을 추구하는 것이다.

나의 행복은 하나님의 주권적이며 기뻐하신 뜻에 달린 것이다. 내가 현실적으로 잘되는 것만이 복의 전부가 아니다. 나의 슬픔과 고난이 나의 실패와 재난인 것만도 아니다. 하나님을 믿는다는 것은 하나님께서 나의 삶을 통하여 영광 받으시기를 소원하는 것이며, 신앙인은 그러한 생의 목표를 가지고 살아야 한다. 그러므로 엘리멜렉과 두 아들의 객사죽음을 보고 그들의 신앙인생의 성패를 판단할 수 없다. 무엇보다 그들의 죽음을 그들의 인생의 실패를 뜻하는 것으로 보아서는 안 된다. 따라서 그 한 가족 세 남자들의 죽음을 하나님의 저주나 형벌의 결과로 보는 식의 성경해석은 너무나 주관적이고 편협한 것이어서 지양되어야 한다.

그러면 그들의 죽음이 뜻하는 것은 무엇일까? 그들의 죽음 뒤에 있는 하나님의 목적, 계획, 섭리 등을 하나님의 관점에서 보면 답을 얻을 수가 있다. 하나님께서 그 남자들을 다 불러 가시고, 오르바까지 친정으로 돌려보내시고, 오직 나오미와 룻만 남기신 목적과 계획은 과연 무엇일까?

1. 하나님께서는 이스라엘이 멸시하는 모압 여인을 그들이 가장 높이게 될 다윗 왕 가문의 조상으로 세우시려는 뜻으로 룻을 불러들이는 상황을 조성(섭리)하셨다.

2. 이방인 구원의 문을 여시는 시발점으로서, 다말, 라합, 룻 등의 이방여인들을 선민 가운데로 끌어들이시는 선례를 그리스도의 복음시대 이전부터 보여주려고 하셨다.

하나님을 잘 믿는 내 믿음의 목적이 '행복'일 수도 있다. 그러나 그것은 극히 초보적인 믿음의 동기와 목적이다. 나무가 씨앗으로부터 자라나듯 신앙도 씨앗같이 작은 동기와 목적으로부터 시작될 수가 있다. 그러나 신앙인은 그 초보에서 속히 성장 성숙해야 한다. 히브리서 기자가 복음신앙에 있어 그 초보와 완전함에 대하여 교훈한

바가 있다(히 6:1-2). 성경이 말하는 신앙의 궁극 목적은 오직 하나님을 영화롭게 하는 것인 바, 그 목적을 위해 '나'는 인간의 행복과는 거리가 먼 고난을 받을 수가 있고, 감당하기 어려운 슬픔을 당할 수도 있고, 단명으로 아까운 나이에 죽을 수도 있다.

말론과 기룐이 그런 사람들이었다. 그들은 하나님께서 그의 뜻을 이루시기에, 곧 하나님께서 이방여인 룻을 택하신 백성들 가운데로 불러들이시기에 적절하게 쓰임을 받는 소임을 받은 자들이었다고 볼 수 있다. 결혼을 했지만 자식이 없는 몸으로 죽음을 맞은 그들 형제는 인간의 행불행의 관점에서 볼 때 분명 불행한 사람들이다. 그러나 만일 말론이 장수했다면 하나님께서 룻으로 하여금 보아스의 아내가 되게 하셨을까? 물론 하나님께는 여러 다른 방도들로써 그의 뜻을 이루실 수가 있으시다. 하지만, 하나님께서 기뻐하신 뜻은 말론을 먼저 데려가시고 젊은 나이에 홀홀 과부가 된 룻을 보아스의 아내가 되도록 하신다는 데 있다. 하나님의 주권적인 뜻이 그러하셨고, 또한 그렇게 되도록 섭리하셨다면, 누가 감히 말론과 기룐을 하나님의 징벌을 받아 불행하게 죽은 자들이라 할 수 있을까?

하나님을 믿는 성숙한 신앙인은 현재적인 이 세상의 가치로 인간의 삶의 현상을 판단하지 않는다. 그러므로 엘리멜렉과 말론 형제의 죽음을 하나님의 징벌이라고 생각해서는 안 된다.

29 신의 상징

땅을 매매할 때 판(賣渡) 사람이 산(買受) 사람에게 신을 벗어 주었다. 거래가 합법적으로 완결되었으며 토지의 소유권이 산 사람에게로 넘어간 것을 대중에게 공식적으로 알리는 행위였다. 하필 신을 벗어 주는 것은, 그 땅을 밟고 다닐 수 있는 권리를 포기 양도한다는 뜻이다. 지금의 관행으로 토지 매도자(賣渡者)가 서류에 최종 서명을 하는 것과 같다고 볼 수 있다. 신을 벗어 주는 것은 물건의 매매뿐만 아니라, 자신이 가지고 있는 유 무형의 권리를 포기 이전 양도하는 증거 절차이기도 했다.

또 미망인이 수혼 의무를 행하지 않으려는 형제의 얼굴에 침을 뱉음과 아울러 그의 발에서 신을 벗겨 내 그를 공개적으로 모욕하는 수혼법이 있었다(신 25:5-10). 수혼 의무를 진 형제가 자신의 이익 여부와, 미망인의 성격, 인품, 여성적 매력 등에 따라 수혼을 거부할 수 있었다. 그럴 경우 그는 하나님께서 아브라함과 맺으신 언약의 영광에 참여하기를 거부하는 자로 간주되어 공중 앞에서 심한 모욕을 당하는 대가를 치러야 했다. 이스라엘 공동체는 자신을 희생하더라도 "그 형제의 이름을 이스라엘 중에 잇기를" 기쁘게 행해야 하며, "그 형제의 집 세우기를 즐겨" 행해야 할 의무를 지기 때문이었다. 신을 벗기는 행동에 재산 소유권을 빼앗는 법적 강제성이 있는 것도 아니고, 또 그것으로 하나님의 언약의 영광에 참여할 권리를 박탈당하는 것도 아니지만, 수혼 거부자는 도덕적으로 명예를 짓밟히며 따돌림을 당하게 되는 것이었다. 그러나 신을 벗기는 관습은 점차 완화되어 보아스 때에는 단지 계약 완결의 증거가 되었다(4:7).

일찍이 하나님께서 아브라함에게 “너는 일어나 그 땅을 종과 횡으로 행하여 보라 내가 그것을 네게 주리라”(창 13:17)고 약속하셨다. 그리고 여호수아가 가나안으로 들어갈 때 “무릇 너희 발바닥으로 밟는 곳을 내가 다 너희에게 주었노니”라고도 하셨다. 그것은 하나님께서 아브라함과 맺으신 언약을 여호수아와 그 백성들을 통하여 지키시려는 것이었다(수 1:3). 그리고 여호와께서 갈렙이 밟은 땅을 그와 그의 자손에게 주리라고도 하셨다(신 1:36). 땅을 종과 횡으로 ‘행하고’, ‘밟아’, 그 소유권을 얻는 발걸음에는 신이 존재하는 바, 그 신을 벗기는 것은 그 신으로 밟아 온 해당인의 땅의 소유권을 몰수함을 빗댄 상징적인 행위로 인식되었다.

그리고 룻기에서 한 가지 주목할 일이 있다. 룻기 저자가 등장인물들의 삶의 이야기를 영감으로 회상하여 책을 저술한 것이라면, 그는 엘리멜렉 가와 계대결혼을 해야 하는데도 책임을 회피한 그 근친의 이름을 틀림없이 알고 있었을 것이라고 추상할 수 있다. 그러나 룻기 저자는 ‘형제의 이름 전하기’와 ‘형제의 집 세우기’에 무책임한 그 수혼 기피자의 이름을 그의 책에 ‘의도적으로 나타내지 않음으로써’ 그를 응징했다고 생각할 수 있다. 룻기 저자가 한 다리가 먼 보아스는 알고 있으면서, 엘리멜렉과 가장 가까운 그 근친의 이름을 몰라서 그의 책에 쓰지 않고 익명 처리를 했다고 보기는 어렵기 때문이다. 그 근친 역시 그리 크지도 않은 베들레헴 도성에서는 어느 정도 이름이 있는 인물이었을 것인데, 룻기의 저자가 그의 이름을 밝히지 않음으로써 그로 하여금 이스라엘의 역사에서 길이 '무명씨'로 남도록 한 것은 아닐까?

신은 땅의 소유권 외에 그 사람의 신분을 나타내는 물건이기도 했다. 맨발 또는 해어진 신을 신은 자가 다시금 새 신을 얻어 신음으로써 자신의 신분과 권리를 회복할 수 있었다. 집을 나갔다가 자기 몫의 재산을 다 날리고 회개하면서 아버지의 집으로 돌아온 '둘째 아들'의 경우가 그러했다(눅 15:3-22). 그가 새롭게 회복한 신분의 표식은 새 의복, 새 가락지, 그리고 새 신이었다. 그처럼 신을 벗기고 신기는 것은 신분과 권리와 소유권과 관계 있는 상징적 행위였다.

예외적인 상징들도 있다. 하나님께서 이스라엘의 출애굽 지도자로 모세를 부르실 때 "너의 선 곳은 거룩한 땅이니 네 발에서 신을 벗으라"고 하셨다. 모세가 미디안 광야에서 실어증(失語症)에 걸리리만큼 홀로 40년 동안 양을 먹이고 있을 때 홀연히 하나님께서 현현(顯現)하셨다. 모세가 서 있던 그 호렙산 기슭의 모처가 거룩한 땅이라서가 아니라, 바로 그곳에 하나님께서 임재하셨기 때문에 모세가 선 그 땅은 거룩한 땅인 것이었다. 하나님께서는 그 속성이 거룩하시므로 모든 허물과 부정(不淨)한 것들과 죄 된 것들과의 공존을 거부하신다. 그토록 거룩하신 하나님의 존전에는 오로지 예배만 있을 뿐이다. 그러므로 하나님의 존전에서는 모든 세속적인 것들의 상징인 신을 벗어야만 한다. 모세가 소명 중에 신었던 그 신은 부정한 세속의 대표격이었다.

그리고 신은 성도가 악한 날에 정사와 권세와 이 어두움의 세상 주관자들과 하늘에 있는 악의 영들을 대항하기 위해 전신을 무장해야 할 장구(裝具) 중의 하나이다. 진리로 허리띠를 띠고, 의의 흉배를 붙이고, 평안의 복음의 예비한 것으로 신을 신고, 모든 것 위에 믿음의 방패를 가지고, 구원의 투구와 성령의 검 곧 하나님의 말씀을 가져야 하는데, "평안의 복음의 예비한 것"이 곧 성도가 신어야 할 신이다(엡 6:10-17).

30 수혼 거부의 결과

수혼법에 관하여는 덧말15에서 말했으므로 중언을 피한다. 아무리 관습이 무섭고 법이 삼엄하다 해도 그것을 어기는 사람들은 있기 마련이다. 한 집안이 문을 닫는 것은 이스라엘 공동체의 번영에 타격이 되므로 백성들은 수혼 책임 회피자를 공개적으로 모욕했으며, 하나님께서는 죽음과 불명예라는 사회적 압박으로 백성들의 순종을 유도하셨다(신 25:5-10; 룻 4:6).

덧말29에서 말한 것처럼, 룻기에서 수혼 거부자는 의도적으로 그 이름이 감추어진 것인지도 모른다. 이름을 자랑할 것은 아니지만, 나에게 지워진 책임을 다하지 않아 내 이름이 있어야 할 곳에 녹명(錄名)되지 않는다면 그 어찌 수치스럽지 않을까? 시편에 "저희를 생명책에서 도말하사 의인과 함께 기록되게 마소서"(시 69:28)라고 한 기원이 있고, 대조적으로 "나와 멍에를 같이한 자 네게 구하노니 복음에 나와 함께 힘쓰던 저 부녀들을 돕고 또한 글레멘드와 그 외에 나의 동역자들을 도우라 그 이름들이 생명책에 있느니라"(빌 4:3)고 한 바울 사도의 말씀도 보인다. 수혼 거부자는 이름이 있어도 알려지지 않으며 문서에 기록되지도 않는다. 가문과 족속 공동체에도 그 아무개의 이름은 전해지지 않는다.

31 라헬, 레아, 베레스의 자손들

라헬과 레아는 자매로서 하란 사람 라반의 딸들이다. 각기 빌하와 실바를 여종으로 두었다. 두 자매들은 야곱의 처가 되고 여종들은 첩이 되었다. 레아가 르우벤, 시므온, 레위, 유다, 잇사갈, 스불론, 여섯 명의 아들을 낳았고, 라헬은 요셉, 베냐민, 두 명을 낳았으며, 두 시녀들도 마님들의 노고에 헌신적으로 뛰어들어 단과 납달리, 갓과 아셀 등 두 명씩의 아들을 더했다. 그러니까 네 여인들이 이스라엘 열두 지파의 모계 조상이 된 것이다. 룻기 저자는, 이스라엘 집을 세운 모계 조상으로 라헬과 레아만 언급했는데, 빌하와 실바를 무시했다기보다 주인과 시녀를 하나로 보았기 때문일 것이다(룻 4:11). 실제로 시녀가 낳은 자식은 여주인이 낳은 자식으로 간주되었다(창 30:3, 6, 9-13). 그렇게 보면 라헬의 아들은 4명이고, 레아의 아들은 그 곱인 8명이다.

그런데 룻기에는, 낳은 자식이 많아 권위가 더 있어 보이는 언니 레아보다 동생 라헬이 먼저 언급되었다. 그것은 아마도 베들레헴 주민들이 라헬을 더욱 애틋한 조상으로 기억하고 있기 때문일 것이다. 라헬은 만삭의 몸으로 야곱의 귀향 행렬의 중심이 되어 시아버지 이삭이 있는 기럇아르바의 마므레로 가다가 베들레헴 근교에서 베냐민을 난산하고 죽었다. 라헬은 그녀가 숨진 그 길가에 묻혔다. 오가며 묘비를 읽는 베들레헴 레아의 후손들은 극적인 삶을 살다 간 이모할머니 라헬을 동정하며 애도하기를 마지않았을 것이다(창 35:16-20).

베들레헴 주민들의 외가 쪽 친 조상은 라헬이 아니라 레아였다. 두 분은 한 남편을 사이에 둔 사랑의 대적이었다. 그런데 레아가 낳은 네 번째 아들이 유다이고, 유다의 아들 베레스 문중의 일파가 라헬이 잠들어 있는 베들레헴에 정착했다. 레아-유다-베레스를 이은 베들레헴 사람들은 라헬의 무덤을 지나다니면서 직계할머니 레아보다 이모할머니 라헬을 더욱 친근히 여기게 되지 않았을까? 그렇다고 베레스의 후손인 베들레헴 사람들이 이스라엘 민족을 세우는 데 있어 자신들의 친조모 레아가 세운 크나큰 공을 모르고 있지는 않았을 것이다.

여인들이 한때 품을 수도 있는 질투심이란 그리 모진 것이 아닐지도 모른다. 저자는 졸작《하늘 나그네 야곱》에서, 임종 직전의 라헬이 사랑의 앙숙 레아와 눈물로 화해하는 장면을 그렸다. 두 분은 이스라엘 건국의 어머니들이고 그 자손들은 번성했다. 그 중 레아의 넷째 아들 유다가 그의 며느리 다말에게서 낳은 베레스의 자손은 다른 형제 집안에 비해 세력이 좋았다. 라헬은 베들레헴에서 죽었으나, 레아-유다-베레스의 후손은 베들레헴에 살았다. 보아스는 레아-유다-베레스 계열의 자손이다.

성문에 앉아 보아스와 룻의 혼인을 축복하는 장로들도 베레스 계의 자손들이다. "여호와께서 이 소년 여자로 네게 후사를 주사 네 집으로 다말이 유다에게 낳아 준 베레스의 집과 같게 하시기를 원하노라"(룻 4:12). '베레스의 집'이 어떻게 번성했는지는 역대상 2장 이후에 자세히 나와 있다. 베들레헴 원로들이 보아스와 룻에게 베푼 예언적 축복은 다윗과 예수 그리스도로 인하여 그 언어의 함의(含意)를 훨씬 뛰어넘는 성취를 이뤘다.

32 다윗 약전

다윗의 출생 연도에 대하여 주전 1085년설, 주전 1040년설이 있다. 여기서는 후자를 따른다. 역대기의 기사는 거의 대부분 사무엘서에서 인용한 것이므로 특별한 내용이 아닌 한 사무엘서를 중심 출전으로 삼는다. 연대는 모두 '주전'이다.

연도	중요사건	사 건 내 용	출 전
1040	출생	베들레헴 사람 이새의 7남. 계보: 유다–베레스–헤스론–람–암미나답–나손–살몬–보아스–오벳–이새–다윗–솔로몬…	룻 4:18–22 마 1:3–6 눅 3:31–33
1025	기름부음을 받음	사울이 제사장 대신 제사를 드리고, 아말렉 왕을 죽이지 않은 불순종으로 버리심을 받고, 다윗이 차기 왕으로 하나님의 택하심을 받음.	삼상 13:8–15 삼상 15:9–31 삼상 16:1–13
1020	골리앗을 죽임	물맷돌로 블레셋 사람 골리앗을 죽인 다윗이 사울의 총애를 받아 궁정생활을 시작함.	삼상 17:4–54
	사울을 섬기며 공주 미갈을 아내로 얻음	군대장관이 됨. 사울은 천천이요 다윗은 만만이란 민심에 왕이 노하여 천부장으로 강등시킴. 왕의 차녀 미갈과 결혼, 요나단과 언약을 맺음.	삼상 18장
	왕궁 탈출	사울이 창을 던져 죽이려 하므로, 미갈의 도움으로 궁을 떠나 라마의 사무엘에게로 감. 왕자 요나단과 맹약하고 피난길에 오름.	삼상 19–20장
	사울 왕 도피 행적	놉 제사장 아히멜렉–블레셋 가드–아둘람 동굴–미스베–헤렛 수풀–도피 중 블레셋을 치고 그일라 거민 구출–십 황무지–마온–엔게디 요새에 은거 중 사울 왕의 겉옷자락만 베고 목숨을 해치지 아니함.	삼상 19–24장
1017	사무엘의 죽음	라마에 장사하고, 다윗은 바란 광야로 감.	삼상 25:1
	두 아내를 얻음	도피생활 중 마온의 부호 나발이 죽자 그의 처 갈멜 사람 아비가일과, 이스르엘 사람 아히노암을 아내로 맞음.	삼상 25:2–43
	사울 왕을 피함	십 황무지의 하길라 산에 은거 중 다시 사울 왕을 죽일 기회가 있었으나 해치지 아니함.	삼상 26장

연도	중요사건	사 건 내 용	출 전
1017	블레셋 망명	6백명 추종자와 가족과 함께 블레셋 가드 왕 아기스에게 의탁, 사울의 추적이 중지됨.	삼상 27장
1016	아말렉을 침	시글락에 있는 모든 여인들과 두 아내와 자식들을 납치한 아말렉을 치고, 가족과 시글락 여인들을 모두 구출함.	삼상 30장
1015	사울 왕과 요나단의 죽음	블레셋과의 길보아 산 전투 중 사울과 세 아들 요나단과 아비나답과 말기수아가 전사함.	삼상 31장
	이스라엘 남북 양조 병립	사울의 죽음으로 다윗이 헤브론에서 유다 사람들의 기름부음을 받고 유다 왕으로 즉위, 7년 6개월을 다스림. 아브넬과 북11지파의 지원을 받은 사울의 아들 이스보셋이 마하나임에서 왕이 되어 2년간 다윗을 대적함으로써 이스라엘이 남북조로 분열됨.	삼하 2:4 삼하 2:8–11
1010	남북조 통일왕이 됨	양 왕가의 오랜 전쟁 끝에 아브넬이 죽고, 북조 왕 이스보셋이 두 군장 레갑과 바아나에게 암살당함. 이에 이스라엘 모든 지파 장로들이 헤브론에 모여 다윗에게 기름을 붓고 남북조 통일왕으로 추대함. 30세에 유다 왕이 된 그가 37세부터 남북조 통일왕국을 33년간 다스려 도합 40년 반을 통치함.	삼하 4:1–5:5
1003	예루살렘 정복	난적 가나안의 여부스 족을 정복하고 그 성 예루살렘을 남북조 통합수도로 삼아 "다윗성"이라 명명하고 성벽을 보강함. 이에 천적 블레셋이 다윗을 치러 왔으나 여호와께 물어 두 번을 물리침.	삼하 5:6–9 삼하 5:17–25
	법궤 안치	바알레유다에 있는 법궤를 다윗성으로 옮겨 오던 중 웃사의 참변을 겪고, 가드 사람 오벧에돔의 집에 3개월 동안 모셔 두었다가 다윗성에 안치함.	삼하 6:1–19

연도	중요사건	사 건 내 용	출 전
1003	주변 족속들과의 전쟁 밧세바와 동침	블레셋, 모압, 소바, 다메섹, 하맛, 에돔 족속들과 계속적인 전쟁을 함. 밧세바와 동침하고 술수로 그녀의 남편 우리아를 죽게 함.	삼하 8:1–14 삼하 11장
	솔로몬을 낳음	밧세바가 솔로몬(여디디야)을 낳음.	삼하 12:24, 25
990	압살롬의 반역	그술 왕 달매의 딸 마아가가 낳은 셋째 아들 압살롬이 반역하여 성을 버리고 도피함. 후새의 모략과 요압의 압살롬 제거로 환궁함.	삼하 15–19장
979	세바의 반역	베냐민 사람 비그리의 아들 세바가 반역, 요압과 아비새에게 진압됨.	삼하 20:1–22
979	인구조사	사탄의 격동으로 다윗이 인구조사를 함. 하나님의 진노와 형벌로 재난을 당함.	삼하 24:1–25 대상 21:1–27
973	아도니야의 반역	학깃에게서 난 넷째 아들 아도니야가 부왕 다윗의 노리에 반역함.	왕상 1:5–10
971	죽음	솔로몬에게 왕위를 물리고 유언을 함.	왕상 2:1–11

33 보아스는 살몬과 라합의 아들일까?

문(文)의 해석에 있어 단어의 일차의미(문자 의미)를 파악하는 것이 가장 우선적이고 중요한 작업이다. 그러나 단어는 이차의미 곧 은유적 의미, 영적 의미 등, 일차의미에서 유추된 다른 의미로 쓰일 경우가 매우 많다. 룻기 4장 21절과 마태복음 1장 5절에서 각각 "살몬은 보아스를 낳았고", "살몬은 라합에게서 보아스를 낳고"라는 명료한 말씀을 기술하고 있는데, 이 문들의 동사 '낳다'를 일차의미로 읽을 경우 관련된 다른 말씀들을 이해하기가 곤란해지기 때문에 문제가 된다. 그러므로 살몬과 라합 부부가 문자 의미 그대로 그들의 '직접 아들'로서 보아스를 낳은 것인지에 대해 상고(詳考)해 볼 필요가 있다.

살몬은 누구이며 언제적 사람일까? 그는 아브라함-이삭-야곱-유다-베레스-헤스론-람-아미나답-나손-살몬으로 이어져 온 이스라엘 명가의 자손이다. 여호수아가 가장 신뢰하는 청년 중 한 사람으로, 주전 1405년 가나안 공격 첫 대상지 여리고를 탐지하기 위해 그 성에 잠입했다. 여리고를 함락시킨 그해(주전 1405년)에 살몬이 자신을 구해 준 라합과 결혼하고, 이듬해인 주전 1404년에 아들 보아스를 낳았다면, 그 보아스가 후일 룻과 결혼할 때의 나이는 최소한 236세 이상이어야 한다. 보아스가 그처럼 많은 나이에 룻과 결혼했다는 사실을 일반적인 성경상식에 비추어 받아들일 수 있을까? 그 점이 의심스럽기 때문에 살몬이 보아스를 '낳았다'라는 진술을 문자 의미로 받아들이기가 곤란한 것이다.

그러면 룻과 결혼하던 해의 보아스의 나이를 236세 이상으로 보는 근거는 무엇인가? 그것을 알아보려면 먼저 보아스가 룻과 결혼한 때의 사사가 누구였는지를 알아보아야 한다. 그 사사는 기드온인데, 그렇게 보는 이유는 덧말7에서 밝혔다. 기드온이 사사로 취임한 연도를 알게 되면 그때를 살고 있던 보아스의 나이를 알 수가 있고, 그의 당시 나이에 비추어 그의 주변관계도 어느 정도 추정할 수가 있다.

기드온의 사사 취임 연대를 밝히는 것은 어렵지 않다. 여호수아가 가나안을 공격하던 그 해로부터 기드온의 사사 취임까지의 햇수를 사건 중심으로 꼽아 가면 된다. 어째서 꼭 기드온까지냐 하면, 그의 시대에 기근 재난이 있었고(덧말7 참고), 그 기근이 룻기 이야기의 발단과 배경이 되기 때문이다. 그 과정을 다음 표와 같이 정리할 수 있고, 연도는 모두 '주전'이며, 사건 내용은 여호수아서 6장과 24장, 사사기 3장-8장, 룻기 4장에서 나온 것이다. *표가 있는 것은 성경의 진술이 충분하지 않아 소폭 가변적일 수 있다. 그리고 이 표는 보아스가 살몬의 '직접 아들'이 아닐 수 있음을 말하기 위해 작성된 것이다.

연도와 기간	주요 사건 내용	성경
1405	가나안 공격과 여리고 함락. 살몬과 라합의 결혼.	수 6:1-27
1404	살몬과 라합이 보아스를 낳았다고 가정. ***보아스 나이 1세**	6:1-27
1390	여호수아의 죽음. 향년110세	24:29
1390-1385	지도자 공백으로 이스라엘이 범죄. ***지도자 공백 5년 추정.**	24:31
1385-1377	메소포다미아 왕 구산 리사다임이 8년간 이스라엘을 압제.	삿 3:7, 8
1377-1337	옷니엘이 첫 사사가 되어 구산 리사다임을 격퇴. 옷니엘 사사 취임 후 40년간 평안.	3:9-11
1337-1319	옷니엘이 죽자 백성들이 범죄. 모압 왕 에글론이 여리고를 점령하고 18년간 이스라엘을 압제.	3:12-14
1319 1319-1239	에훗이 사사로 취임, 모압 왕 에글론을 암살. 에훗이 죽음. 그의 통치 80년간 평안.	3:15-25 3:30

연도와 기간	주요 사건 내용	성경
1238	삼갈이 사사로 취임, 동년 사망 추정. ***사사 시무 1년 추정.**	3:31
1238–1218	에훗과 삼갈의 연이은 죽음과 이스라엘의 범죄. 가나안 왕 야빈이 20년간 이스라엘을 압제.	3:31–4:1 4:2, 3
1218–1178	드보라가 가나안 왕 야빈을 격파, 이후 40년간 평안.	4–5장
1178–1171	드보라 사후 백성이 범죄, 미디안, 아말렉, 동방사람 연합군이 약탈과 폐농전략으로 7년간 이스라엘을 압제.	6:1–6
1171	**기드온 사사 취임.** 3백 명 용사로 미디안 연합군을 격파. 이스라엘이 40년간 평안.	6:11–8:28
1168	**나오미의 귀향.** 같은 해 약 3개월 후 룻과 보아스 결혼. ***보아스가 족보대로 살몬의 직접 아들일 경우 룻과 결혼할 때 그의 나이는 236세가 되어야 함(1404–1168=236).**	룻 4:13

'추정'이 포함되기는 했지만 위 표의 사건들이 발생한 연대를 성경해석학의 관점에서 살펴보자. 성경해석에 있어 '타당성'은 가장 중요한 판단 기준이 된다. 여기서 타당성이란 성경의 합리성에 비추어 그 해석이 올바른가를 보는 것이다.

모세는 노래하기를, 우리의 연수가 칠십이요 강건하면 팔십이라고 했다(시 90:10). 그는 자신의 인식과 달리 예외적으로 장수하여 120세에 죽었고, 여호수아 역시 장수하여 110세에 부르심을 받았다. 모세의 영감 어린 노래가 향후 세대에 대한 선지자적 예언인지, 당대의 인간 수명에 대한 그의 관찰과 인식의 결과인지는 알 수가 없다. 분명한 것은 하나님께서 두 사람에게 장수의 복을 주시기는 했지만 그래도 120세 이상을 살도록 하지는 않으셨다는 점이다. 하나님께서 인생의 수한을 보통 70세, 강건하면 80세로 정하신 시대에, 유독 보아스만 당대 평균수명(70세)의 3배가 넘는 연수, 곧 236세를 살았다는 진술은, 다름 아닌 성경의 합리성에 비추어 타당성이 없으므로 받아들이기가 어렵다. 또 앞에서 말한 바, 룻의 시부모 엘리멜렉과 나오미가 보아스와 동일 세대 사람이라면, 그들의 나이도 대략 2백 30여 세는 되었다고 봐야 하는데 룻기의 어느 문(文), 어느 행간에서도 엘리멜렉과 나오미가 그 정도로 늙은 사람이었다는 정황이나 암시를 발견할 수가 없다.

그러나 그런 불합리가 있다 하여 무오(無誤)한 경(經)의 말씀을 부정한다는 것은 더욱 말이 안 된다. 다행히도 우리에게는 성경 기록을 부정하지도 않고 난제도 넘을 수 있는 해법이 있다. '살몬이 보아스를 낳았다'는 성경의 표현들(룻 4:21; 마 1:5)이 유대인의 관용적 표현으로 흔히 쓰이고 있다는 점에 착안하는 것이다. 유명하지 않거나 이름을 드러낼 마땅한 이유가 없는 어떤 선조를 계보에 올리지 않고, 손자나 증손자를 끌어올려 특정 세대의 아들 세대로 표현하는 것이 히브리인들의 문학 표현의 관행이기도 할 뿐 아니라, 일반적으로 잘못된 표현이 아니기 때문이다.

그렇다면 정복시대의 20대 청년 살몬과, 기드온 시대의 보아스는 '실제적 부자관계'가 아닐 수도 있다. 즉 살몬과 보아스 두 사람 사이에 실존했던 미지의 두서너 세대를 건너뛰어, 살몬의 '직계자손'으로 보아스가 태어났다고 말한 것일 수도 있는 것이다. 그렇다면 보아스는 살몬의 '직접 아들'이 아니라 '직계자손이라는 의미의 아들'인 것이다. 그렇게 해석하는 것이 성경의 보편적 이치에 부합되고 타당성도 있게 된다.

마태복음 1장에 실린 예수님의 가계보에, 아브라함부터 다윗까지가 열네 대, 다윗부터 바벨론 포로까지가 열네 대, 바벨론 포로에서 예수님의 탄생까지가 열네 대로 되어 있다. 각 기간들은 어떤 형식에 맞춘 듯 열네 대 조상들의 이름만 보여주고 있다. 이는 세대의 자연스러운 흐름에서 기록자가 무언가 다른 뜻을 나타내기 위해 인위적으로 어떤 세대들을 배제시켰을 가능성을 보여주는 대목이다.

아브라함과 예수님 사이의 시간 간격이 2166년이다. 그 긴 세월에 단 42세대가 존재했다는 성경진술은 무엇보다도 타당성이 부족하다. 한 세대를 30년으로 본다면 2166년동안 72세대 정도가 이어졌을 것이다. 만일 이 추론을 받아들인다면 마태복음의 예수님의 족보에는 대략 30세대가 누락(배제)되었을지도 모른다.

반면 살몬의 '직접 아들'이 보아스임을 문자 의미 그대로 받아들이는 입장에서 생각해 보자. 룻과 결혼할 때의 보아스의 나이가 236세가 된다는 것은 앞의 표에서 나타내 보였다. 만일 보아스가 엘리멜렉과 나오미와 성내의 장로들보다 얼마간 나이가 적었다 하더라도, 이미 2백 세를 넘겼을 그가 아들 오벳을 생산할 수 있었다는 진술에는 일말의 의혹을 품지 않을 수 없다. 대홍수 이후로 인간의 가임기가 크게 변했기 때문이다.

인류 시조 아담은 홍수 이전의 생육 번성기에 130세부터 930세까지 8백 년 동안 자식을 낳을 수 있었다. 하지만 아브라함은 100세에 하나님의 능력을 덧입어 이삭을 낳았고, 이삭은 60세에 에서와 야곱을 낳았고, 야곱은 84세에 첫아들 르우벤을 낳았다. 그런데 룻기 4장 21절과 마태복음 1장 5절은, 족장들보다 훨씬 후세 사람인 보아스가 그의 나이 236세나 그 이듬해에 오벳을 낳았음을 시사한다. 이것을 아브라함, 이삭, 야곱, 3대족장들이 자식을 낳은 선례들과, 성경의 보편적 상식(인간 평균수명이 70인 경우, 20세 전후에는 자식 생산이 가능하지만, 족장들보다 많은 나이에 자식을 낳은 이가 없다는 사실)에 비추어 보면, 살몬이 그의 '직접 아들'로 보아스를 낳은 것이 아님을 알게 해준다.

이 논의의 요점은, 1) 살몬과 보아스 사이에 몇 세대의 조상이 존재했지만 족보에는 기록되지 않았으며, 2) 유대인의 문학에서 '낳다'라는 표현이 반드시 자신의 '친자'를 낳았음을 뜻하는 것이 아니며, 3) 보아스가 236세의 골골한 노인으로 룻과 결혼한 것이 아니며, 4) 그런 까닭으로 룻의 재혼남편 보아스는 살몬의 '직접 아들'이 아니라 '직계후손'이라는 의미에서의 '아들'이라고 해석할 수밖에 없다는 것이다.

룻과 결혼할 때의 보아스가 236세의 하얀 늙은이가 아니었다는 정황 증거도 많다. 1) 그는 실제로 룻과 결혼하여 아들을 낳을 수 있는 생식능력을 가지고 있었으며, 2) 자신의 능력으로는 보리밭, 밀밭 등 드넓은 농지를 돌아볼 수 있었으며, 3) 일꾼들과 함께 들에서 식사를 할 수 있었으며, 4) 타작마당에서 야영을 할 수 있었으며, 5) 혼자서 보리 알곡 부대를 헐고 그 일부를 덜어 룻에게 이워줄 수 있는 체력을 가지고 있었다. 그러므로 보아스는 엘리멜렉과 나오미와 성내의 장로들과 연세가 비슷한 초로의 지주였다고 볼 수 있다. 다시 말해 그들보다 대략 3배 이상으로 나이가 월등하게 많은 사람은 아니었다. 그렇게 보는 것이 성경상식에 비추어 타당성이 높다고 할 수 있다.

그런 까닭으로 저자는 지문의 엘리멜렉 부자의 대화 중에서, 보아스와 동일 세대라고 볼 수 있는 엘리멜렉까지도, 정복시대의 청년 살몬, 즉 족보에 실린 보아스의 아버지를 '조부'로 부르도록 했다. 살몬과 보아스, 그리고 살몬과 엘리멜렉 사이에 족보에 기록되지 않고 누락된 몇 세대들이 있음을 믿기 때문이다.

소설 룻기

Ruth 룻

1판 1쇄 인쇄 _ 2023년 2월 25일
1판 1쇄 발행 _ 2023년 3월 10일

지은이 _ 최인철
펴낸이 _ 이형규
펴낸곳 _ 쿰란출판사

주소 _ 서울특별시 종로구 이화장길 6
편집부 _ 745-1007, 745-1301~2, 743-1300
영업부 _ 747-1004, FAX 745-8490
본사평생전화번호 _ 0502-756-1004
홈페이지 _ http://www.qumran.co.kr
E-mail _ qrbooks@daum.net / qrbooks@gmail.com
한글인터넷주소 _ 쿰란, 쿰란출판사
페이스북 _ www.facebook.com/qumranpeople
인스타그램 _ www.instagram.com/qrbooks
등록 _ 제1-670호(1988.2.27)
책임교열 _ 최찬미 · 신영미

 ISBN 979-11-6143-807-8 03230

책값은 뒤표지에 있습니다.

파본(破本)은 구입처에서 교환해 드립니다.